Ensiklopedia Aqidah Agama Islam Edisi Bahasa Indonesia

by

Jannah Firdaus Mediapro

2019

SYAHADAT

Jika Allah ﷻ menghendaki petunjuk kebaikan kepada seorang hamba, maka Allah ﷻ akan menjadikan hatinya lapang dalam memeluk dan menerima ajaran Islam. Allah ﷻ berfirman;

$$ فَمَنْ يُرِدِ اللهُ أَنْ يَهْدِيَهُ يَشْرَحْ صَدْرَهُ لِلْإِسْلَامِ وَمَنْ يُرِدْ أَنْ يُضِلَّهُ يَجْعَلْ صَدْرَهُ ضَيِّقًا حَرَجًا كَأَنَّمَا يَصَّعَّدُ فِي السَّمَاءِ $$

"Barangsiapa yang Allah ﷻ menghendaki akan memberikan kepadanya petunjuk, niscaya Dia melapangkan dadanya untuk (memeluk agama) Islam. Dan barangsiapa yang dikehendaki kesesatannya, niscaya Allah ﷻ menjadikan dadanya sesak dan sempit, seolah-olah ia sedang mendaki ke langit."[1]

Syarat pertama yang harus terpenuhi bagi seorang yang ingin masuk Surga adalah ia harus masuk ke dalam agama Islam terlebih dahulu. Dan siapapun yang enggan masuk ke dalam Islam, maka pasti ia akan menjadi penghuni Neraka –*wal'iyadzubillah*.- Sebagaimana diriwayatkan dari Abu Hurairah ﷺ, dari Rasulullah ﷺ, beliau bersabda;

$$ وَالَّذِيْ نَفْسُ مُحَمَّدٍ بِيَدِهِ لَا يَسْمَعُ بِيْ أَحَدٌ مِنْ هَذِهِ الْأُمَّةِ يَهُوْدِيٌّ وَلَا نَصْرَانِيٌّ ثُمَّ يَمُوْتُ وَلَمْ يُؤْمِنْ بِالَّذِيْ أُرْسِلْتُ بِهِ إِلَّا كَانَ مِنْ أَصْحَابِ النَّارِ. $$

"Demi yang jiwa Muhammad berada di Tangan-Nya. Tidaklah mendengar tentangku seorang dari umat ini, baik ia seorang yahudi maupun nashrani, lalu ia meninggal dunia (dalam keadaan) tidak beriman terhadap apa yang aku diutus dengannya (agama Islam). Kecuali ia (pasti) termasuk (menjadi) penghuni Neraka."[2]

---

[1] QS. Al-An'am : 125.
[2] HR. Muslim Juz 1 : 153.

Islam dibangun diatas lima rukun (pilar pokok), yaitu; Syahadat, Shalat, Zakat, Puasa, dan Haji. Hal ini sebagaimana hadits dari 'Umar bin Khaththab ﷺ, tentang jawaban Rasulullah ﷺ ketika ditanya oleh Jibril ﷺ mengenai Islam. Beliau bersabda;

$$
\text{اَلْإِسْلَامُ أَنْ تَشْهَدَ أَنْ لَا إِلَهَ إِلَّا اللهُ وَأَنَّ مُحَمَّدًا رَسُوْلُ اللهِ وَتُقِيْمَ}
$$

$$
\text{الصَّلَاةَ وَتُؤْتِيَ الزَّكَاةَ وَتَصُوْمَ رَمَضَانَ وَتَحُجَّ الْبَيْتَ إِنِ اسْتَطَعْتَ إِلَيْهِ}
$$

$$
\text{سَبِيْلًا}
$$

"Islam adalah engkau bersaksi bahwa tidak ada sesembahan (yang berhak untuk disembah) kecuali Allah ﷺ, dan bahwa Nabi Muhammad ﷺ adalah utusan Allah ﷺ, engkau mendirikan shalat, menunaikan zakat, puasa Ramadhan dan pergi haji jika engkau mampu."[3]

Maka bagi seorang yang telah memeluk agama Islam haruslah memahami kelima rukun tersebut, dan yang pertama adalah tentang syahadat *Laa Ilaha Illallah Muhammadur Rasulullah.*

Kalimat tauhid *Laa Ilaha Illallah* seperti pohon yang baik, akarnya menghunjam ke bumi dan cabang-cabangnya menjulang ke langit. Allah ﷺ berfirman;

$$
\text{أَلَمْ تَرَ كَيْفَ ضَرَبَ اللهُ مَثَلًا كَلِمَةً طَيِّبَةً كَشَجَرَةٍ طَيِّبَةٍ أَصْلُهَا ثَابِتٌ}
$$

$$
\text{وَّفَرْعُهَا فِي السَّمَآءِ}
$$

"Tidakkah engkau memperhatikan bagaimana Allah ﷺ telah membuat perumpamaan kalimat yang baik seperti pohon yang baik, akarnya teguh (menghunjam) dan cabangnya (menjulang) ke langit."[4]

'Abdullah bin 'Abbas ﷺ menafsirkan *"Kalimah Thayyibah"* pada ayat tersebut dengan Syahadat *Laa Ilaha Illallah.*

---

[3] HR. Muslim Juz 1 : 8.
[4] QS. Ibrahim : 24.

A. SYAHADAT *LAA ILAHA ILLALLAH*
Makna *Laa Ilaha Illallah*

Makna *Laa Ilaha Illallah* adalah (لَا مَعْبُدَ بِحَقٍّ إِلَّا اللهُ) tidak ada *Ilah* (sesembahan) yang berhak untuk diibadahi dengan benar kecuali Allah ﷻ.

Rukun *Laa Ilaha Illallah*

Rukun *Laa Ilaha Illallah* ada dua, yaitu :

1. Mengingkari (اَلنَّفْيُ)

(لَا إِلَهَ) نَافِيًا جَمِيْعُ مَا يُعْبَدُ مِنْ دُوْنِ اللهِ

Kata *"Laa Ilaha,"* adalah meniadakan semua yang disembah selain Allah ﷻ.

2. Menetapkan (اَلْإِثْبَاتُ)

(إِلَّا اللهُ) مُثْبِتًا الْعِبَادَةَ لِلهِ وَحْدَهُ لَا شَرِيْكَ لَهُ.

Kata *"Illallah,"* adalah menetapkan ibadah hanya kepada Allah ﷻ saja, tidak ada sekutu bagi-Nya.

Di antara dalilnya adalah firman Allah ﷻ;

لَا إِكْرَاهَ فِي الدِّيْنِ قَدْ تَبَيَّنَ الرُّشْدُ مِنَ الْغَيِّ فَمَنْ يَّكْفُرْ بِالطَّاغُوْتِ وَيُؤْمِنْ بِاللهِ فَقَدِ اسْتَمْسَكَ بِالْعُرْوَةِ الْوُثْقَى لَا انْفِصَامَ لَهَا وَاللهُ سَمِيْعٌ عَلِيْمٌ.

"Tidak ada paksaan untuk (memasuki) agama (Islam). Sesungguhnya telah jelas jalan yang benar dari jalan yang sesat. Maka barangsiapa yang ingkar kepada thaghut (sesembahan selain Allah ﷻ) dan beriman kepada Allah ﷻ, maka sesungguhnya ia telah berpegang pada tali yang sangat kuat yang tidak akan putus. Dan Allah Maha Mendengar lagi Maha Mengetahui."[5]

---

[5] QS. Al-Baqarah : 256.

 5

Syarat *Laa Ilaha Illallah*

Syarat *Laa Ilaha Illallah* ada delapan, antara lain :

1. Ilmu yang menafikan adanya kejahilan (اَلْعِلْمُ الْمُنَافِي لِلْجَهْلِ)

Yaitu mengetahui dengan sebenar-benarnya bahwa hanya Allah ﷻ yang berhak disembah dan penyembahan kepada selain-Nya merupakan kebatilan, serta beramal dengan tuntutan kalimat tersebut. Allah ﷻ berfirman;

$$\text{فَاعْلَمْ أَنَّهُ لَا إِلَهَ إِلَّا اللهُ}$$

"Maka ilmuilah, bahwa sesungguhnya tidak ada Ilah (sesembahan yang berhak untuk di ibadahi dengan benar) kecuali Allah ﷻ."[6]

Diriwayatkan dari 'Utsman (bin 'Affan) ﷺ ia berkata, Rasulullah ﷺ bersabda;

$$\text{مَنْ مَاتَ وَهُوَ يَعْلَمُ أَنَّهُ لَا إِلَهَ إِلَّا اللهُ دَخَلَ الْجَنَّةَ.}$$

"Barangsiapa yang meninggal dunia dan ia mengilmui bahwa tidak ada sesembahan (yang berhak untuk disembah) kecuali Allah ﷻ, maka ia akan masuk Surga."[7]

2. Yakin yang menafikan adanya keragu-raguan (اَلْيَقِيْنُ الْمُنَافِي لِلشَّكِّ)

Yaitu wajib bagi seorang yang mengikrarkan kalimat *Laa Ilaha Illallah* untuk meyakini dengan sepenuh hati dan meyakini kebenaran apa yang ia ucapkan tersebut, bahwa hanya Allah ﷻ sajalah yang berhak untuk disembah, sedangkan sesembahan selain-Nya adalah batil. Diriwayatkan dari Abu Hurairah ﷺ ia berkata, Rasulullah ﷺ bersabda;

---

[6] QS. Muhammad : 19.
[7] HR. Muslim Juz 1 : 26.

أَشْهَدُ أَنْ لَا إِلَهَ إِلَّا اللهُ وَأَنِّي رَسُولُ اللهِ لَا يَلْقِى اللهَ بِهِمَا عَبْدٌ غَيْرَ شَاكٍّ فِيهِمَا إِلَّا دَخَلَ الْجَنَّةَ.

"Aku bersaksi bahwa tidak ada sesembahan (yang berhak untuk disembah) kecuali Allah dan sesungguhnya aku adalah utusan Allah ﷺ. Tidaklah seorang hamba menemui Allah ﷻ dengan membawa kalimat ini tanpa ragu kepada keduanya, kecuali ia pasti akan masuk Surga."[8]

Allah ﷻ mensifati kaum muslimin dengan iman yang tidak ada keraguan. Allah ﷻ berfirman;

إِنَّمَا الْمُؤْمِنُونَ الَّذِينَ آمَنُوا بِاللهِ وَرَسُوْلِهِ ثُمَّ لَمْ يَرْتَابُوا

"Sesungguhnya orang-orang yang beriman itu hanyalah orang-orang yang percaya (beriman) kepada Allah dan Rasul-Nya, kemudian mereka tidak ragu-ragu."[9]

Artinya mereka tidak ragu sedikitpun, bahkan mereka yakin dengan sesempurna keyakinan. Adapun orang yang ragu, maka ia termasuk orang yang munafik. Sebagaimana Allah ﷻ mensifati orang-orang munafik dengan firman-Nya;

إِنَّمَا يَسْتَأْذِنُكَ الَّذِينَ لَا يُؤْمِنُونَ بِاللهِ وَالْيَوْمِ الْآخِرِ وَارْتَابَتْ قُلُوبُهُمْ فَهُمْ فِي رَيْبِهِمْ يَتَرَدَّدُوْنَ

"Sesungguhnya yang akan meminta izin kepadamu, hanyalah orang-orang yang tidak beriman kepada Allah dan hari kemudian, dan hati mereka ragu-ragu, karena itu mereka selalu bimbang dalam keraguannya."[10]

---

[8] HR. Muslim Juz 1 : 27.
[9] QS. Al-Hujurat : 15.
[10] QS. At-Taubah : 45.

3. Ikhlas yang menafikan adanya kesyirikan (اَلْإِخْلَاصُ الْمُنَافِي لِلشِّرْكِ)

Yaitu memurnikan amal perbuatan hanya kepada Allah ﷻ dan bersih dari kotoran-kotoran syirik. Diriwayatkan dari Abu Hurairah ﷺ ia berkata, Rasulullah ﷺ bersabda;

أَسْعَدُ النَّاسِ بِشَفَاعَتِي يَوْمَ الْقِيَامَةِ مَنْ قَالَ لَا إِلَهَ إِلَّا اللهُ خَالِصًا مِنْ قَلْبِهِ أَوْ نَفْسِهِ.

"Orang yang paling berbahagia dengan syafa'atku pada Hari Kiamat adalah orang yang mengucapkan, Laa Ilaha illah (tidak ada sesembahan yang berhak untuk disembah kecuali Allah ﷻ) secara ikhlas dari hatinya atau dirinya."[11]

4. Jujur yang menafikan adanya pendustaan (اَلصِّدْقُ الْمُنَافِي لِلْكَذِبِ)

Yaitu jujur dalam mengikrarkan kalimat *Laa Ilaha Illallah*. Diriwayatkan dari Mu'adz bin Jabal ﷺ, bahwa Nabi ﷺ bersabda;

مَا مِنْ أَحَدٍ يَشْهَدُ أَنْ لَا إِلَهَ إِلَّا اللهُ وَأَنَّ مُحَمَّدًا رَسُولُ اللهِ صِدْقًا مِنْ قَلْبِهِ إِلَّا حَرَّمَهُ اللهُ عَلَى النَّارِ

"Tidaklah seorang hamba bersaksi bahwa tidak ada sesembahan (yang berhak untuk disembah) kecuali Allah ﷻ dengan jujur dari hatinya, kecuali Allah ﷻ mengharamkan api Neraka baginya."[12]

5. Cinta yang menafikan adanya kebencian (اَلْمَحَبَّةُ الْمُنَافِيَةُ لِلْبُغْضِ)

Yaitu mencintai kalimat tauhid *Laa Ilaha Illallah*, mencintai isinya, makna yang terkandung di dalamnya, dan mencintai ahli tauhid yang mengamalkan tuntutannya. Karena mencintai kalimat tauhid ini merupakan bentuk kecintaan kepada Allah ﷻ. Allah ﷻ berfirman;

---

[11] HR. Bukhari Juz 1 : 99.
[12] HR. Bukhari Juz 1 : 128.

وَمِنَ النَّاسِ مَنْ يَتَّخِذُ مِنْ دُونِ اللَّهِ أَنْدَادًا يُحِبُّونَهُمْ كَحُبِّ اللَّهِ وَالَّذِينَ
آمَنُوا أَشَدُّ حُبًّا لِلَّهِ

"Dan di antara manusia ada orang-orang yang menyembah tandingan-tandingan selain Allah. Mereka mencintainya sebagaimana mereka mencintai Allah ﷻ. Adapun orang-orang yang beriman sangat cinta kepada Allah."[13]

Seorang yang lebih mencintai Allah ﷻ dan Rasul-Nya daripada selain keduanya, maka ia akan merasakan manisnya iman. Diriwayatkan dari Anas bin Malik ﷺ, dari Nabi ﷺ beliau bersabda;

ثَلَاثٌ مَنْ كُنَّ فِيهِ وَجَدَ حَلَاوَةَ الْإِيمَانِ أَنْ يَكُونَ اللَّهُ وَرَسُولُهُ أَحَبَّ
إِلَيْهِ مِمَّا سِوَاهُمَا وَأَنْ يُحِبَّ الْمَرْءَ لَا يُحِبُّهُ إِلَّا لِلَّهِ وَأَنْ يَكْرَهَ أَنْ يَعُوْدَ
فِي الْكُفْرِ كَمَا يَكْرَهُ أَنْ يُقْذَفَ فِي النَّارِ

"(Ada) tiga hal yang barangsiapa memilikinya di dalam dirinya, maka ia akan menemukan manisnya iman, (yaitu); Allah ﷻ dan Rasul-Nya lebih ia cintai daripada selain Kedua-nya, ia mencintai seseorang yang ia tidak mencintainya kecuali karena Allah ﷻ, dan ia merasa benci untuk kembali kepada kekufuran sebagaimana ia merasa benci jika ia dilemparkan ke dalam Neraka."[14]

6. Tunduk yang menafikan adanya pengingkaran

(اَلْاِنْقِيَادُ الْمُنَافِي لِلتَّرْكِ)

Yaitu menerima seluruh konsekuensi dari kalimat tauhid *Laa Ilaha Illallah* dengan penuh ketundukan dan kepatuhan (berserah diri). Allah ﷻ berfirman;

وَمَنْ يُسْلِمْ وَجْهَهُ إِلَى اللَّهِ وَهُوَ مُحْسِنٌ فَقَدِ اسْتَمْسَكَ بِالْعُرْوَةِ الْوُثْقَى
وَإِلَى اللَّهِ عَاقِبَةُ الْأُمُورِ

---

[13] QS. Al-Baqarah : 165.
[14] Muttafaq 'alaih. HR. Bukhari Juz 1 : 16, lafazh ini miliknya dan Muslim Juz 1 : 43.

"Dan barangsiapa yang menyerahkan dirinya kepada Allah ﷻ, sedang ia orang yang berbuat kebaikan, maka sesungguhnya ia telah berpegang kepada tali yang kokoh. Dan hanya kepada Allah-lah kesudahan segala urusan."[15]

7. Menerima yang menafikan adanya penolakan (اَلْقُبُوْلُ الْمُنَافِيْ لِلرَّدِّ)

Yaitu menerima semua konsekuensi yang dituntut oleh kalimat tauhid *Laa Ilaha Illallah* secara total dengan hati dan lisannya. Sebagaimana firman Allah ﷻ;

قُوْلُوْا آمَنَّا بِاللهِ وَمَا أُنْزِلَ إِلَيْنَا

"Katakanlah (wahai orang-orang yang beriman), "Kami beriman kepada Allah ﷻ dan apa yang diturunkan kepada kami."[16]

8. Ingkar kepada sesembahan selain Allah ﷻ

(اَلْكُفْرُ الْمُنَافِيْ بِمَا يُعْبَدُ مِنْ دُوْنِ اللهِ)

Yaitu mengingkari semua sesembahan selain Allah ﷻ. Diriwayatkan dari Abu Malik ﷺ dari bapaknya ia berkata, aku mendengar Rasulullah ﷺ bersabda;

مَنْ قَالَ لَا إِلَهَ إِلَّا اللهُ وَكَفَرَ بِمَا يُعْبَدُ مِنْ دُوْنِ اللهِ حَرَمَ مَالُهُ وَدَمُهُ وَحِسَابُهُ عَلَى اللهِ.

"Barangsiapa yang mengucapkan, Laa Ilaha illah (tidak ada sesembahan yang berhak untuk disembah kecuali (Allah ﷻ) dan ingkar terhadap sesembahan selain Allah ﷻ, maka haram (mengambil) hartanya, dan darahnya, sedangkan perhitungannya (nanti) di sisi Allah ﷻ."[17]

---

[15] QS. Luqman : 22.
[16] QS. Al-Baqarah : 136.
[17] HR. Muslim Juz 1 : 23.

B. SYAHADAT *MUHAMMADUR RASULULLAH*
Makna *Muhammadur Rasulullah*

Makna *Muhammadur Rasulullah* adalah :

1. Membenarkan apa yang beliau sampaikan (تَصْدِيقُهُ فِيْمَا أَخْبَرَ)

Allah ﷻ berfirman;

وَمَا آتَاكُمُ الرَّسُوْلُ فَخُذُوْهُ وَمَا نَهَاكُمْ عَنْهُ فَانْتَهُوْا

"Apa yang diberikan Rasul kepadamu, maka terimalah. Dan apa yang dilarangnya bagimu, maka tinggalkanlah."[18]

2. Mentaati apa yang beliau perintahkan (طَاعَتُهُ فِيْمَا أَمَرَ)

Sebagaimana firman Allah ﷻ;

قُلْ إِنْ كُنْتُمْ تُحِبُّوْنَ اللَّهَ فَاتَّبِعُوْنِي يُحْبِبْكُمُ اللَّهُ وَيَغْفِرْ لَكُمْ ذُنُوْبَكُمْ وَاللَّهُ غَفُوْرٌ رَحِيْمٌ. قُلْ أَطِيْعُوا اللَّهَ وَالرَّسُوْلَ فَإِنْ تَوَلَّوْا فَإِنَّ اللَّهَ لَا يُحِبُّ الْكَافِرِيْنَ

"Katakanlah, "Jika kalian (benar-benar) mencintai Allah ﷻ, maka ikutilah aku, niscaya Allah mengasihi kalian dan mengampuni dosa-dosa kalian." Allah Maha Pengampun lagi Maha Penyayang. Katakanlah, "Taatilah Allah dan Rasul-Nya. Jika kalian berpaling, maka sesungguhnya Allah ﷻ tidak menyukai orang-orang kafir."[19]

Berkata *Al-Hafizh* Ibnu Katsir رحمه الله;

هَذِهِ الْآيَةُ الْكَرِيْمَةُ حَاكِمَةٌ عَلَى كُلِّ مَنِ ادَّعَى مَحَبَّةَ اللَّهِ وَلَيْسَ هُوَ عَلَى الطَّرِيْقَةِ الْمُحَمَّدِيَّةِ فَإِنَّهُ كَاذِبٌ فِي دَعْوَاهُ فِي نَفْسِ الْأَمْرِ حَتَّى يَتَّبِعَ الشَّرْعَ الْمُحَمَّدِيِّ، وَالدِّيْنِ النَّبَوِيِّ فِي جَمِيْعِ أَقْوَالِهِ وَأَفْعَالِهِ وَأَحْوَالِهِ

---

[18] QS. Al-Hasyr : 7.
[19] QS. Ali 'Imran : 31 - 32.

⮞ 11 ⮜

"Ayat ini adalah pemutus hukum bagi setiap orang yang mengaku mencintai Allah ﷻ namun tidak menempuh jalan (Rasulullah) Muhammad ﷺ, maka sesungguhnya ia dusta dalam pengakuannya tersebut hingga ia mengikuti syari'at yang dibawa oleh (Rasulullah) Muhammad ﷺ dan agama Nabi ﷺ dalam semua ucapannya, perbuatannya, dan keadaannya."[20]

3. Menjauhkan diri dari apa-apa yang beliau larang

(اِجْتِنَابُ مَا نَهَى عَنْهُ وَ زَجَرَ)

Diriwayatkan dari Abu Hurairah 'Abdurrahman bin Shakhr ﷺ, ia berkata, aku mendengar Rasulullah ﷺ bersabda;

مَا نَهَيْتُكُمْ عَنْهُ فَاجْتَنِبُوهُ، وَمَا أَمَرْتُكُمْ بِهِ فَأْتُوا مِنْهُ مَا اسْتَطَعْتُمْ، فَإِنَّمَا أَهْلَكَ الَّذِينَ مِنْ قَبْلِكُمْ كَثْرَةُ مَسَائِلِهِمْ وَاخْتِلَافُهُمْ عَلَى أَنْبِيَائِهِمْ.

"Apa saja yang aku larang kalian (untuk melaksanakannya), maka jauhilah. Dan apa saja yang aku perintahkan kepada kalian, maka lakukanlah menurut kemampuan kalian. Sesungguhnya kehancuran orang-orang sebelum kalian (adalah karena mereka) banyak bertanya dan menyelisihi Nabi-nabi mereka."[21]

4. Tidak beribadah kepada Allah ﷻ, kecuali dengan cara yang beliau syari'atkan (أَنْ لَا يَعْبُدَ اللَّهَ إِلَّا بِمَا شَرَعَ)

Artinya seorang muslim wajib beribadah kepada Allah ﷻ sesuai dengan apa yang disyari'atkan dan dicontohkan oleh Nabi Muhammad ﷺ. Diriwayatkan dari Ummul Mu'minin Ummu 'Abdillah 'Aisyah ﷺ, bahwa Rasulullah ﷺ bersabda;

مَنْ أَحْدَثَ فِي أَمْرِنَا هَذَا مَا لَيْسَ مِنْهُ فَهُوَ رَدٌّ.

"Barangsiapa yang membuat perkara baru dalam urusan (agama) kami yang bukan darinya, maka ia tertolak."[22]

---

[20] *Tafsirul Qur'anil Azhim*, 1/358.
[21] HR. Bukhari Juz 6 : 6858 dan Muslim Juz 2 : 1337.
[22] Muttafaq 'alaih. HR. Bukhari Juz 2 : 2550 dan Muslim Juz 3 : 1718.

Rukun *Muhammadur Rasulullah*

Rukun *Muhammadur Rasulullah* adalah :

1. Mengakui kerasulan Muhammad ﷺ

Sebagaimana firman Allah ﷺ;

$$\text{مَا كَانَ مُحَمَّدٌ أَبَا أَحَدٍ مِّنْ رِجَالِكُمْ وَلَكِنْ رَّسُولَ اللهِ وَخَاتَمَ النَّبِيِّينَ}$$
$$\text{وَكَانَ اللهُ بِكُلِّ شَيْءٍ عَلِيمًا.}$$

"Muhammad itu bukanlah bapak dari seorang laki-laki di antara kalian, tetapi dia adalah Rasulullah dan penutup para Nabi. Dan Allah ﷺ Maha Mengetahui segala sesuatu."[23]

2. Mengakui bahwa Muhammad ﷺ adalah seorang hamba

Allah ﷺ berfirman;

$$\text{سُبْحَانَ الَّذِي أَسْرَى بِعَبْدِهِ لَيْلًا مِنَ الْمَسْجِدِ الْحَرَامِ إِلَى الْمَسْجِدِ}$$
$$\text{الْأَقْصَى}$$

"Maha Suci Allah ﷺ, yang telah memperjalankan hamba-Nya pada suatu malam dari Masjidil Haram ke Masjidil Aqsha."[24]

Para sahabat adalah orang yang sangat menghormati dan mencintai Rasulullah ﷺ. Urwah bin Mas'ud pernah berkata kepada kaum Quraisy;[25]

$$\text{دَخَلْتُ عَلَى الْمُلُوكِ، كِسْرَى وَقَيْصَرَ وَالنَّجَاشِي فَلَمْ أَرَ أَحَدًا يُعَظِّمُهُ}$$
$$\text{أَصْحَابُهُ مِثْلَ مَا يُعَظِّمُ أَصْحَابُ مُحَمَّدٍ مُحَمَّدًا، كَانَ إِذَا أَمَرَهُمْ}$$
$$\text{ابْتَدَرُوا أَمْرَهُ وَإِذَا تَوَضَّأَ كَادُوا يَقْتَتِلُونَ عَلَى وُضُوئِهِ وَإِذَا تَكَلَّمَ}$$
$$\text{خَفَضُوا أَصْوَاتَهُمْ عِنْدَهُ، وَمَا يَحُدُّونَ إِلَيْهِ النَّظَرَ تَعْظِيمًا لَهُ.}$$

---

[23] QS. Al-Ahzab : 40.
[24] QS. Al-Isra' : 1.
[25] Ketika mereka mengutusnya untuk bermusyawarah dengan Nabi ﷺ pada waktu perjanjian Hudaibiyyah.

"Aku pernah mendatangi para penguasa, (seperti); Kisra (di Persia), Kaisar (di Romawi), dan Najasyi. Aku tidak pernah melihat seorang pun yang diagungkan oleh para sahabatnya, sebagaimana para sahabat Muhammad ﷺ mengagungkan Muhammad ﷺ. Jika beliau memerintahkan mereka, mereka bersegera untuk mengerjakannya. Jika beliau berwudhu, maka mereka berebut untuk mendapatkan sisa wudhunya. Dan jika beliau berbicara, mereka menahan suara mereka dihadapannya, dan tidaklah mereka menatap tajam kepadanya karena rasa hormat mereka kepada beliau."[26]

Namun penghormatan yang dilakukan oleh para sahabat adalah penghormatan yang pada tempatnya dan tidak sampai berlebih-lebihan, karena Nabi ﷺ pernah mengingatkan para sahabat tentang tidak bolehnya berlebihan dalam menyanjung beliau. Sebagaimana disebutkan dalam hadits yang diriwayatkan dari 'Umar ﷺ, Nabi ﷺ bersabda;

$$\text{لَا تُطْرُونِي كَمَا أَطْرَتِ النَّصَارَى بْنَ مَرْيَمَ فَإِنَّمَا أَنَا عَبْدُهُ فَقُولُوا عَبْدُ اللهِ وَرَسُولُهُ.}$$

"Janganlah kalian berlebih-lebihan dalam memujiku, sebagaimana orang-orang nashrani telah berlebih-lebihan memuji Isa putra Maryam. Aku hanyalah hamba-Nya, maka katakanlah, "'Abdullah wa Rasuluhu (Hamba Allah dan Rasul-Nya)."[27]

Berkata Anas bin Malik ﷺ;

$$\text{لَمْ يَكُنْ شَخْصٌ أَحَبَّ إِلَيْنَا مِنْ رَسُولِ اللهِ صَلَّى اللهُ عَلَيْهِ وَسَلَّمَ وَكَانُوا إِذَا رَأَوْهُ لَمْ يَقُومُوا كَمَا يَعْلَمُونَ مِنْ كَرَهِيَّتِهِ لِذَلِكَ.}$$

"Tidak ada yang lebih kami (para sahabat) cintai selain dari Rasulullah ﷺ. (Namun) jika mereka melihat kedatangan beliau mereka tidak berdiri, karena mereka mengetahui beliau tidak menyukai yang demikian itu."[28]

*****

---

[26] *Mukhtashar Sirah Rasul.*
[27] HR. Bukhari Juz 3 : 3261.
[28] *Mukhtashar Minhajul Qashidin*, 218.

TAUHID

Seorang mukmin yang tidak mencapuradukkan keimanannya dengan kesyirikan, maka ia akan selamat ketika di akhirat. Sebagaimana Allah ﷻ berfirman;

$$ الَّذِينَ آمَنُوا وَلَمْ يَلْبِسُوا إِيمَانَهُمْ بِظُلْمٍ أُولَئِكَ لَهُمُ الْأَمْنُ وَهُمْ مُهْتَدُونَ. $$

"Orang-orang yang beriman dan tidak mencampuradukkan keimanan mereka dengan kezhaliman (kesyirikan), mereka itulah orang-orang yang mendapat keamanan dan mereka itu adalah orang-orang yang mendapat petunjuk."[29]

Tauhid merupakan hak Allah ﷻ atas para hamba-Nya. Sebagaimana hadits dari Muadz ﷺ, ia berkata;

$$ كُنْتُ رُدِفَ النَّبِيِّ صَلَّى اللهُ عَلَيْهِ وَسَلَّمَ عَلَى حِمَارٍ يُقَالُ لَهُ عُفَيْرٌ فَقَالَ يَا مُعَاذُ هَلْ تَدْرِي حَقُّ اللهِ عَلَى عِبَادِهِ وَمَا حَقُّ الْعِبَادِ عَلَى اللهِ قُلْتُ اَللهُ وَرَسُولُهُ أَعْلَمُ قَالَ فَإِنَّ حَقَّ اللهِ عَلَى الْعِبَادِ أَنْ يَعْبُدُوهُ وَلَا يُشْرِكُوا بِهِ شَيْئًا وَحَقُّ الْعِبَادِ عَلَى اللهِ أَنْ لَا يُعَذِّبَ مَنْ لَا يُشْرِكُ بِهِ شَيْئًا فَقُلْتُ يَا رَسُولَ اللهِ أَفَلَا أُبْشِرُ بِهِ النَّاسَ قَالَ لَا تُبَشِرُهُمْ فَيَتَّكِلُوا. $$

"Aku pernah dibonceng Nabi ﷺ di atas seekor keledai, yang bernama 'Ufair. Lalu beliau bersabda, *"Wahai Muadz, Tahukah engkau apa hak Allah ﷻ yang wajib dipenuhi oleh para hamba-Nya dan apa hak para hamba yang pasti dipenuhi oleh Allah ﷻ?"* Aku menjawab, "Allah dan Rasul-Nya yang lebih mengetahui." Beliau bersabda, *"Hak Allah ﷻ yang wajib dipenuhi oleh para hamba-Nya ialah supaya mereka beribadah kepada-Nya saja dan tidak berbuat syirik sedikit pun kepada-Nya. Sedangkan hak para hamba yang pasti dipenuhi oleh Allah ﷻ adalah*

---

[29] QS. Al-An'am : 82.

bahwa Allah ﷻ tidak akan menyiksa orang yang tidak berbuat syirik sedikit pun kepada-Nya." Aku bertanya, "Ya Rasulullah, tidak perlukah aku sampaikan kabar gembira ini kepada orang-orang?" Beliau menjawab, *"Jangan engkau menyampaikan kabar gembira ini kepada mereka, sehingga mereka nanti akan bersikap menyandarkan diri."*[30]

Seorang yang murni tauhidnya dengan tidak menyekutukan Allah ﷻ dengan sesuatu apapun, maka Allah ﷻ akan memberikan ampunan kepadanya meskipun dosanya sepenuh bumi. Diriwayatkan dari Anas ؓ ia berkata, aku mendengar Rasulullah ﷺ bersabda, Allah ﷻ telah berfirman;

يَا ابْنَ آدَمَ، إِنَّكَ لَوْ أَتَيْتَنِي بِقُرَابِ الْأَرْضِ خَطَايَا ثُمَّ لَقِيْتَنِي لاَ تُشْرِكُ بِي شَيْئاً لَأَتَيْتُكَ بِقُرَابِهَا مَغْفِرَةً

"Wahai anak Adam, jika engkau menemui Aku dengan membawa dosa sebanyak isi bumi, tetapi engkau tidak menyekutukan sesuatu dengan Aku, niscaya Aku datang kepadamu dengan (memberi) ampunan sepenuh bumi pula."[31]

Definisi Tauhid

Tauhid adalah mengesakan Allah ﷻ semata dalam beribadah dan tidak menyekutukan-Nya. Tauhid merupakan pokok yang di bangun di atasnya semua ibadah. Sehingga jika pokok ini tidak ada, amal ibadah menjadi tidak bermanfaat dan gugur, karena tidak sah sebuah ibadah tanpa tauhid.

Pembagian Tauhid

Tauhid dibagi tiga macam, antara lain :

1. Tauhid *Rububiyyah*

Tauhid *Rububiyyah* yaitu mengesakan Allah ﷻ dalam hal penciptaan, kekuasaan, dan pengaturan. Allah ﷻ berfirman;

أَلَا لَهُ الْخَلْقُ وَالْأَمْرُ تَبَارَكَ اللهُ رَبُّ الْعَالَمِينَ.

"Ingatlah yang menciptakan dan yang memerintah hanyalah hak Allah ﷻ. Maha Suci Allah ﷻ, Rabb semesta alam."[32]

---

[30] HR. Bukhari Juz 3 : 2701 dan Muslim Juz 1 : 30.
[31] HR. Tirmidzi Juz 5 : 3540. Hadits ini dihasankan oleh Syaikh Al-Albani ﵀ dalam *Shahihul Jami'* : 4338.
[32] QS. Al-A'raf : 54.

2. Tauhid *Uluhiyyah*

Tauhid *Uluhiyyah* yaitu mengesakan Allah ﷻ dalam hal peribadahan, agar manusia tidak menyekutukan Allah ﷻ dengan sesuatu apapun. Sehingga tidak ada yang diseru dalam doa kecuali Allah ﷻ, tidak ada yang dimintai pertolongan kecuali Dia, tidak ada yang boleh dijadikan tempat bergantung kecuali Dia, tidak boleh menyembelih qurban atau bernadzar kecuali untuk-Nya, dan tidak boleh mengarahkan seluruh ibadah kecuali untuk-Nya dan karena-Nya semata. Sebagaimana firman Allah ﷻ;

$$
يَآ أَيُّهَا النَّاسُ اعْبُدُوا رَبَّكُمُ الَّذِي خَلَقَكُمْ وَالَّذِينَ مِنْ قَبْلِكُمْ لَعَلَّكُمْ تَتَّقُونَ. الَّذِي جَعَلَ لَكُمُ الْأَرْضَ فِرَاشًا وَّالسَّمَاءَ بِنَاءً وَّأَنْزَلَ مِنَ السَّمَاءِ مَاءً فَأَخْرَجَ بِهِ مِنَ الثَّمَرَاتِ رِزْقًا لَّكُمْ فَلَا تَجْعَلُوا لِلَّهِ أَنْدَادًا وَّأَنْتُمْ تَعْلَمُونَ.
$$

"Wahai sekalian manusia, sembahlah Rabb kalian yang telah menciptakan kalian dan orang-orang yang sebelum kalian, agar kalian bertaqwa. Dialah yang menjadikan bumi sebagai hamparan bagi kalian dan langit sebagai atap. Dan Dia yang menurunkan air (hujan) dari langit, lalu Dia menghasilkan dengan hujan tersebut segala buah-buahan sebagai rezki untuk kalian. Maka janganlah kalian mengadakan sekutu-sekutu bagi Allah ﷻ, padahal kalian mengetahui."[33]

Tauhid *rububiyyah* mengharuskan adanya tauhid *uluhiyyah*. Sehingga barangsiapa yang mengakui tauhid *rububiyyah* untuk Allah ﷻ (dengan mengimani bahwa tidak ada pencipta, pemberi rizki, dan pengatur alam, kecuali Allah ﷻ), maka ia harus mengakui bahwa tidak ada yang berhak menerima ibadah dengan berbagai macamnya, kecuali hanya Allah ﷻ. Dan itulah tauhid *uluhiyyah*.

3. Tauhid *Asma' wa Sifat*

Tauhid *Asma' wa Sifat* yaitu mengesakan Allah ﷻ sesuai dengan Nama dan Sifat yang Allah ﷻ sandangkan sendiri kepada Diri-Nya, di dalam Kitab-Nya, atau melalui lisan Rasul-Nya Muhammad ﷺ. Hal ini sebagaimana hadits yang diriwayatkan dari 'Abdullah (bin Mas'ud) ؓ tentang doa yang pernah diajarkan oleh Rasulullah ﷺ;

---

[33] QS. Al-Baqarah : 21-22.

اَللّٰهُمَّ إِنِّي عَبْدُكَ، ابْنُ عَبْدِكَ، ابْنُ أَمَتِكَ، نَاصِيَتِي بِيَدِكَ، مَاضٍ فِيَّ حُكْمُكَ، عَدْلٌ فِيَّ قَضَاؤُكَ، أَسْأَلُكَ بِكُلِّ اسْمٍ هُوَ لَكَ، سَمَّيْتَ بِهِ نَفْسَكَ، أَوْ أَنْزَلْتَهُ فِي كِتَابِكَ، أَوْ عَلَّمْتَهُ أَحَدًا مِنْ خَلْقِكَ، أَوِ اسْتَأْثَرْتَ بِهِ فِي عِلْمِ الْغَيْبِ عِنْدَكَ

"Ya Allah, sesungguhnya aku adalah hamba-Mu, anak hamba-Mu (Adam عَلَيْهِ السَّلَام) dan anak hamba perempuan-Mu (Hawa). Ubun-ubunku di tangan-Mu, keputusan-Mu berlaku padaku, qadha'-Mu kepadaku adalah adil. Aku memohon kepada-Mu dengan setiap nama (yang baik) yang telah Engkau pergunakan untuk diri-Mu, yang Engkau turunkan dalam kitab-Mu, Engkau ajarkan kepada seseorang dari makhluk-Mu, atau yang Engkau khususkan untuk diri-Mu dalam ilmu ghaib di sisi-Mu."[34]

Mengimaninya dengan menetapkan apa yang ditetapkan Allah ﷻ dan menafikan apa yang dinafikan-Nya dengan tanpa; *tahrif, ta'thil, takyif,* dan *tamtsil.*

❖ *Tahrif* adalah merubah *asma'ul husna* dan sifat-sifat-Nya yang Maha Tinggi atau merubah makna-maknanya.

❖ *Ta'thil* adalah meniadakan sifat-sifat Allah ﷻ atau meniadakan makna-makna sesungguhnya dari *asma'* dan sifat. Yang demikian adalah kekafiran, karena merupakan bentuk pendustaan terhadap Allah ﷻ dan Rasul-Nya.

❖ *Takyif* adalah menanyakan hakikat bentuk sifat Allah ﷻ.

❖ *Tamtsil* adalah menyerupakan sifat Allah ﷻ dengan makhkluk. Yang seperti ini termasuk kesyirikan dan pendustaan terhadap Allah ﷻ. Juga mengandung perendahan hak Allah ﷻ dari sisi memberikan permisalan bagi-Nya dengan makhluk-Nya. Allah ﷻ berfirman;

لَيْسَ كَمِثْلِهِ شَيْءٌ وَّهُوَ السَّمِيْعُ الْبَصِيْرُ.

"Tidak ada sesuatu pun yang serupa dengan-Nya. Dan Dialah Yang Maha Mendengar lagi Maha Melihat."[35]

---

[34] HR. Ahmad. Hadits ini dishahihkan oleh Syaikh Al-Albani رَحِمَهُ اللّٰه dalam *Shahihut Targhib wat Tarhib* Juz 2 : 1822.
[35] QS. Asy-Syura : 11.

Sifat-sifat Allah ﷻ

Sifat-sifat Allah ﷻ terbagi menjadi dua macam, antara lain :

1. Sifat *Tsubutiyyah*

Sifat *Tsubutiyyah* adalah sifat yang Allah ﷻ tetapkan untuk Diri-Nya, seperti; Sifat Hidup, Ilmu, dan Kekuatan, dan sebagainya. Sifat *Tsubutiyyah* dibagi dua macam, yaitu :

a. Sifat *Dzatiyyah*

Sifat *Dzatiyyah* adalah sifat yang Allah ﷻ senantiasa bersifat dengannya. Seperti; sifat Maha Mendengar, Maha Melihat, dan sebagainya.

b. Sifat *Fi'liyyah*

Sifat *Fi'liyyah* adalah sifat yang berkaitan dengan kehendak Allah ﷻ. Jika Allah ﷻ menghendakinya, maka Allah ﷻ akan melakukannya. Dan jika Allah ﷻ tidak menghendakinya, maka Allah ﷻ tidak melakukannya. Seperti; Sifat Datang.

Terkadang ada sifat yang bersifat *Dzatiyyah* dan *Fi'liyyah* dilihat dari dua sisi. Seperti; Sifat *Kalam* (Berbicara), sifat ini dilihat dari asalnya adalah Sifat *Dzatiyyah*, karena Allah ﷻ senantiasa mimiliki Sifat Bicara. Apabila dilihat dari tiap-tiap pembicaraan-Nya, maka sifat ini adalah Sifat *Fi'liyyah*, karena Sifat Bicara berkaitan dengan kehendak-Nya. Allah ﷻ berbicara dengan perkara yang Dia kehendaki dan kapan Dia menghendakinya.

2. Sifat *Salbiyyah*

Sifat *Salbiyyah* adalah sifat yang Allah ﷻ tiadakan dari Diri-Nya, seperti Sifat *Zhalim*. Sebagaimana firman Allah ﷻ;

$$\text{وَلَا يَظْلِمُ رَبُّكَ أَحَدًا.}$$

"Dan Rabbmu tidak menganiaya seorang pun."[36]

Sehingga wajib untuk menghilangkannya dari Allah ﷻ. Karena Allah ﷻ telah menghilangkan sifat tersebut dari Diri-Nya. Peniadaan sifat ini harus diiringi dengan menetapkan lawannya sesuai dengan kesempurnaan pada Allah ﷻ. Karena peniadan semata tidak menunjukkan kesempurnaan, sampai terkandung padanya penetapan lawan dari yang dihilangkan. Wajib bagi kita untuk menghilangkan Sifat *Zhalim* dari Allah ﷻ, dengan diikuti penetapan sifat *'Adil* bagi-Nya sesuai dengan kesempurnaan-Nya.

---

[36] QS. Al-Kahfi : 49.

Kaidah Memahami Tauhid

Kemurnian ibadah akan dicapai dengan memahami empat kaidah tauhid berikut ini :

1. Bahwa orang-orang kafir yang diperangi oleh Rasulullah ﷺ mereka juga meyakini Tauhid *Rububiyyah*

Mereka menyakini bahwa Allah ﷻ sebagai Pencipta, Pemberi rizki, Yang Menghidupkan, Yang Mematikan, Yang memberi *Manfa'at*, Yang memberi *Madharat*, Yang Mengatur segala urusan, dan lain sebagianya dalam *Tauhid Rububiyyah*. Tetapi semuanya itu tidak menyebabkan mereka menjadi seorang muslim. Allah ﷻ berfirman;

قُلْ مَنْ يَّرْزُقُكُمْ مِنَ السَّمَآءِ وَالْأَرْضِ أَمَّنْ يَمْلِكُ السَّمْعَ وَالْأَبْصَارَ وَمَنْ يُخْرِجُ الْحَيَّ مِنَ الْمَيِّتِ وَيُخْرِجُ الْمَيِّتَ مِنَ الْحَيِّ وَمَنْ يُدَبِّرُ الْأَمْرَ فَسَيَقُوْلُوْنَ اللهُ فَقُلْ أَفَلَا تَتَّقُوْنَ.

"Katakanlah, "Siapa yang memberi rizki kepada kalian dari langit dan bumi, atau siapa yang kuasa (menciptakan) pendengaran dan penglihatan, dan siapa yang mengeluarkan yang mati dari yang hidup, dan siapa yang mengatur segala urusan." Maka mereka akan menjawab, "Allah." Maka, katakanlah, "Mengapa kalian tidak bertaqwa (kepada-Nya)."[37]

Allah ﷻ juga berfirman;

وَلَئِنْ سَأَلْتَهُمْ مَنْ خَلَقَ السَّمَاوَاتِ وَالْأَرْضَ لَيَقُوْلُنَّ اللهُ

"Dan Sesungguhnya jika engkau tanyakan kepada mereka, "Siapakah yang menciptakan langit dan bumi?" Tentu mereka akan menjawab, "Allah."[38]

---

[37] QS. Yunus : 31.
[38] QS. Luqman : 25.

2. Orang-orang musyrik hanya menjadikan berhala untuk mendekatkan mereka kepada Allah ﷻ, dan mereka berharap nantinya berhala tersebut akan memberi *syafa'at* kepada mereka

Hal ini sebagaimana firman Allah ﷻ;

وَالَّذِينَ اتَّخَذُوا مِنْ دُونِهِ أَوْلِيَاءَ مَا نَعْبُدُهُمْ إِلَّا لِيُقَرِّبُونَا إِلَى اللَّهِ زُلْفَى

"Dan orang-orang yang mengambil pelindung selain Allah ﷻ (berkata), "Kami tidak menyembah mereka, melainkan agar mereka mendekatkan kami kepada Allah dengan sedekat-dekatnya."[39]

Adapun dalil tentang *syafa'at*, yaitu firman Allah ﷻ;

وَيَعْبُدُونَ مِنْ دُونِ اللَّهِ مَا لَا يَضُرُّهُمْ وَلَا يَنْفَعُهُمْ وَيَقُولُونَ هَؤُلَاءِ شُفَعَاؤُنَا عِنْدَ اللَّهِ قُلْ أَتُنَبِّئُونَ اللَّهَ بِمَا لَا يَعْلَمُ فِي السَّمَاوَاتِ وَلَا فِي الْأَرْضِ سُبْحَانَهُ وَتَعَالَى عَمَّا يُشْرِكُونَ.

"Dan mereka menyembah selain Allah ﷻ apa yang tidak dapat mendatangkan kemudharatan kepada mereka dan tidak pula kemanfaatan, dan mereka berkata, "Mereka itu adalah pemberi syafa'at kepada kami di sisi Allah ﷻ." Katakanlah, "Apakah kalian mengabarkan kepada Allah ﷻ apa yang tidak diketahui-Nya di langit dan tidak (pula) di bumi." Maha Suci Allah ﷻ dan Maha Tinggi dari apa yang mereka mempersekutukan (tersebut)."[40]

3. Nabi ﷺ memerangi semua bentuk peribadatan yang dilakukan oleh manusia

Di antara mereka ada yang menyembah matahari, bulan, orang-orang shalih, para malaikat, para wali, pepohonan, dan bebatuan, dan lain sebagainya. Dalilnya adalah firman Allah ﷻ;

وَقَاتِلُوهُمْ حَتَّى لَا تَكُونَ فِتْنَةٌ وَيَكُونَ الدِّينُ لِلَّهِ

"Dan perangilah mereka sehingga tidak ada fitnah,[41] *dan agama ini semuanya menjadi milik Allah ﷻ."*[42]

---

[39] QS. Az-Zumar : 3.
[40] QS. Yunus : 18.
[41] Fitnah yang dimaksud dalam ayat ini adalah kesyirikan.

Sedangkan dalil tentang larangan beribadah kepada matahari dan bulan adalah firman Allah ﷻ;

وَمِنْ آيَاتِهِ اللَّيْلُ وَالنَّهَارُ وَالشَّمْسُ وَالْقَمَرُ لَا تَسْجُدُوا لِلشَّمْسِ وَلَا لِلْقَمَرِ وَاسْجُدُوا لِلَّهِ الَّذِي خَلَقَهُنَّ إِنْ كُنْتُمْ إِيَّاهُ تَعْبُدُونَ.

"Dan di antara tanda-tanda kekuasaan-Nya ialah malam, siang, matahari dan bulan. Janganlah kalian menyembah matahari maupun bulan. Tetapi sembahlah Allah ﷻ Yang menciptakannya. Jika kalian hanya menyembah kepada-Nya."[43]

Tidak ada bedanya antara orang yang beribadah kepada patung atau beribadah kepada orang shalih atau beribadah kepada selain Allah ﷻ, siapapun dia. Sehingga Allah ﷻ mengatakan;

وَاعْبُدُوا اللَّهَ وَلَا تُشْرِكُوا بِهِ شَيْئًا

"Sembahlah Allah ﷻ saja, dan janganlah kalian mempersekutukan-Nya dengan sesuatu apapun."[44]

4. Kesyirikan yang terjadi pada zaman ini lebih dahsyat dan lebih kental daripada kesyirikan pada zaman dahulu

Karena kaum musyrikin terdahulu hanya berbuat syirik ketika dalam keadaan lapang dan mengikhlaskan ibadah ketika dalam keadaan sempit. Adapun kaum musyrikin pada zaman sekarang, mereka melakukan kesyirikan dalam keadaan lapang maupun sempit. Hal ini sebagaimana firman Allah ﷻ;

فَإِذَا رَكِبُوا فِي الْفُلْكِ دَعَوُا اللَّهَ مُخْلِصِينَ لَهُ الدِّينَ فَلَمَّا نَجَّاهُمْ إِلَى الْبَرِّ إِذَا هُمْ يُشْرِكُونَ.

"Maka jika mereka naik kapal, mereka berdoa kepada Allah ﷻ dengan memurnikan ketaatan kepada-Nya. (Namun) ketika Allah ﷻ menyelamatkan mereka sampai ke darat, tiba-tiba mereka (kembali) mempersekutukan (Allah ﷻ)."[45]

*****

---

[42] QS. Al-Baqarah : 193.
[43] QS. Fushilat : 37.
[44] QS. An-Nisa' : 36.
[45] QS. Al-Ankabut : 65.

SYIRIK

Syirik adalah menyamakan selain Allah dengan Allah ﷻ dalam hal-hal yang merupakan kekhususan Allah ﷻ. Seperti; memalingkan doa, menyembelih qurban, bernadzar, dan sebagainya kepada selain Allah ﷻ.

Pembagian Syirik
Syirik ada dua jenis, yaitu :

A. Syirik besar
Syirik besar yaitu memalingkan bentuk ibadah kepada selain Allah ﷻ, dan syirik ini mengeluarkan pelakunya dari agama Islam serta menjadikan pelakunya kekal di dalam Neraka, jika ia meninggal dunia dan belum bertaubat dari kesyirikan tersebut. Sebagaimana firman Allah ﷻ;

إِنَّ اللَّهَ لَا يَغْفِرُ أَنْ يُشْرَكَ بِهِ وَيَغْفِرُ مَا دُوْنَ ذَلِكَ لِمَنْ يَّشَاءُ وَمَنْ يُّشْرِكْ بِاللَّهِ فَقَدِ افْتَرَى إِثْمًا عَظِيْمًا.

"Sesungguhnya Allah ﷻ tidak akan mengampuni dosa syirik. Dan Dia mengampuni segala dosa yang selain dari (syirik) itu, bagi siapa yang dikehendaki-Nya. Barangsiapa yang mempersekutukan Allah ﷻ, maka sungguh ia telah berbuat dosa yang besar."[46]

Syirik besar ada empat macam, antara lain :

1. Syirik dalam doa
Syirik dalam doa yaitu berdoa kepada Allah ﷻ dan kepada selain-Nya. Allah ﷻ berfirman;

فَإِذَا رَكِبُوْا فِي الْفُلْكِ دَعَوُا اللَّهَ مُخْلِصِيْنَ لَهُ الدِّيْنَ فَلَمَّا نَجَّاهُمْ إِلَى الْبَرِّ إِذَا هُمْ يُشْرِكُوْنَ.

"Maka apabila mereka naik kapal mereka berdoa kepada Allah ﷻ dengan memurnikan ketaatan kepada-Nya. Maka ketika Allah ﷻ menyelamatkan mereka sampai ke darat, mereka (kembali) mempersekutukan (Allah ﷻ)."[47]

---

[46] QS. An-Nisa' : 48.
[47] QS. Al-Ankabut : 65.

 23

2. Syirik dalam tujuan

Syirik dalam tujuan yaitu menjadikan tujuan ibadah untuk selain Allah ﷻ. Allah ﷻ berfirman;

$$مَنْ كَانَ يُرِيدُ الْحَيَاةَ الدُّنْيَا وَزِينَتَهَا نُوَفِّ إِلَيْهِمْ أَعْمَالَهُمْ فِيهَا وَهُمْ فِيهَا$$

$$لَا يُبْخَسُونَ. أُولَئِكَ الَّذِينَ لَيْسَ لَهُمْ فِي الْآخِرَةِ إِلَّا النَّارُ وَحَبِطَ مَا$$

$$صَنَعُوا فِيهَا وَبَاطِلٌ مَا كَانُوا يَعْمَلُونَ.$$

"Barangsiapa yang menghendaki kehidupan dunia dan perhiasannya, niscaya Kami berikan kepada mereka balasan pekerjaan mereka di dunia dengan sempurna dan mereka di dunia itu tidak akan dirugikan. Itulah orang-orang yang tidak memperoleh di akhirat, kecuali Neraka dan lenyaplah apa yang telah mereka usahakan di dunia dan sia-sialah apa yang telah mereka kerjakan."[48]

3. Syirik dalam ketaatan

Syirik dalam ketaatan yaitu mentaati selain Allah ﷻ dalam hal kemaksiatan kepada Allah ﷻ. Allah ﷻ berfirman;

$$اِتَّخَذُوا أَحْبَارَهُمْ وَرُهْبَانَهُمْ أَرْبَابًا مِّنْ دُونِ اللهِ وَالْمَسِيحَ ابْنَ مَرْيَمَ وَمَا$$

$$أُمِرُوا إِلَّا لِيَعْبُدُوا إِلَهًا وَّاحِدًا لَا إِلَهَ إِلَّا هُوَ سُبْحَانَهُ عَمَّا يُشْرِكُونَ.$$

"Mereka menjadikan orang-orang 'alim dan rahib-rahib mereka sebagai Rabb selain Allah ﷻ dan (mereka juga mempertuhankan) Al-Masih putera Maryam. Padahal mereka tidak diperintah, kecuali untuk menyembah Sesembahan yang Esa, tidak ada Sesembahan (yang berhak untuk disembah) selain Dia. Maha suci Allah ﷻ dari apa yang mereka persekutukan."[49]

---

[48] QS. Hud : 15 - 16.
[49] QS. At-Taubah : 31.

Diriwayatkan dari 'Adi bin Hatim ﷺ, ia berkata;

أَتَيْتُ النَّبِيَّ صَلَّى اللهُ عَلَيْهِ وَسَلَّمَ وَفِي عُنُقِي صَلِيْبٌ مِنْ ذَهَبٍ فَقَالَ يَا عَدِيْ اِطْرَحْ عَنْكَ هَذَا الْوَثَنُ وَسَمِعْتُهُ يَقْرَأُ فِي سُوْرَةِ بَرَاءَةٍ ﴿إِتَّخَذُوْا أَحْبَارَهُمْ وَرُهْبَانَهُمْ أَرْبَابًا مِّنْ دُوْنِ اللَّهِ﴾ قَالَ أَمَّا إِنَّهُمْ لَمْ يَكُوْنُوْا يَعْبُدُوْنَهُمْ وَلَكِنَّهُمْ كَانُوْا إِذَا أَحَلُّوْا لَهُمْ شَيْئًا اِسْتَحْلُوْهُ وَإِذَا حَرَّمُوْا عَلَيْهِمْ شَيْئًا حَرَّمُوْهُ.

"Aku mendatangi Nabi ﷺ sedangkan di leherku terdapat (kalung) salib (yang terbuat) dari emas. Maka beliau bersabda, *"Wahai 'Adi buanglah (kalung tersebut) darimu, ini adalah berhala."* Aku mendengar beliau membacakan ayat dalam Surat Al-Bara'ah, *"Mereka menjadikan orang-orang alim dan rahib-rahib mereka sebagai Rabb selain Allah ﷺ."* Beliau bersabda, *"Sesungguhnya mereka tidak (sujud) menyembah rahib-rahib tersebut. Akan tetapi jika rahib-rahib tersebut telah menghalalkan sesuatu (yang Allah ﷺ haramkan), maka kalian (ikut) menghalalkannya. Dan ketika rahib-rahib tersebut mengharamkan sesuatu (yang Allah ﷺ halalkan), maka kalian (ikut) mengharamkannya."*[50]

4. Syirik dalam *mahabbah*

Syirik dalam *mahabbah* yaitu menyamakan selain Allah dengan Allah ﷺ dalam hal kecintaan. Kecintaan kepada Allah ﷺ adalah kecintaan yang disertai dengan ketundukan dan kepatuhan yang mutlak. Kecintaan seperti ini hanyalah diperuntukkan bagi Allah ﷺ semata. Tidak boleh ada sesuatu pun yang berhak menerimanya selain Dia. Sehingga jika ada orang yang mencintai selain Allah setara dengan kecintaan kepada Allah ﷺ, maka ia telah menjadikannya sebagai tandingan Allah ﷺ dalam hal kecintaan. Dan perbuatan ini termasuk kesyirikan. Allah ﷺ berfirman;

---

[50] HR. Tirmidzi Juz 5 : 3095.

وَمِنَ النَّاسِ مَنْ يَتَّخِذُ مِنْ دُونِ اللهِ أَنْدَادًا يُحِبُّونَهُمْ كَحُبِّ اللهِ وَالَّذِينَ آمَنُوا أَشَدُّ حُبًّا لِّلهِ وَلَوْ يَرَى الَّذِينَ ظَلَمُوا إِذْ يَرَوْنَ الْعَذَابَ أَنَّ الْقُوَّةَ لِلهِ جَمِيعًا وَأَنَّ اللهَ شَدِيدُ الْعَذَابِ.

"Dan di antara manusia ada orang-orang yang menyembah tandingan-tandingan selain Allah ﷻ. Mereka mencintainya sebagaimana mereka mencintai Allah ﷻ. Adapun orang-orang yang beriman sangat besar cintanya kepada Allah. Dan seandainya orang-orang yang berbuat zhalim tersebut mengetahui ketika mereka melihat siksa (pada Hari Kiamat), bahwa kekuatan itu (hanya) milik Allah ﷻ semuanya, dan bahwa Allah ﷻ sangat berat siksaan-Nya, (niscaya mereka akan menyesal)."[51]

Kecintaan yang ada pada manusia akan memasuki salah satu dari tiga macam kecintaan berikut :

1. Kecintaan yang wajib *(Mahabbah wajibah)*

Cinta yang wajib yaitu mencintai Allah ﷻ dan Rasul-Nya, dan mencintai apa-apa yang dicintai oleh Allah ﷻ di dalam hal peribadahan maupun selainnya. Kecintaan wajib ini harus berada di atas segala-galanya. Suatu ketika 'Umar bin Khaththab ؓ pernah mengatakan kepada Rasulullah ﷺ;

يَا رَسُولَ اللهِ لَأَنْتَ أَحَبُّ إِلَيَّ مِنْ كُلِّ شَيْءٍ إِلَّا مِنْ نَفْسِي فَقَالَ النَّبِيُّ صَلَّى اللهُ عَلَيْهِ وَسَلَّمَ لَا وَالَّذِي نَفْسِي بِيَدِهِ حَتَّى أَكُونَ أَحَبَّ إِلَيْكَ مِنْ نَفْسِكَ فَقَالَ لَهُ عُمَرُ فَإِنَّهُ الْآنَ وَاللهِ لَأَنْتَ أَحَبُّ إِلَيَّ مِنْ نَفْسِي فَقَالَ النَّبِيُّ صَلَّى اللهُ عَلَيْهِ وَسَلَّمَ الْآنَ يَا عُمَرُ.

"Wahai Rasulullah, engkau lebih aku cintai atas segala sesuatu kecuali diriku sendiri." Rasulullah ﷺ bersabda, *"Tidak, demi Dzat yang jiwaku berada di Tangan-Nya, sehingga aku lebih engkau cintai melebihi dirimu (sendiri)."* 'Umar ؓ lalu berkata, "Kalau begitu, mulai sekarang engkau lebih aku cintai daripada diriku sendiri." Kemudian Rasulullah ﷺ bersabda, *"Sekarang (imanmu telah sempurna), wahai 'Umar."*[52]

---

[51] QS. Al-Baqarah : 165.
[52] HR. Bukhari Juz 6 : 6257.

Konsekuensi cinta kepada Allah ﷻ adalah :

1. Menerima berita yang datang dari Allah ﷻ, dengan cara membenarkannya (تَلَقِّي أَخْبَارُ اللهِ تَعَالَى بِالتَّصْدِيْقِ)

Apapun berita yang datang dari Allah ﷻ, baik yang bersumber dari Al-Qur'an maupun As-Sunnah, baik yang mampu dicerna dengan akal maupun tidak, maka berita tersebut harus diterima. Allah ﷻ berfirman;

$$وَمَنْ أَصْدَقُ مِنَ اللَّهِ حَدِيثًا.$$

"Dan siapakah yang lebih benar perkataan(nya) daripada Allah ﷻ?"[53]

2. Menerima hukum Allah ﷻ, dengan cara melaksanakan dan menerapkannya (تَلَقِّي أَحْكَامُهُ بِالتَّنْفِيْذِ وَالتَّطْبِيْقِ)

Baik itu hukum yang bersifat perintah maupun larangan. Di antara hukum Allah ﷻ yang berupa larangan adalah firman- Nya;

$$وَأَحَلَّ اللَّهُ الْبَيْعَ وَحَرَّمَ الرِّبَا$$

"Allah ﷻ telah menghalalkan jual beli dan mengharamkan riba."[54]

Maka seorang muslim harus menjauhi berbagi bentuk ribawi. Baik itu riba *fadhl* maupun riba *nasi'ah*.

3. Menerima takdir Allah ﷻ, dengan sabar dan ridha

$$(تَلَقِّي أَقْدَارُهُ بِالصَّبْرِ وَالرِّضَا)$$

Ketetapan Allah ﷻ atas para hamba-Nya mencakup hal yang baik dan hal yang buruk. Ketika seorang hamba mendapatkan takdir yang buruk, maka ia harus bersabar dan berupaya untuk ridha terhadap takdir tersebut.

---

[53] QS. An-Nisa' : 87.
[54] QS. Al-Baqarah : 275.

Adapun konsekuensi cinta kepada Rasulullah ﷺ adalah :

1. Membenarkan apa yang Rasulullah ﷺ sampaikan (تَصْدِيقُهُ فِيمَا أَخْبَرَ)

2. Mentaati apa yang Rasulullah ﷺ perintahkan (طَاعَتُهُ فِيمَا أَمَرَ)

3. Menjauhkan diri dari apa-apa yang beliau larang

(اِجْتِنَابُ مَا نَهَى عَنْهُ وَ زَجَرَ)

4. Tidak beribadah kepada Allah ﷺ, kecuali dengan cara yang beliau syari'atkan (أَنْ لَا يَعْبُدَ اللهَ إِلَّا بِمَا شَرَعَ)

     Seandainya cinta seorang kepada Allah ﷺ dan Rasul-Nya adalah cinta yang tulus, niscaya ia akan taat kepada Allah ﷺ dan Rasul-Nya. Sebagaimana dikatakan oleh Imam Asy-Syafi'i رحمه الله dalam sya'irnya;

إِنَّ الْمُحِبَّ لِمَنْ يُحِبُّ مُطِيعُ   لَوْكَانَ حُبُّكَ صَادِقًا لَأَطَعْتَهُ

Seandainya cintamu adalah cinta yang tulus,
niscaya engkau akan mentaati-Nya
Karena sesungguhnya orang yang mencintai
terhadap Dzat yang dicintainya adalah sangat mentaati.

2. Kecintaan secara tabiat *(Mahabbah thabi'iyyah mubahah)*

    Kecintaan secara tabiat misalnya adalah; kecintaan orang tua kepada anaknya, seorang suami kepada isterinya dan hartanya, dan lain sebagainya. Disyaratkan pada kecintaan ini tidak boleh ada unsur kentundukan dan pengagungan. Serta kecintaan ini tidak boleh menyamai derajat kecintaan kepada Allah ﷺ dan Rasul-Nya. Jika derajat kecintaan tersebut sama atau bahkan lebih, maka ini termasuk ke dalam kecintaan yang diharamkan. Sebagaimana firman Allah ﷺ;

قُلْ إِنْ كَانَ آبَاؤُكُمْ وَأَبْنَاؤُكُمْ وَإِخْوَانُكُمْ وَأَزْوَاجُكُمْ وَعَشِيرَتُكُمْ وَأَمْوَالٌ اقْتَرَفْتُمُوهَا وَتِجَارَةٌ تَخْشَوْنَ كَسَادَهَا وَمَسَاكِنُ تَرْضَوْنَهَا أَحَبَّ إِلَيْكُمْ مِنَ اللهِ وَرَسُولِهِ وَجِهَادٍ فِي سَبِيلِهِ فَتَرَبَّصُوا حَتَّى يَأْتِيَ اللهُ بِأَمْرِهِ وَاللهُ لَا يَهْدِي الْقَوْمَ الْفَاسِقِينَ.

"Katakanlah, "Jika bapak-bapak kalian, anak-anak kalian, saudara-saudara kalian, isteri-isteri kalian, keluarga kalian, harta kekayaan yang kalian usahakan, perniagaan yang kalian khawatirkan kerugiannya, dan tempat tinggal yang kalian senangi, (semuanya itu) lebih kalian cintai dari Allah ﷻ dan Rasul-Nya dan dari berjihad di jalan-Nya, Maka tunggulah sampai Allah mendatangkan keputusan-Nya." Dan Allah tidak memberi petunjuk kepada orang-orang yang fasik."[55]

Berkata Syaikh 'Abdurrahman bin Nashir As-Sa'di رحمه الله, ketika menafsirkan ayat tersebut;

وَهَذِهِ الْآيَةُ الْكَرِيْمَةُ أَعْظَمُ دَلِيلٍ عَلَى وُجُوْبِ مَحَبَّةُ اللهِ وَرَسُوْلِهِ، وَعَلَى تَقْدِيْمِهَا عَلَى مَحَبَّةِ كُلَّ شَيْءٍ، وَعَلَى الْوَعِيْدِ الشَّدِيْدِ وَالْمَقْتِ الْأَكِيْدِ، عَلَى مَنْ كَانَ شَيْءٌ مِنْ هَذِهِ الْمَذْكُوْرَاتِ أَحَبُّ إِلَيْهِ مِنَ اللهِ وَرَسُوْلِهِ، وَجِهَادٍ فِيْ سَبِيْلِهِ.

"Ayat yang mulia ini merupakan dalil yang paling agung tentang wajibnya mencintai Allah ﷻ dan Rasul-Nya. Dan mendahulukan kecintaan tersebut di atas kecintaan kepada sesuatu apapun. Dan ini merupakan ancaman yang keras dan kebencian yang kuat terhadap siapa saja yang disebutkan (pada ayat ini), (jika itu semua) lebih dicintai dari Allah ﷻ dan Rasul-Nya, serta berjuang di jalan-Nya."[56]

3. Kecintaan yang syirik *(Mahabbah syirkiyyah)*

Kecintaan yang syirik yaitu mencintai makhluk dengan diiringi unsur ketundukan dan pengagungan. Kecintaan yang diiringi dengan unsur ketundukan dan pengagungan hanyalah diperuntukkan kepada Allah ﷻ saja. Sehingga apabila ada seorang yang mencintai selain Allah setara dengan kecintaannya kepada Allah ﷻ, maka ia telah menjadikannya sebagai tandingan Allah ﷻ dalam hal kecintaan dan pengagungan. Dan perbuatan ini termasuk syirik besar. Allah ﷻ berfirman;

---

[55] QS. At-Taubah : 24.
[56] *Taisirul Karimir Rahman*, 2/33.

وَمِنَ النَّاسِ مَنْ يَتَّخِذُ مِنْ دُونِ اللهِ أَنْدَادًا يُحِبُّونَهُمْ كَحُبِّ اللهِ وَالَّذِينَ آمَنُوا أَشَدُّ حُبًّا لِلَّهِ وَلَوْ يَرَى الَّذِينَ ظَلَمُوا إِذْ يَرَوْنَ الْعَذَابَ أَنَّ الْقُوَّةَ لِلَّهِ جَمِيعًا وَأَنَّ اللهَ شَدِيدُ الْعَذَابِ.

"Dan di antara manusia ada orang-orang yang menyembah tandingan-tandingan selain Allah ﷻ. Mereka mencintainya sebagaimana mereka mencintai Allah. Adapun orang-orang yang beriman sangat besar cintanya kepada Allah ﷻ. Dan seandainya orang-orang yang berbuat zhalim itu mengetahui ketika mereka melihat siksa (pada Hari Kiamat), bahwa kekuatan itu kepunyaan Allah ﷻ semuanya, dan bahwa Allah ﷻ sangat berat siksaan-Nya (niscaya mereka akan menyesal)."[57]

B. Syirik kecil

Syirik kecil adalah syirik yang tidak menyebabkan pelakunya keluar dari agama Islam, tetapi mengurangi tauhid dan merupakan perantara kepada syirik besar. Syirik kecil ada dua macam :

1. Syirik *zhahir*

Syirik *zhahir* yaitu syirik kecil dalam bentuk ucapan dan perbuatan. Misalnya :

❖ Seorang mengucapkan atas kehendak Allah ﷻ dan atas kehendak fulan. Sebagaimana diriwayatkan dari Hudzaifah ﷺ, dari Nabi ﷺ, beliau bersabda;

لَا تَقُولُوا مَا شَاءَ اللَّهُ وَشَاءَ فُلَانٌ قُولُوا مَا شَاءَ اللَّهُ ثُمَّ شَاءَ فُلَانٌ.

"Janganlah kalian mengatakan, "Jika dikehendaki Allah ﷻ dan dikehendaki fulan." Tetapi katakanlah, " Jika dikehendaki Allah ﷻ kemudian dikehendaki fulan."[58]

---

[57] QS. Al-Baqarah : 165.
[58] HR. Ahmad. Hadits ini dishahihkan oleh Syaikh Al-Albani رحمه الله dalam *As-Silsilah Ash-Shahihah* Juz 1 : 137.

❖ Bersumpah dengan nama selain Allah ﷻ. Diriwayatkan dari 'Abdullah bin 'Umar ﵃, Rasulullah ﷺ bersabda;

$$ مَنْ حَلَفَ بِغَيْرِ اللَّهِ فَقَدْ كَفَرَ وَأَشْرَكَ $$

"Barangsiapa yang bersumpah dengan selain Allah ﷻ, maka ia telah kafir dan musyrik."[59]

2. Syirik *khafi*

Syirik *khafi* yaitu syirik dalam keinginan. Misalnya; *riya'* dan *sum'ah*. *Riya'* adalah memperlihatkan suatu amalan ibadah kepada orang lain, karena ingin mendapatkan pujian. Sedangkan *sum'ah* adalah menceritakan suatu amalan ibadah yang pernah dilakukan, karena ingin mendapatkan pujian. Diriwayatkan dari Abu Sa'id Al-Khudri ﵃, Rasulullah ﷺ bersabda;

$$ أَلَا أُخْبِرُكُمْ بِمَا هُوَ أَخْوَفُ عَلَيْكُمْ مِنَ الْمَسِيحِ عِنْدِيْ قَالَ قُلْنَا بَلَى $$
$$ قَالَ الشِّرْكُ الْخَفِيْ أَنْ يَقُوْمَ رَجُلٌ يَعْمَلُ لِمَكَانِ رَجُلٍ. $$

"Maukah kalian aku kabarkan kepada kalian tentang sesuatu yang lebih aku takutkan menimpa kalian daripada Al-Masih (Dajjal)." Para sahabat menjawab, "Tentu, (kami bersedia)." Beliau bersabda, "(Yaitu) Syirik Khafi, seseorang berdiri (shalat), ia melakukan(nya) karena (ingin dilihat oleh) orang (lain)."[60]

Berkata Fudhail bin 'Iyadh ﵁;

$$ تَرْكُ الْعَمَلِ لِأَجْلِ النَّاسِ رِيَاءٌ وَالْعَمَلُ لِأَجْلِ النَّاسِ شِرْكٌ وَالْإِخْلَاصُ $$
$$ أَنْ يُعَافِيَكَ اللَّهُ مِنْهُمَا $$

"Meninggalkan amal karena manusia adalah riya', sedangkan mengerjakannya karena manusia adalah kesyirikan. (Adapun) ikhlas adalah jika Allah ﷻ menjagamu dari keduanya."[61]

*****

---

[59] HR. Tirmidzi Juz 4 : 1535. adits ini dishahihkan oleh Syaikh Al-Albani ﵁ dalam *Irwa'ul Ghalil* : 2561.
[60] HR. Ahmad. Hadits ini dihasankan oleh Syaikh Al-Albani ﵁ dalam *Shahihul Jami'* : 2607.
[61] *Al-Kaba'ir*, Adz-Dzahabi

KUFUR

Kufur adalah tidak beriman kepada Allah ﷻ dan Rasul-Nya, baik dengan mendustakannya atau tidak mendustakannya. Kufur ada dua jenis, yaitu :

A. Kufur Besar

Kufur besar yaitu kufur yang dapat mengeluarkan pelakunya dari agama Islam. Kufur besar ada tujuh macam, antara lain :

1. Kufur karena mendustakan

Kufur karena mendustakan yaitu mengingkari sesuatu yang dibebankan dari pokok agama, hukumnya, atau berita yang telah pasti. Bentuk pengingkaran tersebut baik dengan lisan maupun dengan hati. Dalilnya adalah firman Allah ﷻ;

وَمَنْ أَظْلَمُ مِمَّنِ افْتَرَى عَلَى اللهِ كَذِبًا أَوْ كَذَّبَ بِالْحَقِّ لَمَّا جَاءَهُ أَلَيْسَ فِيْ جَهَنَّمَ مَثْوًى لِلْكَافِرِيْنَ.

"Dan siapakah yang lebih zhalim daripada orang-orang yang mengada-adakan kedustaan terhadap Allah atau mendustakan yang haq ketika yang haq itu datang kepadanya? Bukankah dalam Neraka Jahannam itu terdapat tempat bagi orang-orang yang kafir?"[62]

Misalnya :

❖ Mengingkari *Rububiyyah*, *Uluhiyyah*, dan *Asma' wa Sifat* Allah ﷻ.
❖ Mengingkari keberadaan salah satu Malaikat yang telah ditetapkan, seperti; Jibril, Mikail, dan lainnya.
❖ Mengingkari kitab-kitab yang telah Allah ﷻ turunkan, seperti; Zabur, Taurat, atau Al-Qur'an.
❖ Membenarkan agama-agama *kufur*, seperti; yahudi dan nasrani.
❖ Tidak menyatakan pemeluk agama-agama kufur kekal di dalam Neraka.
❖ Seorang yang menisbahkan diri kepada selain agama Islam.

---

[62] QS. Al-Ankabut : 68.

2. Kufur karena enggan dan sombong, padahal membenarkan

Kufur karena enggan dan sombong, padahal membenarkan yaitu membenarkan pokok agama Islam dan hukumnya dengan hati dan lisan, tetapi menolak mengamalkan dengan anggota badan hukum agama karena sombong dan merasa tinggi. Dalilnya adalah firman Allah ﷻ;

$$ وَإِذْ قُلْنَا لِلْمَلَائِكَةِ اسْجُدُوا لِآدَمَ فَسَجَدُوا إِلَّا إِبْلِيسَ أَبَى وَاسْتَكْبَرَ وَكَانَ مِنَ الْكَافِرِينَ. $$

"Dan (ingatlah) ketika Kami berfirman kepada para Malaikat, "Sujudlah kalian kepada Adam ﷺ." Maka bersujudlah mereka kecuali Iblis, ia enggan dan sombong dan ia adalah termasuk golongan orang-orang yang kafir."[63]

Misalnya :

❖ Seorang yang menolak untuk shalat jama'ah, karena merasa tinggi, dan tidak ingin disamakan dengan manusia lain.

3. Kufur karena ragu

Kufur karena ragu yaitu keraguan seorang muslim di dalam mengimani sesuatu dari pokok agama atau tidak membenarkan *khabar* dan hukum yang pasti dalam agama. Dalilnya adalah firman Allah ﷻ;

$$ وَدَخَلَ جَنَّتَهُ وَهُوَ ظَالِمٌ لِنَفْسِهِ قَالَ مَا أَظُنُّ أَنْ تَبِيدَ هَذِهِ أَبَدًا. وَمَا أَظُنُّ السَّاعَةَ قَائِمَةً وَّلَئِنْ رُدِدْتُ إِلَى رَبِّي لَأَجِدَنَّ خَيْرًا مِنْهَا مُنْقَلَبًا. قَالَ لَهُ صَاحِبُهُ وَهُوَ يُحَاوِرُهُ أَكَفَرْتَ بِالَّذِي خَلَقَكَ مِنْ تُرَابٍ ثُمَّ مِنْ نُطْفَةٍ ثُمَّ سَوَّاكَ رَجُلًا. لَكِنَّا هُوَ اللَّهُ رَبِّي وَلَا أُشْرِكُ بِرَبِّي أَحَدًا. $$

"Dan ia memasuki kebunnya sedang ia zhalim terhadap dirinya sendiri, ia berkata, "Aku kira kebun ini tidak akan binasa selama-lamanya. Dan aku tidak mengira Hari Kiamat itu akan datang. Jika seandainya aku dikembalikan kepada Rabb-ku, pasti aku akan mendapat tempat kembali yang lebih baik dari pada kebun-kebun itu." Sahabatnya (yang mukmin)

---

[63] QS. Al-Baqarah : 34.

berkata kepadanya yang bercakap-cakap dengannya, "Apakah engkau telah kufur kepada (Rabb) yang menciptakanmu dari tanah, kemudian dari setetes air mani, lalu Dia menjadikanmu seorang laki-laki yang sempurna? Tetapi aku (percaya bahwa) Dia-lah Allah, Rabbku, dan aku tidak mempersekutukan seorang pun dengan Rabb-ku (tersebut)."[64]

Misalnya :

❖ Ragu terhadap keshahihan Al-Qur'an.
❖ Ragu terhadap adzab kubur.
❖ Ragu bahwa Jibril ﷺ termasuk Malaikat Allah ﷻ.
❖ Ragu tentang haramnya khamer.
❖ Ragu tentang wajibnya zakat.
❖ Ragu tentang kufurnya yahudi dan nasrani.

4. Kufur karena berpaling
Dalilnya adalah firman Allah ﷻ;

$$وَالَّذِيْنَ كَفَرُوْا عَمَّا أُنْذِرُوْا مُعْرِضُوْنَ.$$

"Dan orang-orang yang kafir berpaling dari apa yang diperingatkan kepada mereka."[65]

Berpaling dari agama terbagi menjadi dua, antara lain :

a. Berpaling yang menjadikan kufur
Berpaling yang menjadikan kufur yaitu seorang meninggalkan agama Allah ﷻ dan berpaling darinya, baik dengan; hati, lisan, anggota badannya, atau meninggalkan dengan anggota badannya saja, meskipun hatinya membenarkan. Dan berpaling dalam jenis ini terbagi dalam tiga bentuk, antara lain :
1. Berpaling dari mendengar perintah Allah ﷻ.
2. Berpaling dari ketundukan kepada agama Allah ﷻ yang *haq* dan dari perintahnya setelah mendengarnya dan mengetahuinya.
3. Berpaling dari mengamalkan hukum-hukum Islam dan fardhu-fardhunya setelah mengikrarkan dengan hati tentang rukun iman dan mengucapkan dua kalimat syahadat.

---

[64] QS. Al-Kahfi 35 - 38.
[65] QS. Al-Ahqaf : 3.

b. Berpaling yang tidak sampai menjadikan kufur

Berpaling yang tidak sampai menjadikan kufur yaitu seorang muslim yang meninggalkan sebagian dari wajib-wajib syar'i selain shalat, dan masih melaksanakan sebagiannya.

5. Kufur karena nifaq

Kufur karena nifaq yaitu menampakkan keimanan dan menyembunyikan kekufuran. Dalilnya adalah firman Allah ﷻ;

$$ ذَلِكَ بِأَنَّهُمْ آمَنُوا ثُمَّ كَفَرُوا فَطُبِعَ عَلَى قُلُوبِهِمْ فَهُمْ لَا يَفْقَهُونَ. $$

"Yang demikian itu karena sesungguhnya mereka telah beriman kemudian menjadi kufur (lagi), lalu hati mereka dikunci mati, karena itu mereka tidak dapat mengerti."[66]

6. Kufur karena mencela

Kufur karena mencela yaitu penghinaan seorang muslim terhadap sesuatu dari agama Allah ﷻ, baik itu dengan ucapan atau dengan perbuatan. Dalilnya adalah firman Allah ﷻ;

$$ وَلَئِنْ سَأَلْتَهُمْ لَيَقُولُنَّ إِنَّمَا كُنَّا نَخُوضُ وَنَلْعَبُ قُلْ أَبِاللَّهِ وَآيَاتِهِ وَرَسُولِهِ كُنْتُمْ تَسْتَهْزِئُونَ. لَا تَعْتَذِرُوا قَدْ كَفَرْتُمْ بَعْدَ إِيمَانِكُمْ. $$

"Dan jika engkau tanyakan kepada mereka (tentang apa yang mereka lakukan), mereka akan manjawab, "Sesungguhnya kami hanyalah bersenda gurau dan bermain-main saja." Katakanlah, "Apakah dengan Allah ﷻ, ayat-ayat-Nya dan Rasul-Nya kalian selalu mengolok-olok? Janganlah kalian minta udzur, karena kalian telah kafir sesudah kalian beriman."[67]

Misalnya :

❖ Mencela Al-Qur'an, maupun ayat-ayatnya.
❖ Mencela seorang dari para Nabi.
❖ Mencela siwak.
❖ Mencela seorang yang memelihara jenggot.
❖ Mencela seseorang yang mengangkat celananya sampai setengah betis.

---

[66] QS. Al-Munafiqun : 3.
[67] QS. At-Taubah : 65 - 66.

7. Kufur karena benci

Telah bersepakat para ahli ilmu, barangsipa yang benci dengan agama Allah ﷻ, maka ia *kufur*. Sebagaimana firman Allah ﷻ;

$$\text{ذَلِكَ بِأَنَّهُمْ كَرِهُوا مَا أَنْزَلَ اللهُ فَأَحْبَطَ أَعْمَالَهُمْ}$$

"Yang demikian itu adalah karena sesungguhnya mereka membenci terhadap apa yang diturunkan Allah ﷻ (Al-Quran), lalu Allah ﷻ menghapuskan (pahala) amal-amal mereka."[68]

B. Kufur Kecil

Kufur kecil yaitu kufur yang tidak menjadikan pelakunya keluar dari agama Islam, dan ini adalah kufur amali. Kufur amali adalah dosa-dosa yang disebutkan di dalam Al-Qur'an dan As-Sunnah sebagai dosa kufur, tetapi tidak mencapai derajat kufur besar. Di antara yang termasuk dalam kufur kecil adalah :

1. Kufur nikmat

Sebagaimana firman Allah ﷻ;

$$\text{يَعْرِفُونَ نِعْمَتَ اللهِ ثُمَّ يُنْكِرُونَهَا وَأَكْثَرُهُمُ الْكَافِرُونَ}$$

"Mereka mengetahui nikmat Allah, kemudian mereka mengingkarinya dan kebanyakan mereka adalah orang-orang yang kafir."[69]

2. Kufur karena membunuh seorang muslim

Sebagaimana diriwayatkan dari 'Abdullah (bin Mas'ud) ﷺ, bahwa Nabi ﷺ bersabda;

$$\text{سِبَابُ الْمُسْلِمِ فُسُوقٌ وَقِتَالُهُ كُفْرٌ.}$$

"Mencaci seorang muslim adalah kefasikan dan membunuhnya adalah kekufuran."[70]

---

[68] QS. Muhammad : 9.
[69] QS. An-Nahl : 83.
[70] HR. Bukhari Juz 1 : 48 dan Muslim Juz 1 : 64, lafazh ini milik keduanya.

3. Kufur karena bersumpah dengan selain Allah ﷺ
   Diriwayatkan dari 'Abdullah bin 'Umar ﵂, Rasulullah ﷺ bersabda;

مَنْ حَلَفَ بِغَيْرِ اللهِ فَقَدْ كَفَرَ وَأَشْرَكَ

"Barangsiapa yang bersumpah dengan selain Allah, maka ia telah kafir dan musyrik."[71]

4. Kufur karena mencela nasab dan *niyahah*
   Dari Abu Hurairah ﵂ ia berkata, Rasulullah ﷺ bersabda;

اِثْنَتَانِ فِي النَّاسِ هُمَا بِهِمْ كُفْرٌ اَلطَّعْنُ فِي النَّسَبِ وَالنِّيَاحَةُ عَلَى الْمَيِّتِ.

"Dua hal yang dilakukan manusia yang dengan keduanya mereka (menjadi) kufur; mencela nasab dan niyahah (meratapi) jenazah."[72]

*****

---

[71] HR. Tirmidzi Juz 4 : 1535. Hadits ini dishahihkan oleh Syaikh Al-Albani ﵁ dalam *Irwa'ul Ghalil* : 2561.
[72] HR. Muslim Juz 1 : 67.

NIFAQ

Nifaq adalah menampakkan Islam dan kebaikan, tetapi menyembunyikan kekufuran dan kejahatan. Nifaq terbagi menjadi dua jenis, yaitu :

A. *Nifaq I'tiqadi* (Nifaq Keyakinan)

Nifaq i'tiqadi yaitu nifaq besar yang pelakunya menampakkan keislaman, tetapi menyembunyikan kekufuran. Jenis nifaq ini menjadikan pelakunya keluar dari Islam dan ia berada di dalam kerak Neraka – *wal'iyyadzubillah*-. Sebagaimana firman Allah ﷻ;

إِنَّ الْمُنَافِقِينَ فِي الدَّرْكِ الْأَسْفَلِ مِنَ النَّارِ وَلَنْ تَجِدَ لَهُمْ نَصِيرًا

"*Sesungguhnya orang-orang munafik itu (ditempatkan) pada tingkatan Neraka yang paling bawah. Dan engkau sekali-kali tidak akan mendapatkan seorang penolong pun bagi mereka.*"[73]

Nifaq i'tiqadi ada empat macam, antara lain :

1. Mendustakan Rasulullah ﷺ atau mendustakan sebagian dari apa yang beliau bawa

Barangsiapa mengingkari kebenaran risalah salah satu di antara para rasul, maka berarti ia telah mengingkari seluruh risalah para rasul. Sebagaimana firman Allah ﷻ;

كَذَّبَتْ قَوْمُ نُوحٍ الْمُرْسَلِينَ.

"*Kaum Nuh telah mendustakan para rasul.*"[74]

---

[73] QS. An-Nisa' : 145.
[74] QS. Asy-Syu'ara : 105.

2. Membenci Rasulullah ﷺ atau membenci sebagian dari apa yang beliau bawa

Dalilnya adalah firman Allah ﷻ;

وَلَئِنْ سَأَلْتَهُمْ لَيَقُولُنَّ إِنَّمَا كُنَّا نَخُوضُ وَنَلْعَبُ قُلْ أَبِاللَّهِ وَآيَاتِهِ وَرَسُولِهِ كُنْتُمْ تَسْتَهْزِئُونَ. لَا تَعْتَذِرُوا قَدْ كَفَرْتُمْ بَعْدَ إِيْمَانِكُمْ.

"Dan jika engkau tanyakan kepada mereka (tentang apa yang mereka lakukan), mereka akan manjawab, "Sesungguhnya kami hanyalah bersenda gurau dan bermain-main saja." Katakanlah, "Apakah dengan Allah ﷻ, ayat-ayat-Nya dan Rasul-Nya kalian selalu mengolok-olok? Janganlah kalian minta udzur, karena kalian telah kafir sesudah kalian beriman."[75]

Al-Hafizh Ibnu Katsir رحمه الله menjelaskan tentang *asbabun nuzul* ayat tersebut;
"Abdullah bin Wahb mengatakan, telah menceritakan kepadaku Hisyam Ibnu Sa'ad, dari Zaid Ibnu Aslam, dari Abdullah bin 'Umar رضي الله عنهما yang mengatakan bahwa seorang laki-laki dalam perang Tabuk mengatakan dalam suatu majelis, "Aku belum pernah melihat orang seperti tamu-tamu kita itu. Mereka adalah pengabdi perut, paling pendusta lisannya paling pengecut (dalam) perang." Maka seorang laki-laki lainnya yang ada di dalam masjid berkata, "Kamu dusta, sebenarnya kamu adalah orang munafik. Aku benar-benar akan menceritakan hal itu kepada Rasulullah ﷺ." Maka berita itu pun sampai kepada Rasulullah ﷺ dan Al-Qur'an yang mengenainya pun diturunkan. 'Abdullah bin 'Umar رضي الله عنهما mengatakan, "Aku melihat orang itu bergantungan pada tali pelana Rasulullah ﷺ dan dikenai batu-batuan yang terlemparkan (oleh injakan kaki unta Rasulullah ﷺ), seraya berkata, "Wahai Rasulullah kami hanya bersenda-gurau dan bermain-main saja." Lalu Rasulullah ﷺ membacakan Firman Allah ﷻ;

أَبِاللَّهِ وَآيَاتِهِ وَرَسُولِهِ كُنْتُمْ تَسْتَهْزِئُونَ ...

"Apakah dengan Allah ﷻ, ayat-ayat-Nya dan Rasul-Nya kalian selalu mengolok-olok?... hingga akhir ayat.[76],[77]

---

[75] QS. At-Taubah : 65 - 66.
[76] QS. At-Taubah : 65 - 66.
[77] *Tafsirul Qur'anil 'Azhim*, 2/367.

3. Merasa gembira dengan kemunduran agama Rasulullah ﷺ

4. Tidak senang dengan kemenangan agama Rasulullah ﷺ

Dalilnya adalah firman Allah ﷻ;

إِنْ تُصِبْكَ حَسَنَةٌ تَسُؤْهُمْ وَإِنْ تُصِبْكَ مُصِيبَةٌ يَقُولُوا قَدْ أَخَذْنَا أَمْرَنَا مِنْ قَبْلُ وَيَتَوَلَّوْا وَهُمْ فَرِحُونَ.

"Jika engkau mendapat suatu kebaikan, mereka (orang-orang munafik) menjadi tidak senang karenanya. Dan jika engkau ditimpa sesuatu bencana, mereka berkata, "Sesungguhnya kami sebelumnya telah memperhatikan urusan kami (untuk tidak pergi berperang)." Mereka berpaling dengan rasa gembira."[78]

B. *Nifaq Amali* (Nifaq Perbuatan)

Nifaq amali yaitu seorang melakukan sesuatu yang merupakan perbuatan orang-orang munafik, tetapi masih tetap ada iman di dalam hatinya. Nifaq jenis ini tidak mengeluarkan pelakunya dari agama Islam, tetapi merupakan perantara kepada *nifaq i'tiqadi*. Pelakunya berada dalam iman dan nifaq. Jika perbuatan nifaqnya banyak, maka dapat menjadi sebab terjerumusnya ke dalam nifaq sesungguhnya. Diriwayatkan dari Abu Hurairah ﷺ, bahwa Rasulullah ﷺ bersabda;

آيَةُ الْمُنَافِقِ ثَلَاثٌ إِذَا حَدَّثَ كَذَبَ وَإِذَا وَعَدَ أَخْلَفَ وَإِذَا اؤْتُمِنَ خَانَ.

"Tanda-tanda orang munafik itu ada tiga; jika berkata ia dusta, jika berjanji ia mengingkari, dan jika dipercaya ia mengkhianati."[79]

Nifaq i'tiqadi tidak mungkin terjadi pada diri seorang mukmin, karena tidak akan pernah berkumpul antara keimanan dengan kemunafikan di dalam keyakinan seseorang. Sedangkan *nifaq amali* dapat terjadi pada diri seorang mukmin. Hendaknya seorang mukmin senantiasa takut dirinya terjangkit sifat nifaq.

---

[78] QS. At-Taubah : 50.
[79] Muttafaq 'alaih. HR. Bukhari Juz 1 : 33 dan Muslim Juz 1 : 59.

Berkata Ibnu Abi Mulaikah رَحِمَهُ اللهُ;

أَدْرَكْتُ ثَلَاثِينَ مِنْ أَصْحَابِ النَّبِيِّ صَلَّى اللهُ عَلَيْهِ وَسَلَّمَ كُلُّهُمْ يَخَافُ النِّفَاقَ عَلَى نَفْسِهِ مَا مِنْهُمْ أَحَدٌ يَقُولُ إِنَّهُ عَلَى إِيمَانِ جِبْرِيلَ وَمِيكَائِيلَ.

"Aku bertemu dengan tiga puluh sahabat Nabi ﷺ, mereka semuanya takut ada sifat kemunafikan dalam dirinya. Tidak ada seorang pun dari mereka yang mengatakan bahwa keimanannya seperti keimanan Jibril dan Mikail عَلَيْهِ السَّلَامُ."[80]

Al-Hasan رَحِمَهُ اللهُ juga pernah berkata;

مَا خَافَهُ إِلَّا مُؤْمِنٌ وَلَا أَمِنَهُ إِلَّا مُنَافِقٌ

"Tidaklah seorang (merasa) takut terhadap (sifat kemunafikan), kecuali ia adalah seorang mukmin. Dan tidaklah seorang merasa aman (dari sifat kemunafikan), kecuali ia adalah seorang munafik."[81]

Ada seorang laki-laki yang berkata kepada 'Abdullah bin 'Aun رَحِمَهُ اللهُ; "Sungguh, aku menjadi munafik." Ia lalu berkata, "Seandainya engkau seorang munafik, niscaya engkau tidak takut hal tersebut terjadi (padamu)."[82]

*****

---

[80] HR. Bukhari, secara *mu'allaq* di Juz 1.
[81] HR. Bukhari, secara *mu'allaq* di Juz 1.
[82] *Hilyatul Auliya'*, 4/251.

MENGIKUTI PARA SAHABAT ﷺ

Allah ﷻ memilih generasi terbaik untuk menemani dan mendampingi Rasul-Nya Muhammad ﷺ, merekalah para sahabat. Imam Bukhari رحمه الله mendefinisikan sahabat adalah "Seorang yang mendampingi Rasulullah ﷺ atau melihatnya dari kalangan kaum muslimin." Pada definisi yang lain ada tambahan "Dan (mereka) meninggal dunia dalam keadaan beriman." Mereka adalah generasi umat terbaik sesudah Nabi ﷺ. Allah ﷻ berfirman;

وَالسَّابِقُوْنَ الْأَوَّلُوْنَ مِنَ الْمُهَاجِرِيْنَ وَالْأَنْصَارِ وَالَّذِيْنَ اتَّبَعُوْهُمْ بِإِحْسَانٍ رَضِيَ اللهُ عَنْهُمْ وَرَضُوْا عَنْهُ وَأَعَدَّ لَهُمْ جَنَّاتٍ تَجْرِيْ تَحْتَهَا الْأَنْهَارُ خَالِدِيْنَ فِيْهَا أَبَدًا ذَلِكَ الْفَوْزُ الْعَظِيْمُ.

"Orang-orang yang terdahulu lagi yang pertama-tama (masuk Islam) dari golongan Muhajirin dan Anshar dan orang-orang yang mengikuti mereka dengan baik, Allah ﷻ ridha kepada mereka dan merekapun ridha kepada Allah ﷻ dan Allah ﷻ menyediakan bagi mereka Surga-surga yang mengalir sungai-sungai di dalamnya. Mereka kekal di dalamnya selama-lamanya. Itulah kemenangan yang besar."[83]

Kerena demikian besar jasa para sahabat ﷺ atas umat ini, maka umat ini memiliki kewajiban yang harus ditunaikan kepada para sahabat Rasulullah ﷺ, di antaranya kewajiban tersebut adalah :

1. Mengakui Keutamaan Sahabat ﷺ

Karena sahabat adalah orang yang hidup pada sebaik-baik masa. Sebagaimana diriwayatkan dari 'Abdullah (bin Mas'ud) ﷺ, dari Nabi ﷺ, beliau bersabda;

خَيْرُ النَّاسِ قَرْنِيْ ثُمَّ الَّذِيْنَ يَلُوْنَهُمْ ثُمَّ الَّذِيْنَ يَلُوْنَهُمْ

"Sebaik-baik manusia adalah pada masaku, kemudian yang setelahnya, kemudian yang setelahnya."[84]

---

[83] QS. At-Taubah : 100.
[84] HR. Bukhari Juz 2 : 2509 dan Muslim Juz 4 : 2533, lafazh ini milik keduanya.

2. Mencintai Sahabat ﷺ

Sahabat adalah orang yang sangat mencintai Rasulullah ﷺ. Pada waktu usai perang Uhud Sa'ad bin Ar-Rabi' ﷺ ditemukan dengan dua belas luka yang ada pada tubuhnya, karena berupaya untuk melindungi Rasulullah ﷺ pada perang tersebut. Ketika *sakaratul maut* beliau berpesan;

وَأَخْبِرْ قَوْمَكَ أَنَّهُمْ لَا عُذْرٌ لَهُمْ عِنْدَ اللَّهِ إِنْ قُتِلَ رَسُولُ اللَّهِ صَلَّى اللَّهُ عَلَيْهِ وَسَلَّمَ وَوَاحِدٌ مِنْهُمْ حَيٌّ.

"Beritahukanlah kepada kaummu bahwa mereka tidak mempunyai alasan di sisi Allah ﷺ jika Rasulullah ﷺ sampai terbunuh, sementara salah seorang di antara mereka masih ada yang hidup."[85]

Dan diriwayatkan bahwa ada seorang wanita dari Bani Dinar, yang suaminya, saudaranya, bapaknya gugur sebagai syahid dalam perang Uhud. Ketika diberitahukan kepadanya tentang berita duka tersebut, ia balik bertanya, "Apa yang dialami Rasulullah ﷺ." Maka dijawab *Alhamdulillah*, seperti yang engkau inginkan, beliau dalam keadaan baik-baik saja." Wanita tersebut berkata, "Perlihatkan beliau kepadaku." Lalu mereka menunjukkannya kepada Rasulullah ﷺ. Maka setelah itu ia berkata, "Semua musibah, setelah engkau selamat (wahai Rasulullah ﷺ) adalah ringan."[86] Ini menunjukkan betapa besar pengorbanan dan cinta para sahabat kepada Rasulullah ﷺ, maka umat inipun harus mencintai mereka.

3. Mengikuti Sahabat ﷺ

Para sahabat ﷺ adalah orang-orang yang belajar Islam langsung dari Rasulullah ﷺ. Sehingga metode keberagamaan mereka adalah metode yang murni yang harus diteladani oleh umat ini. Dan Rasulullah ﷺ juga memerintahkan agar umat ini mengikuti para sahabat. Sebagaimana diriwayatkan dari Irbadh bin Sariyah ﷺ ia berkata, Rasulullah ﷺ bersabda;

عَلَيْكُمْ بِسُنَّتِي وَسُنَّةِ الْخُلَفَاءِ الرَّاشِدِينَ الْمَهْدِيِّينَ عَضُّوا عَلَيْهَا بِالنَّوَاجِذِ

---

[85] *Al-Ishabah fi Tamyizish Shahabah*, 3/3155.
[86] *Ar-Rahiqul Makhtum*, Shafiyurrahman Al-Mubarakfuri.

"Berpegang teguhlah kepada sunnahku dan sunnah Khulafaur Rasyidin yang lurus (mendapat petunjuk) dan gigitlah dengan gigi geraham kalian."[87]

Berkata 'Abdullah bin Mas'ud ﷺ;

إِنْ كُنْتُمْ لَابُدَّ مُقْتَدِيْنَ، فَاقْتَدُوْا بِالْمَيِّتِ، فَإِنَّ الْحَيَّ لَا تُؤْمَنُ عَلَيْهِ الْفِتْنَةُ.

"Jika kalian harus mengambil teladan, maka mengambillah teladan dari (para sahabat ﷺ) yang telah meninggal dunia. Karena orang yang masih hidup tidak aman dari fitnah."[88]

4. Meyakini Haramnya Mencela Sahabat ﷺ

Seorang muslim tidak diperbolehkan untuk mencela para sahabat Rasulullah ﷺ. Karena Rasulullah ﷺ telah melarang umatnya untuk mencela para sahabatnya. Sebagaimana diriwayatkan dari Abu Sa'id Al-Khudri ﷺ ia berkata, Rasulullah ﷺ bersabda;

لَا تَسُبُّوْا أَصْحَابِيْ فَلَوْا أَنَّ أَحَدَكُمْ أَنْفَقَ مِثْلَ أُحُدٍ ذَهَبًا مَا بَلَغَ مُدَّ أَحَدِهِمْ وَلَا نَصِيْفَهُ

"Janganlah kalian mencela sahabatku. Seandainya salah seorang di antara kalian berinfak emas sebesar gunung Uhud, maka tidak akan menyamai infak mereka satu mud dan tidak pula setengahnya."[89]

Bahkan Rasullullah ﷺ juga telah mengancam orang-orang yang mencela sahabatnya dengan laknat dari Allah ﷻ, laknat dari Malaikat, dan laknat dari manusia seluruhnya. Beliau bersabda;

مَنْ سَبَّ أَصْحَابِيْ فَعَلَيْهِ لَعْنَةُ اللهِ وَالْمَلَائِكَةِ وَالنَّاسِ أَجْمَعِيْنَ.

---

[87] HR. Tirmidzi Juz 5 : 2676 dan Abu Dawud : 4607. Hadits ini dishahihkan oleh Syaikh Al-Albani رحمه الله dalam *Shahihul Jami'* : 2549.
[88] *Shifatush Shafwah*, 1/421.
[89] HR. Bukhari Juz 3 : 3470, lafazh ini miliknya dan Muslim Juz 4 : 2541.

"Barangsiapa yang mencela sahabat-sahabatku, niscaya akan mendapat laknat dari Allah ﷻ*, Malaikat, dan manusia seluruhnya."*[90]

Mencintai para sahabat Rasulullah ﷺ adalah merupakan bagian dari agama. Dan membenci para sahabat adalah merupakan perbuatan kekafiran dan kemunafikan. Hal ini sebagaimana disebutkan oleh Abu Ja'far Ath-Thahawi ﵀;

وَحُبُّهُمْ دِينٌ وَإِيمَانٌ وَإِحْسَانٌ، وَبُغْضُهُمْ كُفْرٌ وَنِفَاقٌ وَطُغْيَانٌ.

"Mencintai para sahabat ﷺ *adalah bagian dari agama, iman, dan ihsan. Dan membenci para sahabat* ﷺ *adalah kekafiran dan kemunafikan, dan melampaui batas."*[91]

5. Memohonkan Ampunan Untuk Para Sahabat ﷺ

Allah ﷻ mensifati orang-orang muslim yang baik, yang datang setelah para sahabat ﷺ dengan firman-Nya;

وَالَّذِينَ جَاءُوا مِنْ بَعْدِهِمْ يَقُولُونَ رَبَّنَا اغْفِرْ لَنَا وَلِإِخْوَانِنَا الَّذِينَ سَبَقُونَا بِالْإِيمَانِ وَلَا تَجْعَلْ فِي قُلُوبِنَا غِلًّا لِلَّذِينَ آمَنُوا رَبَّنَا إِنَّكَ رَءُوفٌ رَّحِيمٌ.

"Dan orang-orang yang datang sesudah mereka (kaum Muhajirin dan Anshar), mereka berdoa, "Wahai Rabb kami, ampunilah kami dan saudara-saudara kami yang telah beriman lebih dahulu dari kami, dan janganlah Engkau membiarkan kedengkian dalam hati kami terhadap orang-orang yang beriman. Wahai Rabb kami, Sesungguhnya Engkau Maha Penyantun lagi Maha Penyayang."[92]

---

[90] HR. Ibnu Adi 5/212. Hadits ini dihasankan oleh Syaikh Al-Albani ﵀ dalam *Shahihul Jami'* : 6285.
[91] *Al-'Aqidatuth Thahawiyah*. Point 'aqidah yang ke-93.
[92] QS. Al-Hasyr : 10.

SEBAIK-BAIK MANUSIA DARI KALANGAN UMAT INI

Ahlus Sunnah meyakini bahwa empat sahabat Nabi ﷺ; Abu Bakar, Umar, Utsman, dan Ali ﷺ adalah orang-orang terbaik umat ini sesudah Nabi ﷺ. Mereka adalah *khulafaur rasyidin* yang diberi petunjuk secara berurutan. Mereka adalah orang-orang yang diberi kabar gembira dengan masuk Surga. Diriwayatkan dari Ibnu 'Umar ﷺ, ia berkata;

كُنَّا فِي زَمَنِ النَّبِيِّ صَلَّى اللهُ عَلَيْهِ وَسَلَّمَ لَا نَعْدِلُ بِأَبِي بَكْرٍ أَحَدًا ثُمَّ عُمَرَ ثُمَّ عُثْمَانَ

"Kami pada zaman Nabi ﷺ tidak ada seorang pun yang menyamai Abu Bakar, kemudian 'Umar, kemudian 'Utsman ﷺ."[93]

Pada zaman merekalah khilafah kenabian selama tiga puluh tahun beserta khilafah Al-Hasan bin Ali τ. Nabi ﷺ bersabda;

اَلْخِلَافَةُ ثَلَاثُوْنَ سَنَةً ثُمَّ تَكُوْنُ بَعْدَ ذَلِكَ مَلَكًا.

"(Masa) khilafah (umatku) selama tiga puluh tahun, kemudian sesudah itu (berubah menjadi) kerajaan."[94]

Berkata Safinah ﷺ;

خِلَافَةُ أَبِي بَكْرٍ رَضِيَ اللهُ عَنْهُ سَنَتَيْنِ وَخِلَافَةُ عَمَرَ رَضِيَ اللهُ عَنْهُ عَشْرَ سِنِيْنَ وَخِلَافَةُ عُثْمَانَ رَضِيَ اللهُ عَنْهُ اِثْنَيْ عَشَرَ سَنَةً وَخِلَافَةُ عَلِيٍّ رَضِيَ اللهُ عَنْهُ سِتُّ سِنِيْنَ.

"Khilafah Abu Bakar ﷺ selama dua tahun. Khilafah 'Umar ﷺ selama sepuluh tahun. Khilafah 'Utsman ﷺ selama dua belas tahun. Dan khilafah 'Ali ﷺ selama enam tahun."[95]

---

[93] HR. Bukhari Juz 3 : 3494.
[94] Hadits ini derajatnya hasan shahih menurut Syaikh Al-Albani ﷺ dalam *As-Silsilah Ash-Shahihah* Juz 1 : 459.
[95] *As-Silsilah Ash-Shahihah*, 1/459.

Berikut ini adalah biografi singkat *Khulafaur Rasyidin* ﷺ :

1. Abu Bakar Ash-Shiddiq ﷺ

Nama aslinya adalah 'Abdullah bin Abu Quhafah Utsman bin Amir bin Ka'ab At-Taimi Al-Qurasyi, terkenal dengan sebutan Abu Bakar. Abu Bakar ﷺ adalah Khulafaur Rasyidin pertama. Beliau adalah orang laki-laki pertama yang beriman kepada Rasulullah ﷺ dan salah satu pembesar Arab. Lahir di Makkah pada tahun 51 sebelum hijrah, bertepatan dengan 573 M. Abui Bakar ﷺ tumbuh sebagai seorang pemuka bangsa Arab, dan berharta di kalangan mereka, mengerti nasab-nasab kabilah, berita-berita, dan politik-politiknya.

Orang-orang Arab menjulukinya "Alim Quraisy." Abu Bakar ﷺ mengharamkan khamr untuk dirinya pada zaman Jahiliyah, maka ia tidak meminumnya. Pada zaman kenabian dia memiliki banyak perjuangan yang agung. Beliau ikut dalam peperangan, menanggung cobaan berat dan mengorbankan hartanya.

Abu Bakar ﷺ dibai'at sebagai khalifah pada tahun 11 H pada hari wafatnya Rasulullah ﷺ. Abu Bakar memerangi orang-orang murtad dan orang-orang yang menolak membayar zakat. Pada masa khilafahnya, daerah-daerah di Syam dan mayoritas Iraq berhasil ditaklukkan dengan dukungan penuh panglima-panglima kepercayaan seperti; Khalid bin Al-Walid, Amru bin Al-Ash, Abu Ubaidah bin Al-Jarrah, Al-A'la bin Al-Hadrami, Yazid bin Abu Sufyan, dan Al-Mutsanna bin Haritsah ﷺ.

Sifat Abu Bakar ﷺ adalah lemah lembut dan kasih sayang kepada semua orang. Ahli pidato, ahli nasab, pahlawan pemberani. Beliau memegang khilafah selama dua tahun lebih tiga setengah bulan.

Abu bakar ﷺ meninggal dunia di Madinah pada tahun 13 H, bertepatan dengan 634 M. Dari Ibnu Abbas ﷺ, ia berkata, Rasulullah ﷺ bersabda, *"Seandainya aku mengangkat seorang kekasih dari umatku, niscaya aku mengangkat Abu Bakar ﷺ. Tetapi ia adalah saudara dan temanku."*[96]

---

[96] HR. Bukhari Juz 3 : 3456.

2. Umar bin Khaththab

'Umar bin Khaththab bin Nufail Al-Qurasyi Al-Adawi ادalah khalifah kedua dan orang pertama yang dipanggil dengan Amirul Mu'minin. 'Umar masuk Islam lima tahun sebelum hijrah dan ikut dalam banyak peperangan. Beliau merupakan sahabat yang mulia, pemberani dan teguh, penakluk negeri-negeri, dan salah seorang yang dijamin masuk Surga. Rasulullah memanggilnya dengan nama *Al-Faruq* dan memberinya kunyah Abu Hafsh. Dan beliau adalah salah satu dari dua 'Umar yang Rasulullah berdoa kepada Allah agar Islam mulia dengan salah satunya.

Di antara karamahnya adalah beliau pernah mengucapkan saat khutbah Jum'at (di Madinah) kepada Sariyah bin Zanim (Panglima pasukan yang dikirim ke daerah persia);

$$ يَا سَارِيَةَ الْجَبَلَ الْجَبَلَ $$

"Wahai Sariyah, (naiklah ke) gunung… (naiklah ke) gunung."

Ucapan tersebut terdengar oleh Sariyah meskipun jarak antara Madinah dan Persia sangat jauh. Ketika pasukan telah sampai di Madinah, maka 'Umar menanyakan kepada utusan pasukan tentang apa yang mereka alami, lalu ia menjawab, "Wahai Amirul Mukminin, pada awalnya kami kalah. Lalu kami mendengar suara memanggil, "Hai Sariyah, (naiklah ke) gunung… (naiklah ke) gunung." Maka kami menyandarkan punggung kami ke gunung sampai Allah mengalahkan musuh."[97]

'Umar dibunuh oleh Abu Lulu'ah Fairuz Al-Majusi hamba sahaya Al-Mughirah bin Syu'bah dengan tipu muslihat, yaitu dengan menusuk perut beliau dengan pisau ketika sedang shalat Shubuh pada tahun 23 H bertepatan dengan 644 M.

---

[97] *Al-Ishabah fi Tamyizish Shahabah*, 3/3036.

3. Utsman bin 'Affan ﷺ

Utsman bin 'Affan bin Abul 'Ash bin Umayyah ﷺ adalah seorang Amirul Mukminin, digelari *Dzun Nurain* karena beliau menikah dengan dua putri Rasulullah ﷺ, yaitu; Ruqayyah dan Ummu Kultsum ﷺ. Beliau adalah khalifah ketiga, salah satu dari sepuluh orang yang dijamin Surga, dan termasuk pembesar yang dibanggakan oleh Islam pada awal kemunculannya. Dilahirkan di Makkah pada 47 tahun sebelum hijrah bertepatan dengan 577 M. Masuk Islam sesaat sesudah diangkatnya Nabi Muhammad ﷺ menjadi Rasul. 'Utsman ﷺ adalah orang kaya terpandang di masa Jahiliyah. Di antara amal besar yang dilakukannya adalah menyiapkan setengah pasukan perang Tabuk dengan hartanya. Beliau memberikan 300 unta lengkap dengan perlengkapannya ditambah uang tunai sebesar 1000 dinar. 'Utsman ﷺ memegang jabatan khalifah sesudah 'Umar ﷺ pada tahun 23 H. Pada masanya Armenia, Al-Qauqaz, Khurasan, Karman, Sajastan, Afrika, dan Qubrus ditaklukkan. 'Utsman ﷺ adalah seorang yang mengumpulkan Al-Qur'an secara lengkap, yang sebelumnya telah dilakukan oleh Abu Bakar ﷺ masih dalam bentuk mushaf-mushaf yang tertulis di lembaran kulit atau kertas yang dimiliki oleh banyak orang. Ketika menjabat khalifah, 'Utsman ﷺ meminta mushaf Abu Bakar ﷺ untuk disalin, kemudian mushaf selain itu dibakar.

'Utsman ﷺ adalah orang pertama yang melakukan penambahan Masjidil Haram dan Masjid Rasul ﷺ, mendahulukan khutbah 'Ied sebelum shalat, dan menambah adzan awal pada shalat Jum'at. Beliau mengangkat polisi-polisi dan memerintahkan agar tanah yang ditinggalkan pemiliknya supaya digarap oleh kaum muslimin dan menjadi milik mereka. Beliau membangun gedung pengadilan setelah sebelumnya Abu Bakar dan 'Umar ﷺ duduk sebagai hakim di masjid. Sebagian orang merasa tidak puas dengan sikap politiknya yang memberi tempat khusus bagi sanak kerabatnya dari Bani Umayyah dalam masalah jabatan dan tugas. Maka datanglah utusan dari Kufah, Bashrah, dan Mesir menuntut 'Utsman ﷺ agar mencopot keluarganya, tetapi beliau menolaknya. Lalu mereka mengepung rumahnya dan membujuknya untuk mengundurkan diri dari jabatan khalifah, tetapi beliau menolaknya. Mereka akhirnya mengepung rumah 'Utsman ﷺ selama 40 hari. Sebagian mereka melompat pagar dan membunuhnya pada pagi hari Idul Adh-ha dalam keadaan membaca Al-Qur'an dirumahnya pada tahun 35 H bertepatan dengan 656 M. 'Utsman ﷺ telah meriwayatkan 146 hadits dari Rasulullah ﷺ. Dan Rasulullah ﷺ pernah bersabda, *"Setiap Nabi mempunyai teman di Surga dan temanku disana adalah 'Utsman ﷺ."*[98]

---

[98] HR. Tirmidzi dan Ibnu Majah.

4. 'Ali bin Abi Thalib ﷺ

     'Ali bin Abi Thalib bin 'Abdul Muthalib Al-Hasyimi Al-Qurasyi ﷺ, kunyahnya adalah Abul Hasan. Beliau dilahikan di Makkah pada tahun 23 sebelum hijrah, bertepatan dengan 600 M. Beliau adalah Amirul Mukminin dan *Khulafaur Rasyidin* keempat, serta merupakan salah seorang dari sepuluh orang yang dijamin masuk Surga. Beliau adalah sepupu Rasulullah ﷺ dan menantunya. Beliau adalah salah seorang pahlawan pemberani, pengibar panji-panji peperangan, salah seorang ahli khutbah ulung, ulama dalam masalah peradilan, dan adalah orang pertama yang masuk Islam setelah Khadijah ﷺ.

     'Ali bin Abi Thalib ﷺ memegang khilafah sesudah terbunuhnya 'Utsman bin Affan ﷺ pada tahun 35 H. Sebagian sahabat besar menuntut agar pembunuh 'Utsman ﷺ ditangkap dan dibunuh. Karena 'Ali ﷺ ingin menghindari fitnah, maka beliau sangat berhati-hati. Hal ini yang menyebabkan 'Aisyah ﷺ muncul perasaan tidak suka. Lalu dengan beberapa orang seperti; Thalhah dan Az-Zubair ﷺ di garis depan, mereka mendatangi 'Ali ﷺ. Maka terjadilah perang Jamal pada tahun 36 H. 'Ali ﷺ unggul dalam perang ini setelah korban yang terbunuh mencapai 10.000 orang dari kedua belah pihak.

     'Ali ﷺ memberhentikan Muawiyah ﷺ dari gubernur Syam pada saat ia memegang khalifah. Tetapi Muawiyah ﷺ menolak pencopotan dirinya. Maka terjadilah perang Shiffin pada tahun 37 H selama 110 hari dengan menelan korban dari kedua belah pihak sebanyak 70.000 orang. Perang berhenti dengan kesepakatan untuk berhukum kepada Abu Musa Al-Asy'ari dan Amru bin Al-Ash ﷺ. Keduanya secara rahasia bersepakat untuk mencopot 'Ali dan Muawiyah ﷺ. Abu Musa ﷺ mengumumkan hal itu, akan tetapi Amru ﷺ mengumumkan sebaliknya, yaitu ia mengangkat Muawiyah ﷺ. Maka kaum muslimin pada waktu itu terbagi menjadi tiga kelompok, antara lain :

1. Kelompok yang membaiat Muawiyah ﷺ. Mereka adalah penduduk Syam.
2. Kelompok yang setia terhadap baiat untuk 'Ali ﷺ. Mereka adalah penduduk Kufah.
3. Kelompok yang menjauhi keduanya dan marah terhadap 'Ali ﷺ yang rela dengan *tahkim* Abu Musa dan Amru ﷺ.

     Kemudian terjadilah perang Nahrawan pada tahun 38 H antara 'Ali ﷺ dengan orang-orang yang menolak *tahkim*. Mereka telah mengkafirkan 'Ali ﷺ dan memintanya untuk bertaubat. Lalu mayoritas dari mereka menggalang kekuatan. 'Ali ﷺ memerangi mereka dan 1800 orang di antara mereka terbunuh. Sementara di pihak 'Ali ﷺ banyak bergabung sahabat-sahabat terpilih. 'Ali ﷺ bermukim di Kufah yang dijadikannya sebagai ibukota negara sampai 'Abdurrahman bin Muljam membunuh beliau dengan tipu muslihat pada 17 Ramadhan 40 H, bertepatan dengan 661 M. 'Ali ﷺ telah meriwayatkan 586 hadits dari Rasulullah ﷺ.

Sesudah empat *khulafaur rasyidin* di atas, manusia terbaik di kalangan umat ini adalah para sahabat yang termasuk sepuluh orang yang diberitakan oleh Rasulullah ﷺ sebagai ahli Surga. Mereka adalah :

a. Thalhah bin Ubaidillah ﷺ
b. Az-Zubair bin Al-Awwam ﷺ
c. Sa'ad bin Abi Waqqash ﷺ
d. Sa'id bin Zaid ﷺ
e. 'Abdur Rahman bin Auf ﷺ
f. 'Abdullah bin Al-Jarrah ﷺ

Kemudian setelah itu adalah para sahabat yang ikut dalam perang Badar *(Ahlu Badr)*. Diriwayatkan dari 'Ali ﷺ, Rasulullah ﷺ bersabda, Allah ﷺ berfirman untuk ahlu Badar;

$$\text{اِعْمَلُوْا مَا شِئْتُمْ فَقَدْ غَفَرْتُ لَكُمْ.}$$

"Berbuatlah sekehendak kalian, karena sesungguhnya Aku telah mengampuni kalian."[99]

Kemudian setelah itu adalah para sahabat yang ikut dalam *Bai'atur ridwan*, yang mereka berjumlah seribu empat ratus orang lebih. Diriwayatkan dari Jabir ﷺ ia berkata, Rasulullah ﷺ bersabda;

$$\text{لَا يَدْخُلُ النَّارَ أَحَدٌ مِمَّنْ بَايَعَ تَحْتَ الشَّجَرَةِ.}$$

"Tidak akan masuk Neraka seorang yang ikut dalam bai'at (ridwan) di bawah pohon."[100]

Kemudian setelah itu para sahabat-sahabat Rasulullah ﷺ yang lainnya.

*****

---

[99] HR. Bukhari Juz 3 : 2845 dan Muslim Juz 4 : 2494, lafazh ini milik keduanya.
[100] HR. Tirmidzi Juz 5 : 3860 dan Abu Dawud : 4653, lafazh ini milik keduanya. Hadits ini dishahihkan oleh Syaikh Al-Albani ﷺ dalam *Shahihul Jami'* : 7680.

MENCINTAI AHLU BAIT NABI ﷺ

Ahlus Sunnah mencintai ahlu bait Nabi ﷺ. Ahlu bait Nabi ﷺ adalah keluarga Nabi Muhammad ﷺ dan isteri-isteri beliau. Diriwayatkan dari Yazid bin Hayyan ؓ ia berkata, Rasulullah ﷺ bersabda;

أَذْكُرُكُمُ اللَّهَ فِي أَهْلِ بَيْتِي أَذْكُرُكُمُ اللَّهَ فِي أَهْلِ بَيْتِي أَذْكُرُكُمُ اللَّهَ فِي أَهْلِ بَيْتِي

"Aku mengingatkan kalian (agar bertaqwa) kepada Allah ﷻ terhadap ahlu baitku. Aku mengingatkan kalian (agar bertaqwa) kepada Allah ﷻ terhadap ahlu baitku. Aku mengingatkan kalian (agar bertaqwa) kepada Allah ﷻ terhadap ahlu baitku."[101]

Isteri-isteri Nabi Muhammad ﷺ adalah isteri-isteri beliau ketika di dunia dan di akhirat, dan isteri-isteri Nabi ﷺ termasuk ahlu bait beliau. Allah ﷻ berfirman;

يَا نِسَاءَ النَّبِيِّ لَسْتُنَّ كَأَحَدٍ مِّنَ النِّسَاءِ إِنِ اتَّقَيْتُنَّ فَلَا تَخْضَعْنَ بِالْقَوْلِ فَيَطْمَعَ الَّذِي فِي قَلْبِهِ مَرَضٌ وَقُلْنَ قَوْلًا مَعْرُوفًا. وَقَرْنَ فِي بُيُوتِكُنَّ وَلَا تَبَرَّجْنَ تَبَرُّجَ الْجَاهِلِيَّةِ الْأُولَى وَأَقِمْنَ الصَّلَاةَ وَآتِينَ الزَّكَاةَ وَأَطِعْنَ اللَّهَ وَرَسُولَهُ إِنَّمَا يُرِيدُ اللَّهُ لِيُذْهِبَ عَنْكُمُ الرِّجْسَ أَهْلَ الْبَيْتِ وَيُطَهِّرَكُمْ تَطْهِيرًا.

"Wahai isteri-isteri Nabi, kalian tidaklah seperti wanita yang lain, jika kalian bertaqwa. Maka janganlah kalian tunduk dalam berbicara sehingga berkeinginanlah orang yang ada penyakit di hatinya, dan ucapkanlah perkataan yang baik. Hendaknya kalian tetap di rumah kalian dan janganlah kalian berhias seperti orang-orang jahiliyah yang terdahulu. Dan dirikanlah shalat, tunaikanlah zakat, serta taatilah Allah ﷻ dan Rasul-Nya. Sesungguhnya Allah ﷻ bermaksud hendak menghilangkan dosa dari kalian, wahai ahlu bait, dan membersihkan kalian dengan sebersih-bersihnya."[102]

---

[101] HR. Muslim Juz 4 : 2408.
[102] QS. Al-Ahzab : 32 - 33.

Isteri-isteri Nabi ﷺ adalah wanita yang mulia, yang berbeda dengan wanita-wanita yang lainnya. Allah ﷺ berfirman;

يَا نِسَآءَ النَّبِيِّ لَسْتُنَّ كَأَحَدٍ مِّنَ النِّسَآءِ إِنِ اتَّقَيْتُنَّ

"Wahai isteri-isteri Nabi, kalian tidaklah seperti wanita-wanita yang lainnya, jika kalian bertaqwa."[103]

Isteri-isteri Nabi ﷺ mendapatkan pahala dua kali lipat dibandingkan dengan wanita-wanita lain selain mereka. Allah ﷺ berfirman;

وَمَنْ يَقْنُتْ مِنْكُنَّ لِلَّهِ وَرَسُولِهِ وَتَعْمَلْ صَالِحًا نُّؤْتِهَا أَجْرَهَا مَرَّتَيْنِ وَأَعْتَدْنَا لَهَا رِزْقًا كَرِيمًا.

"Dan barang siapa di antara kalian (wahai isteri-isteri Nabi ﷺ) tetap taat kepada Allah ﷺ dan Rasul-Nya dan mengerjakan amalan shalih, niscaya Kami akan memberikan kepadanya pahala dua kali lipat dan Kami menyediakan baginya rezki yang mulia."[104]

Isteri-isteri Nabi ﷺ merupakan *Ummahatul Mukminin* (Ibunda orang-orang yang beriman), yang harus dihormati dan dimuliakan. Allah ﷺ berfirman;

النَّبِيُّ أَوْلَى بِالْمُؤْمِنِينَ مِنْ أَنْفُسِهِمْ وَأَزْوَاجُهُ أُمَّهَاتُهُمْ

"Nabi ﷺ lebih utama bagi orang-orang yang beriman daripada diri mereka sendiri dan isteri-isterinya adalah ibu-ibu mereka."[105]

---

[103] QS. Al-Ahzab : 32.
[104] QS. Al-Ahzab : 31.
[105] QS. Al-Ahzab : 6.

Sehingga orang yang beriman tidak diperbolehkan untuk menikahi isteri-isteri Nabi ﷺ selama-lamanya. Allah ﷻ berfirman;

$$وَمَا كَانَ لَكُمْ أَنْ تُؤْذُوا رَسُولَ اللَّهِ وَلَا أَنْ تَنْكِحُوا أَزْوَاجَهُ مِنْ بَعْدِهِ$$
$$أَبَدًا إِنَّ ذَلِكُمْ كَانَ عِنْدَ اللَّهِ عَظِيمًا.$$

"Dan tidak boleh kalian menyakiti (hati) Rasulullah ﷺ dan tidak boleh (pula) menikahi isteri-isterinya selama-lamanya sesudah ia wafat. Sesungguhnya perbuatan tersebut sangat besar (dosanya) di sisi Allah ﷻ."[106]

Berkata Imam Al-Qurthubi ﵀;

$$شَرَفَ اللَّهُ تَعَالَى أَزْوَاجَ نَبِيِّهِ صَلَّى اللَّهُ عَلَيْهِ وَسَلَّمَ بِأَنَّ جَعَلَهُنَّ أُمَّهَاتُ$$
$$الْمُؤْمِنِينَ، أَيْ فِي وُجُوبِ التَّعْظِيمِ وَالْمَبَرَّةِ وَالْإِجْلَالِ وَحُرْمَةِ النِّكَاحِ$$
$$عَلَى الرِّجَالِ$$

"Allah ﷻ memuliakan isteri-isteri Nabi ﷺ dengan menjadikan mereka sebagai *Ummahatul Mukminin* (Ibunda orang-orang yang beriman), yaitu atas wajibnya memuliakan, berbuat baik, dan mengangungkan (mereka), serta kaum laki-laki diharamkan untuk menikahi (mereka)."[107]

Berikut ini adalah isteri-isteri Nabi ﷺ dan biografi singkat mereka :

1. Khadijah binti Khuwailid ﵂

Khadijah ﵂ merupakan ibu bagi anak-anak Nabi ﷺ, selain Ibrahim. Rasulullah ﷺ menikahinya setelah ia dinikahi dengan dua orang, yaitu; 'Atiq bin 'Abid dan Abu Halah At-Tamimi. Rasulullah ﷺ tidak menikah dengan wanita lain sampai ia meninggal dunia. Khadijah ﵂ meninggal dunia di kota Makkah pada tahun 10 kenabian sebelum Isra' mi'raj, pada usia 65 tahun.

---

[106] QS. Al-Ahzab : 33.
[107] *Al-Jami' li Ahkamil Qur'an*, 14/54.

Di antara keutamaan Khadijah ﷺ, adalah bahwa Allah ﷻ dan Malaikat Jibril ﷺ mengirimkan salam kepadanya, dan ia dijanjikan akan Surga yang tidak ada suara teriakan di dalamnya. Sebagaimana diriwayatkan dari Abu Hurairah ﷺ, berkata;

أَتَى جِبْرِيلُ النَّبِيَّ صَلَّى اللهُ عَلَيْهِ وَسَلَّمَ فَقَالَ يَا رَسُولَ اللهِ هَذِهِ خَدِيجَةُ قَدْ أَتَتْ مَعَهَا إِنَاءٌ فِيهِ إِدَامٌ أَوْ طَعَامٌ أَوْ شَرَابٌ فَإِذَا هِيَ أَتَتْكَ فَاقْرَأْ عَلَيْهَا السَّلَامَ مِنْ رَبِّهَا وَمِنِّي وَبَشِّرْهَا بِبَيْتٍ فِي الْجَنَّةِ مِنْ قَصَبٍ لَا صَخَبَ فِيهِ وَلَا نَصَبَ.

"(Pada suatu hari) Jibril ﷺ datang menemui Nabi ﷺ dan berkata, *"Wahai Rasulullah, inilah Khadijah ﷺ yang datang membawa wadah berisi lauk, makanan, atau minuman, apabila ia datang kepadamu, maka sampaikanlah salam dari Rabb-nya dan salam salam dariku. Berikanlah kabar gembira kepadanya dengan sebuah rumah di Surga dari bambu yang indah, yang tidak ada suara teriakan dan tidak ada keletihan di dalamnya."*[108]

2. Saudah binti Zam'ah ﷺ

Selang beberapa hari setelah wafatnya Khadijah ﷺ, Rasulullah ﷺ menikah dengan Saudah binti Zam'ah ﷺ. Rasulullah ﷺ menikahinya setelah ia dinikahi oleh seorang laki-laki muslim yang bernama As-Sukran bin 'Amr, saudara laki-laki Suhail bin 'Amr. Saudah ﷺ meninggal dunia di Madinah pada masa pemerintahan 'Umar ﷺ, yaitu pada tahun 54 H.

Di antara keutamaannya Saudah ﷺ adalah ia memberikan jatah giliran bermalamnya kepada 'Aisyah ﷺ, sebagai bentuk rasa cintanya kepada Rasulullah ﷺ. Sebagaimana diriwayatkan dari 'Aisyah ﷺ;

أَنَّ سَوْدَةَ بِنْتَ زَمْعَةَ وَهَبَتْ يَوْمَهَا لِعَائِشَةَ وَكَانَ النَّبِيُّ صَلَّى اللهُ عَلَيْهِ وَسَلَّمَ يَقْسِمُ لِعَائِشَةَ بِيَوْمِهَا وَيَوْمِ سَوْدَةَ

"Bahwa Saudah binti Zam'ah ﷺ memberikan hak gilirnya kepada 'Aisyah ﷺ. (Sehingga) Nabi ﷺ bergilir pada 'Aisyah ﷺ (dua kali, yaitu); hari 'Aisyah ﷺ dan hari Saudah ﷺ."[109]

---

[108] HR. Bukhari Juz 3 : 3609, lafazh ini miliknya dan Muslim Juz 4 : 2432.
[109] HR. Bukhari Juz 5 : 4914, lafazh ini miliknya dan Muslim Juz 2 : 1463.

3. 'Aisyah binti Abu Bakar ﷺ

Rasulullah ﷺ bermimpi melihat 'Aisyah ﷺ dua atau tiga kali, dikatakan kepada beliau dalam mimpi tersebut, "Ini adalah isterimu." Lalu Rasulullah ﷺ menikahi 'Aisyah ﷺ pada bulan Syawwal di kota Makkah, sekitar dua atau tiga tahun sebelum hijrahnya Nabi ﷺ ke Madinah, ketika 'Aisyah ﷺ usia enam tahun. Rasulullah ﷺ tinggal serumah dengannya ketika 'Aisyah ﷺ berusia sembilan tahun. 'Aisyah ﷺ telah meriwayatkan sebanyak 2.210 hadits. Dan 'Aisyah ﷺ menempati peringkat keempat sahabat yang banyak meriwayatkan hadits Nabi ﷺ. 'Aisyah ﷺ meninggal dunia di Madinah pada tahun 58 H, pada usia 66 tahun.

Di antara keutamaan 'Aisyah ﷺ adalah bahwa pernah turun wahyu kepada Rasulullah ﷺ ketika beliau sedang bersama 'Aisyah ﷺ dalam satu selimut. Diriwayatkan dari 'Aisyah ﷺ ia berkata, Rasulullah ﷺ bersabda;

يَا أُمَّ سَلَمَةَ لَا تُؤْذِينِي فِي عَائِشَةَ فَإِنَّهُ وَاللهِ مَا نَزَلَ عَلَيَّ الْوَحْيُ وَأَنَا فِي لِحَافِ امْرَأَةٍ مِنْكُنَّ غَيْرِهَا.

"Wahai Ummu Salamah, janganlah engkau menyakitiku dengan keberadaaan 'Aisyah ﷺ. Demi Allah, wahyu wahyu tidak pernah turun kepadaku ketika aku sedang berada dalam satu selimut dengan salah seorang dari isteri-isteriku, kecuali ketika aku sedang bersama 'Aisyah ﷺ (dalam satu selimut)."[110]

Isteri Rasulullah ﷺ yang paling mulia adalah Khadijah dan 'Aisyah ﷺ. Kedua memiliki keutamaan yang tidak dimiliki oleh yang lainnya. Khadijah ﷺ memiliki keutaaman menjadi orang yang pertama masuk Islam dan membantu perjuangan pada awal-awal Islam. Sedangkan 'Aisyah ﷺ memiliki keutamaan bahwa ia membantu penyebaran ilmu pada masa penyebaran Islam. Diriwayatkan dari Abu Musa ﷺ ia berkata, Rasulullah ﷺ bersabda;

إِنَّ فَضْلَ عَائِشَةَ عَلَى النِّسَاءِ كَفَضْلِ الثَّرِيدِ عَلَى سَائِرِ الطَّعَامِ.

"Keutamaan 'Aisyah atas para wanita adalah seperti keutamaan tsarid (daging dengan roti) atas segala makanan."[111]

---

[110] HR. Bukhari Juz 3 : 3564.
[111] HR. Bukhari Juz 3 : 3230.

4. Hafshah binti 'Umar ﷺ

Rasulullah ﷺ menikahi Hafshah ﷺ pada tahun 3 Hijriyah. Rasulullah ﷺ menikahinya setelah ia dinikahi oleh seorang laki-laki muslim yang bernama Khunais bin Khudzafah yang meninggal pada perang Uhud. Hafshah ﷺ telah meriwayatkan sebanyak 60 hadits. Hafshah ﷺ meninggal dunia di Madinah pada tahun 41 H.

5. Zainab binti Khuzaimah ﷺ

Rasulullah ﷺ menikahi Zainab binti Khuzaimah ﷺ setelah suaminya 'Abdullah bin Jahsy ﷺ mati syahid pada perang Uhud. Zainab binti Khuzaimah ﷺ digelari *Ummul Masakin* (Ibunya orang-orang miskin), karena banyak memberi makan kepada orang-orang miskin. Zainab binti Khuzaimah ﷺ meninggal dunia di Madinah pada tahun 4 H, selang dua bulan dari pernikahannya bersama Rasulullah ﷺ.

6. Ummu Salamah Hindun binti Abu Umayyah Al-Makhzumiyyah ﷺ

Rasulullah ﷺ menikahi Ummu Salamah ﷺ pada tahun 4 hijriyah. Rasulullah ﷺ menikahinya setelah suaminya Abu Salamah 'Abdullah bin 'Abdul Asad meninggal dunia karena luka yang didapatinya ketika perang Uhud. Ummu Salamah ﷺ meninggal dunia di Madinah pada tahun 61 H.

7. Zainah binti Jahsy Al-Asadiyyah ﷺ

Zainab binti Jahsy ﷺ adalah putri bibi Rasulullah ﷺ. Ia dinikahi oleh Rasulullah ﷺ setelah diceraikan oleh anak angkat Rasulullah ﷺ, yaitu Zaid bin Haritsah ﷺ pada tahun 5 H. Zainab binti Jahsy ﷺ telah meriwayatkan sebanyak 11 hadits. Zainab binti Jahsy ﷺ meninggal dunia pada tahun 20 H.

Di antara keutamaan Zainab binti Jahsy ﷺ, adalah bahwa ia dinikahkan langsung oleh Allah ﷺ dari atas tujuh lapis langit, sehingga dengan ini Zainab binti Jahsy ﷺ berbangga di hadapan isteri-isteri Nabi ﷺ yang lainnya. Sebagaimana firman Allah ﷺ;

$$\text{فَلَمَّا قَضَى زَيْدٌ مِنْهَا وَطَرًا زَوَّجْنَاكَهَا}$$

"Maka ketika Zaid ﷺ telah mengakhiri keperluan terhadap istrinya (menceraikannya), Kami nikahkan engkau (Wahai Rasulullah ﷺ) dengannya."[112]

---

[112] QS. Al-Ahzab : 37.

Diriwayatkan dari Anas ﷺ, ia berkata;

فَكَانَتْ زَيْنَبُ تَفْخَرُ عَلَى أَزْوَاجِ النَّبِيِّ صَلَّى اللهُ عَلَيْهِ وَسَلَّمَ تَقُوْلُ
زَوَّجَكُنَّ أَهَالِيْكُنَّ وَزَوَّجَنِي اللهُ تَعَالَى مِنْ فَوْقِ سَبْعِ سَمَاوَاتٍ

"Zainab ﷺ berbangga di hadapan isteri-isteri Nabi ﷺ dengan mengatakan, "Kalian telah dinikahkan oleh keluarga-keluarga kalian, sedangkan aku dinikahkan oleh Allah ﷺ dari atas tujuh lapis langit."[113]

Zainab binti Jahsy ﷺ juga merupakan wanita yang suka bersedekah. Diriwayatkan dari 'Aisyah ﷺ ia berkata, Rasulullah ﷺ bersabda;

اَسْرَعُكُنَّ لِحَاقًا بِي اَطْوَلُكُنَّ يَدًا قَالَتْ فَكُنَّ يَتَطَاوَلُنَّ أَيَّتُهُنَّ أَطْوَلُ يَدًا
قَالَتْ فَكَانَتْ أَطْوَلُنَا يَدًا زَيْنَبَ لِأَنَّهَا كَانَتْ تَعْمَلُ بِيَدِهَا وَتَصَدَّقُ

"Di antara kalian yang paling dahulu menyusulku (setelah aku wafat adalah) yang paling panjang tangannya di antara kalian." Maka para isteri-isteri Nabi ﷺ saling (mengukur) panjang tangan mereka, (untuk mengetahui) siapakah yang paling panjang tangan(nya di antara mereka). 'Aisyah ﷺ berkata, "Yang paling panjang tangannya di antara kami adalah Zainab binti Jahsy ﷺ, karena ia suka bekerja dan bersedekah."[114]

8. Juwairiyyah binti Al-Harits Al-Khuzaiyyah ﷺ

Juwairiyyah binti Al-Harits Al-Khuzaiyyah ﷺ adalah wanita tawanan perang pada perang Bani Musthaliq. Ia adalah bagian dari harta ghanimah untuk Tsabit bin Qais ﷺ, lalu Tsabit ﷺ menjualnya. Rasulullah ﷺ membebaskannya dan menikahinya pada tahun 6 Hijriyah. Nama aslinya adalah Barrah. Lalu Rasulullah ﷺ menggantinya dengan Juwairiyyah. Karena pernikahannya dengan Rasulullah ﷺ, maka kaum muslimin membebaskan seratus budak tawanan perang, karena mereka telah menjadi kerabat Nabi ﷺ. Ini adalah salah satu keberkahan Juwairiyah ﷺ bagi kaumnya. Juwairiyyah binti Al-Harits ﷺ meninggal dunia di Madinah pada tahun 56 H.

---

[113] HR. Bukhari Juz 6 : 6984.
[114] HR. Muslim Juz 4 : 2452.

9. Ummu Habibah Ramlah binti Abu Sufyan ﷽

Ummu Habibah ﷽ dinikahi oleh Rasulullah ﷺ ketika Ummu Habibah ﷽ berada di Habasyah, karena ia berhijrah ke kota tersebut. Ketika pernikahannya Raja Najasyi memberikan mahar kepada Rasulullah ﷺ untuk diserahkan kepada Ummu Habibah ﷽ sebesar empat ratus dinar. Ia dinikahi oleh Rasulullah ﷺ setelah suaminya yang awalnya masuk Islam kembali menjadi orang nashrani, yaitu 'Ubaidullah bin Jahsy. Ummu Habibah ﷽ telah meriwayatkan sebanyak 65 hadits. Ummu Habibah ﷽ meninggal dunia di Madinah pada masa pemerintahan saudara laki-lakinya, yaitu Muawiyah bin Abi Sufyan ﷽ pada tahun 44 H.

10. Shafiyyah binti Huyay bin Akhthab ﷽

Shafiyyah binti Huyay ﷽ berasal dari Bani Nadhir dan ia adalah keturunan Nabi Harun bin Imran ﷽. Rasulullah ﷺ membebaskannya dari status hamba sahaya, dan pembebasan ini dijadikan sebagai maharnya. Ia dinikahi oleh Rasulullah ﷺ setelah ia menikah dengan dua orang, yaitu Salam bin Misykam, lalu ia dicerai dan Kinanah bin Abil Haqiq yang terbunuh dalam perang Khaibar. Ia dinikahi oleh Rasulullah ﷺ setelah penaklukan Khaibar pada tahun 6 H. Shafiyyah ﷽ telah meriwayatkan sebanyak 10 hadits. Shafiyyah binti Huyay ﷽ meninggal dunia di Madinah pada tahun 50 H.

11. Maimunah binti Al-Harits Al-Hilaliyyah ﷽

Maimunah binti Al-Harits ﷽ adalah wanita terakhir yang dinikahi oleh Rasulullah ﷺ. Dahulu namanya adalah Barrah, lalu Rasulullah ﷺ menamakannya dengan Maimunah. Ia dinikahi oleh Rasulullah ﷺ di Sarif pada tahun 7 H, waktu umrah qadha', setelah ia dinikahi oleh Ibnu 'Abd Yalail dan Abu Rahm bin 'Abdul Uzza. Maimunah binti Al-Harits ﷽ meninggal dunia di Sarif pada tahun 51 H.

Dari sebelas isteri-isteri Rasulullah ﷺ di atas, dua orang meninggal dunia sebelum meninggalnya Rasululah ﷺ, yaitu Khadijah binti Khuwailid dan Zainab binti Khuzaimah ﷽. Sedangkan sembilan yang lainnya meninggal dunia setelah meninggalnya Rasulullah ﷺ. Masih ada dua orang wanita lagi yang pernah menikah dengan Rasulullah ﷺ, namun beliau belum pernah menggauli keduanya dan keduanya tidak mendapatkan keutamaan sebagai isteri Rasulullah ﷺ. Berkata Ibnul Qayyim ﷽, "Siapa saja yang diceraikan oleh Nabi ﷺ ketika beliau masih hidup dan beliau belum menggaulinya, maka tidak dikatakan sebagai isteri Nabi ﷺ."[115]

---

[115] *Jalaul Afham fi Shallati was Salami 'ala Khairil Anam*, 172.

Kedua wanita tersebut adalah :

1. Asma' binti An-Nu'man Al-Kindiyyah

Rasulullah ﷺ menikahinya lalu menceraikannya. Para ulama' berbeda pendapat tentang sebab perceraiannya. Ibnu Ishaq ﵀ mengatakan bahwa karena Rasulullah ﷺ mendapati warna putih pada bagian tubuhnya antara perut dengan tulang rusuknya. Setelah diceraikan oleh Rasulullah ﷺ, ia dinikahi oleh Al-Muhajir bin Abi Umayyah.

2. Umainah binti An-Nu'man bin Syurahil Al-Jauniyyah

Ketika Rasulullah ﷺ menikahinya, maka ia mengatakan kepada Rasulullah ﷺ, "Aku berlindung kepada Allah darimu." Lalu Rasulullah ﷺ menceraikannya.

*****

TAAT KEPADA PEMIMPIN

Ahlus Sunnah meyakini wajibanya taat kepada para pemimpin kaum muslimin, selama bukan dalam perkara kemaksiatan. Apabila mereka memerintahkan kemaksiatan, maka tidak boleh mentaati mereka. Sehingga Ahlus Sunnah tetap menunaikan; Shalat Jum'at, Shalat 'Ied, berjihad, dan berhaji bersama mereka, baik mereka itu orang yang baik ataupun orang yang *fajir* (pelaku maksiat). Allah ﷻ berfirman;

$$يَآ أَيُّهَا الَّذِينَ آمَنُوا أَطِيعُوا اللهَ وَأَطِيعُوا الرَّسُولَ وَأُولِي الْأَمْرِ مِنْكُمْ.$$

"Wahai orang-orang yang beriman, taatilah Allah ﷻ dan taatilah Rasul-Nya dan pemimpin di antara kalian."[116]

Diriwayatkan dari Irbadh bin Sariyah ﷺ ia berkata, Rasulullah ﷺ bersabda;

$$أُوْصِيكُمْ بِتَقْوَى اللهِ وَالسَّمْعُ وَالطَّاعَةُ وَإِنْ عَبْدًا حَبَشِيًّا$$

"Aku wasiatkan kepada kalian untuk bertaqwa kapada Allah ﷻ serta senantiasa mendengar dan taat (kepada pemimpin), meskipun (yang memimpin kalian adalah) hamba sahaya (dari) Habasyah (Etiopia)."[117]

Bahkan diriwayatkan pula dari 'Ubadah bin Shamit ﷺ, bahwa Nabi ﷺ bersabda;

$$اِسْمَعْ وَأَطِعْ فِي عُسْرِكَ وَيُسْرِكَ وَمَنْشَطِكَ وَمَكْرَهِكَ وَأَثَرَةٍ عَلَيْكَ$$
$$وَإِنْ أَكَلُوا مَالَكَ وَضَرَبُوا ظَهْرَكَ إِلَّا أَنْ يَكُوْنَ مَعْصِيَةً$$

"Dengarkan dan taatilah (pemimpin kalian) dalam keadaan sulit atau mudah, dalam keadaan suka atau terpaksa, meskipun engkau diperlakukan dengan tidak baik. Dan meskipun hartamu dirampas dan punggungmu dipukul, kecuali dalam perkara kemaksiatan."[118]

---

[116] QS. An-Nisa': 59.

[117] HR. Tirmidzi Juz 5 : 2676 dan Abu Dawud : 4607, lafazh ini miliknya. Hadits ini dishahihkan oleh Syaikh Al-Albani ﷺ dalam *Shahihul Jami'* : 2549.

[118] HR. Ibnu Hibban Juz 10 : 4562. Hadits ini dishahihkan oleh Syaikh Al-Albani ﷺ dalam *At-Ta'liqatul Hisan* : 4547.

Namun dilarang mentaati pemimpin dalam perkara kemaksiatan. Diriwayatkan dari 'Abdurrahman bin 'Ali ﷺ, bahwa Rasulullah ﷺ bersabda;

$$\text{لَا طَاعَةَ فِي مَعْصِيَةِ اللَّهِ إِنَّمَا الطَّاعَةُ فِي الْمَعْرُوْفِ.}$$

"Tidak ada ketaatan dalam kemaksiatan kepada Allah ﷺ, sesungguhnya ketaatan itu hanyalah dalam kebaikan."[119]

Barangsiapa yang melihat kemungkaran pada pemimpin, maka jika mampu hendaknya ia menasihati pemimpin tersebut secara tertutup. Namun jika ia tidak mampu melakukannya, maka hendaklah ia bersabar dan ia tidak boleh keluar dari jama'ah kaum muslimin. Diriwayatkan dari Ibnu 'Abbas ﷺ, dari Nabi ﷺ, beliau bersabda;

$$\text{مَنْ رَأَى مِنْ أَمِيرِهِ شَيْئًا يَكْرَهُهُ فَلْيَصْبِرْ عَلَيْهِ فَإِنَّهُ مَنْ فَارَقَ الْجَمَاعَةَ}$$
$$\text{شِبْرًا فَمَاتَ إِلَّا مَاتَ مِيتَةً جَاهِلِيَّةً.}$$

"Barangsiapa yang melihat pada pemimpinnya sesuatu yang ia benci, maka hendaklah ia bersabar atas hal tersebut. Karena barangsiapa yang meninggalkan jama'ah (persatuan kaum muslimin) satu jengkal kemudian ia meninggal dunia, kecuali ia meninggal dunia seperti mati jahiliyah."[120]

Dilarang memerangi dan memberontak kepada pemimpin kaum muslimin, selama mereka masih mendirikan shalat. Diriwayatkan dari Ummu Salamah ﷺ, bahwa Rasulullah ﷺ bersabda;

$$\text{سَتَكُوْنُ أُمَرَاءُ فَتَعْرِفُوْنَ وَتُنْكِرُوْنَ فَمَنْ عَرَفَ بَرِئَ وَمَنْ أَنْكَرَ سَلِمَ}$$
$$\text{وَلَكِنْ مَنْ رَضِيَ وَتَابَعَ قَالُوْا أَفَلَا نُقَاتِلُهُمْ قَالَ لَا مَا صَلُّوْا.}$$

"Akan memimpin kalian pemimpin-pemimpin yang kalian mengetahui dan kalian mengingkari. Barangsiapa yang mengetahui, (maka) ia telah berlepas diri. Dan barangsiapa yang mengingkari, (maka) ia telah selamat. Akan tetapi orang yang ridha dan mengikutinya." Para sahabat bertanya, *"Bolehkah kami memerangi mereka?"* Rasulullah ﷺ menjawab, *"Jangan selama mereka masih mendirikan shalat."*[121]

[119] HR. Muslim Juz 3 : 1840.
[120] HR. Bukhari Juz 6 : 6646, lafazh ini miliknya dan Muslim Juz 3 : 1849.
[121] HR. Muslim Juz 3 : 1854.

Diriwayatkan pula dari Ubadah bin Shamit ﷺ, ia berkata;

بَايَعْنَا عَلَى السَّمْعِ وَالطَّاعَةِ فِي مَنْشَطِنَا وَمَكْرَهِنَا وَعُسْرِنَا وَيُسْرِنَا
وَأَثَرَةٍ عَلَيْنَا وَأَنْ لَا نُنَازِعَ الْأَمْرَ أَهْلَهُ إِلَّا أَنْ تَرَوْا كُفْرًا بَوَاحًا عِنْدَكُمْ
مِنَ اللَّهِ فِيْهِ بُرْهَانٌ.

"Kami berbai'at (kepada Rasulullah ﷺ) untuk senantiasa mendengar dan taat (kepada para pemimpin) baik dalam perkara yang kami senangi atau yang kami benci, dalam kesusahan maupun dalam kemudahan, dan juga ketika pemerintahan bersikap mementingkan diri mereka sendiri. Dan kami tidak diperbolehkan untuk mencabut urusan pemerintahan dari orang yang menjabatnya, kecuali jika kalian melihat adanya kekafiran yang nyata, maka ketika itu kalian memiliki keterangan yang nyata di hadapan Allah ﷺ."[122]

Seorang muslim hendaknya mendoakan kebaikan kepada para pemimpinnya. Berkata Fudhail bin Iyadh رحمه الله;

لَوْ أَنَّ لِي دَعْوَةً مُسْتَجَابَةً مَا جَعَلْتُهَا إِلَّا فِي السُّلْطَانِ.

"Seandainya aku mempunyai doa yang mustajab, maka aku tidak akan memberikannya kecuali kepada para pemimpin."[123]

Ketika kaum muslimin bersabar dalam menjalankan perintah Allah ﷺ, meninggalkan larangan-Nya, berupaya untuk mendakwahkan agama-Nya, dan mereka yakin terhadap ayat-ayat Allah ﷺ, niscaya Allah ﷺ akan menjadikan pemimpin-pemimpin mereka adalah pemimpin-pemimpin yang baik yang menunjukkan kepada kebenaran. Allah ﷺ berfirman;

وَجَعَلْنَا مِنْهُمْ أَئِمَّةً يَهْدُوْنَ بِأَمْرِنَا لَمَّا صَبَرُوْا وَكَانُوْا بِآيَاتِنَا يُوْقِنُوْنَ.

"Dan Kami jadikan di antara mereka itu pemimpin-pemimpin yang memberi petunjuk dengan perintah Kami ketika mereka sabar. Dan adalah mereka meyakini ayat-ayat Kami."[124]

---

[122] Muttafaq 'alaih. HR. Bukhari Juz 6 : 6647 dan Muslim Juz 3 : 1709.
[123] *Syarhus Sunnah*, Al-Barbahari.

Berkata Imam Ibnu Katsir رَحِمَهُ اللهُ؛

أَيْ لَمَّا كَانُوا صَابِرِينَ عَلَى أَوَامِرِ اللهِ، وَتَرْكُ زَوَاجِرُهُ، وَتَصْدِيْقُ رُسُلُهُ
وَاتِّبَاعُهُمْ فِيمَا جَاؤُوهُمْ بِهِ، كَانَ مِنْهُمْ أَئِمَّةً يَهْدُوْنَ إِلَى الْحَقِّ بِأَمْرِ اللهِ

"Ketika mereka bersabar terhadap perintah Allah ﷻ, meninggalkan larangan-Nya, membenarkan para rasul-Nya, serta mereka mengikuti apa yang datang kepada mereka. Maka dijadikanlah di antara mereka kepemimpinan yang memberikan petunjuk kepada kebenaran dengan perintah Allah ﷻ."[125]

Berkata pula sebagian ulama';

بِالصَّبْرِ وَالْيَقِيْنِ تُنَالُ الْإِمَامَةُ فِي الدِّيْنِ

"Dengan kesabaran dan keyakinan akan dicapai kepemimpinan dalam agama."

Ketika seorang muslim menginginkan tegaknya Negara Islam di buminya, maka terlebih dahulu ia harus menegakkan syari'at Allah ﷻ pada dirinya. Sebagaimana perkataan seorang da'i;

أَقِيْمُوْ دَوْلَةَ الْإِسْلَامِ فِيْ نُفُسِكُمْ تَقُمْ لَكُمْ فِيْ أَرْضِكُمْ

"Tegakkan daulah Islam pada diri-diri kalian, niscaya akan tegak daulah Islam di bumi kalian."[126]

*****

---

[124] QS. As-Sajdah : 24.
[125] *Tafsirul Qur-anil 'Azhim*, 3/463.
[126] *At-Tauhid Awwalan*, Al-Albani.

AL-WALA' WAL BARA'

Wala' adalah loyalitas terhadap kaum muslimin, dengan mencintai mereka, membantu, dan menolong mereka atas musuh-musuh mereka, dan bertempat tinggal bersama mereka. Sedangkan *bara'* adalah berlepas diri dan memutuskan hubungan hati dengan orang kafir, sehingga tidak mencintai mereka, tidak membantu, dan tidak menolong mereka, serta tidak tinggal bersama mereka.

Kedudukan *Al-Wala' wal Bara'*

Ahlus Sunnah wal Jama'ah meyakini bahwa *al-wala' wal bara'* mempunyai kedudukan penting dalam syari'at Islam, antara lain :

1. Bagian dari syahadat *Laa Ilaha Illallah*

Karena berlepas diri dari semua yang disembah selain Allah ﷻ. Allah ﷻ berfirman;

$$\text{أَنِ اعْبُدُوا اللَّهَ وَاجْتَنِبُوا الطَّاغُوتَ}$$

"Sembahlah Allah ﷻ saja dan jauhilah thaghut (sesembahan selain Allah ﷻ)."[127]

2. Tali simpul iman yang paling kokoh

Diriwayatkan dari Al-Bara' bin 'Azib ﷺ ia berkata, Nabi ﷺ bersabda;

$$\text{إِنَّ أَوْسَطَ عَرَى الْإِيمَانِ أَنْ تَحِبَّ فِي اللَّهِ وَتَبْغَضَ فِي اللَّهِ.}$$

"Tali simpul iman yang paling kokoh adalah mencintai karena Allah ﷻ dan membenci karena Allah ﷻ."[128]

---

[127] QS. An-Nahl : 36.
[128] HR. Ahmad. Hadits ini dihasankan oleh Syaikh Al-Albani ﵀ dalam *Shahihul Jami'* : 2009.

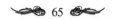

3. Sebab hati merasakan manisnya iman

Diriwayatkan dari Anas bin Malik ؓ, dari Nabi ﷺ, beliau bersabda;

ثَلَاثٌ مَنْ كُنَّ فِيهِ وَجَدَ حَلَاوَةَ الْإِيمَانِ أَنْ يَكُونَ اللهُ وَرَسُولُهُ أَحَبَّ

إِلَيْهِ مِمَّا سِوَاهُمَا وَأَنْ يُحِبَّ الْمَرْءَ لَا يُحِبُّهُ إِلَّا لِلَّهِ وَأَنْ يَكْرَهَ أَنْ يَعُودَ

فِي الْكُفْرِ كَمَا يَكْرَهُ أَنْ يُقْذَفَ فِي النَّارِ

"(Ada) tiga hal yang barangsiapa memilikinya di dalam dirinya, maka ia akan menemukan manisnya iman, (yaitu); Allah ﷻ dan Rasul-Nya lebih ia cintai daripada selain Kedua-nya, ia mencintai seseorang yang ia tidak mencintainya kecuali karena Allah ﷻ, dan ia merasa benci untuk kembali kepada kekufuran sebagaimana ia merasa benci jika ia dilemparkan ke dalam Neraka."[129]

4. Tercapainya kesempurnaan iman

Diriwayatkan dari Abu Umamah ؓ, dari Rasulullah ﷺ, bahwa beliau bersabda;

مَنْ أَحَبَّ لِلَّهِ وَأَبْغَضَ لِلَّهِ وَأَعْطَى لِلَّهِ وَمَنَعَ لِلَّهِ فَقَدِ اسْتَكْمَلَ الْإِيمَانِ.

"Barangsiapa mencintai karena Allah ﷻ, membenci karena Allah ﷻ, memberi karena Allah ﷻ, dan menahan karena Allah ﷻ, maka ia telah mendapatkan iman yang sempurna."[130]

---

[129] Muttafaq 'alaih. HR. Bukhari Juz 1 : 16, lafazh ini miliknya dan Muslim Juz 1 : 43.
[130] HR. Abu Dawud : 4681. Hadits ini dishahihkan oleh Syaikh Al-Albani ؒ dalam *Shahihul Jami'* : 5965.

5. Dasar tegaknya masyarakat muslim

Diriwayatkan dari Nu'man bin Basyir ﷺ ia berkata, Rasulullah ﷺ bersabda;

مَثَلُ الْمُؤْمِنِينَ فِي تَوَادِّهِمْ وَتَرَاحُمِهِمْ وَتَعَاطُفِهِمْ مَثَلُ الْجَسَدِ إِذَا اشْتَكَى مِنْهُ عُضْوٌ تَدَاعَى لَهُ سَائِرُ الْجَسَدِ بِالسَّهَرِ وَالْحُمَى.

"Permisalan kaum mukminin di dalam kecintaan, kasih sayang, dan kelemah-lembutan mereka seperti tubuh yang satu. Jika salah satu anggota tubuhnya sakit, maka seluruh tubuhnya tidak dapat tidur dan merasakan demam."[131]

Bentuk *Wala'* Terhadap Kaum Muslimin

Di antara bentuk-bentuk *wala'* (loyalitas) terhadap kaum muslimin adalah :

1. Membantu dan menolong kaum muslimin dalam urusan agama dan dunia, baik dengan jiwa, harta, maupun lisan

Allah ﷺ berfirman;

وَالْمُؤْمِنُونَ وَالْمُؤْمِنَاتُ بَعْضُهُمْ أَوْلِيَاءُ بَعْضٍ

"Dan orang-orang yang beriman laki-laki dan perempuan, sebagian mereka menjadi penolong sebagian yang lain (nya)."[132]

2. Memberi nasihat dan mencintai kaum muslimin, tidak menghina dan tidak menipu mereka

Diriwayatkan dari Abu Hamzah Anas bin Malik ﷺ, dari Nabi ﷺ, beliau bersabda;

لاَ يُؤْمِنُ أَحَدُكُمْ حَتَّى يُحِبَّ لِأَخِيهِ مَا يُحِبُّ لِنَفْسِهِ.

"Tidak (sempurna) keimanan salah seorang di antara kalian, sehingga ia mencintai saudaranya, sebagaimana ia mencintai dirinya sendiri."[133]

---

[131] HR. Muslim Juz 4 : 2586.
[132] QS. At-Taubah : 71.

Diriwayatkan dari Abu Hurairah ﷺ ia berkata, Rasulullah ﷺ bersabda;

اَلْمُسْلِمُ أَخُو الْمُسْلِمِ لَا يَظْلِمُهُ وَلَا يَخْذُلُهُ وَلَا يَحْقِرُهُ اَلتَّقْوَى هَهُنَا

وَيُشِيرُ إِلَى صَدْرِهِ ثَلَاثَ مَرَّاتٍ بِحَسْبِ امْرِئٍ مِنَ الشَّرِّ أَنْ يَحْقِرَ أَخَاهُ

الْمُسْلِمَ كُلُّ الْمُسْلِمِ عَلَى الْمُسْلِمِ حَرَامٌ دَمُهُ وَمَالُهُ وَعِرْضُهُ.

"Seorang muslim adalah saudara bagi muslim yang lain, (maka) tidak boleh menzhaliminya, menelantarkannya, dan menghinakannya. Taqwa itu ada di sini." Beliau menunjuk ke dadanya tiga kali. *"Cukuplah seorang muslim dikatakan buruk (akhlaknya), jika ia menghina saudaranya sesama muslim. Setiap muslim atas muslim yang lainnya haram darahnya, hartanya, dan kehormatannya."*[134]

Diriwayatkan pula dari Abu Hurairah ﷺ, bahwa Rasulullah ﷺ bersabda;

مَنْ غَشَّنَا فَلَيْسَ مِنَّا

"Barangsiapa yang menipu kami, maka ia bukan termasuk golongan kami."[135]

3. Bersatu bersama jama'ah kaum muslimin dan tidak memisahkan diri dari mereka, saling tolong-menolong dalam kebaikan dan taqwa, dan ber*amar ma'ruf nahi munkar*

Allah ﷺ berfirman;

وَتَعَاوَنُوا عَلَى الْبِرِّ وَالتَّقْوَى وَلَا تَعَاوَنُوا عَلَى الْإِثْمِ وَالْعُدْوَانِ وَاتَّقُوا

اللَّهَ إِنَّ اللَّهَ شَدِيدُ الْعِقَابِ.

---

[133] Muttafaq 'alaih. HR. Bukhari Juz 1 : 13 dan Muslim Juz 1 : 45.

[134] HR. Muslim Juz 4 : 2564.

[135] HR. Ahmad, Muslim Juz 1 : 101, dan Ibnu Majah : 2225. Hadits ini dishahihkan oleh Syaikh Al-Albani ﷺ dalam *Irwa'ul Ghalil* : 1319.

"Saling tolong-menolonglah kalian dalam kebaikan dan taqwa, dan janganlah saling tolong-menolong dalam berbuat dosa dan pelanggaran. Bertaqwalah kalian kepada Allah ﷻ, sesungguhnya Allah ﷻ sangat keras siksa-Nya."[136]

4. Bersikap lemah lembut terhadap orang yang lemah di antara kaum muslimin

    Diriwayatkan dari 'Amru bin Syu'aib dari bapaknya dari kakeknya ﷺ berkata, Rasulullah ﷺ bersabda;

لَيْسَ مِنَّا مَنْ لَمْ يَرْحَمْ صَغِيْرَنَا وَيَعْرِفْ شَرَفَ كَبِيْرَنَا

"Bukan dari (golongan) kami seorang yang tidak menyayangi (kepada) yang lebih kecil dan (tidak) mengetahui kehormatan orang yang lebih tua."[137]

5. Menunaikan hak-hak kaum muslimin

    Diriwayatkan dari Abu Hurairah ﷺ, bahwa Rasulullah ﷺ bersabda;

حَقُّ الْمُسْلِمِ عَلَى الْمُسْلِمِ سِتٌّ قِيْلِ مَا هُنَّ يَا رَسُوْلَ اللَّهِ قَالَ إِذَا لَقِيْتَهُ فَسَلِّمْ عَلَيْهِ وَإِذَا دَعَاكَ فَأَجِبْهُ وَإِذَا اسْتَنْصَحَكَ فَانْصَحْ لَهُ وَإِذَا عَطَسَ فَحَمِدَ اللَّهُ فَسَمِّتْهُ وَإِذَا مَرِضَ فَعُدْهُ وَإِذَا مَاتَ فَاتْبَعْهُ.

"Hak muslim atas muslim (lainnya) ada enam." Ada yang bertanya, *"Apa itu wahai Rasulullah?"* Beliau bersabda, *"Jika engkau menemuinya, maka ucapkanlah salam kepadanya. Jika ia mengundangmu, maka datangilah. Jika ia meminta nasihat kepadamu, maka nasihatilah. Jika ia bersin lalu ia memuji Allah ﷻ, maka doakanlah ia. Jika ia sakit, maka jenguklah ia. Jika ia meninggal dunia, maka iringilah (jenazah)nya."*[138]

---

[136] QS. Ma'idah : 2.
[137] HR. Tirmidzi Juz 4 : 1920. Hadits ini dishahihkan oleh Syaikh Al-Albani ﷺ dalam *Shahihul Jami'* : 5444.
[138] HR. Muslim Juz 4 : 2162.

6. Mendoakan kebaikan bagi kaum muslimin dan memintakan ampun untuk mereka

Allah ﷻ mensifati orang-orang muslim yang baik dalam firman-Nya;

وَالَّذِينَ جَاءُوا مِنْ بَعْدِهِمْ يَقُولُونَ رَبَّنَا اغْفِرْ لَنَا وَلِإِخْوَانِنَا الَّذِينَ سَبَقُونَا بِالْإِيمَانِ وَلَا تَجْعَلْ فِي قُلُوبِنَا غِلًّا لِلَّذِينَ آمَنُوا رَبَّنَا إِنَّكَ رَءُوفٌ رَّحِيمٌ.

"Dan orang-orang yang datang sesudah mereka (kaum Muhajirin dan Anshar), mereka berdoa, "Wahai Rabb kami, ampunilah kami dan saudara-saudara kami yang telah beriman lebih dahulu dari kami, dan janganlah Engkau membiarkan kedengkian dalam hati kami terhadap orang-orang yang beriman. Wahai Rabb kami, Sesungguhnya Engkau Maha Penyantun lagi Maha Penyayang."[139]

Bentuk *Bara'* Terhadap Orang Kafir

Di antara bentuk-bentuk *bara'* (berlepas diri) terhadap orang kafir adalah :

1. Tidak menyerupai mereka dalam hal-hal yang menjadi ciri khas mereka

Diharamkan menyerupai orang-orang kafir dalam hal-hal yang menjadi ciri khas mereka dalam hal; adat istiadat, ibadah, sifat, serta tingkah laku mereka, seperti; mencukur jenggot, memanjangkan kumis, berpakaian dengan pakaian khusus mereka, dan lain sebagainya. Hal ini berdasarkan hadits yang diriwayatkan dari Ibnu 'Umar ﷺ ia berkata, Rasulullah ﷺ bersabda;

مَنْ تَشَبَّهَ بِقَوْمٍ فَهُوَ مِنْهُمْ.

"Barangsiapa yang menyerupai suatu kaum, maka ia termasuk golongan mereka."[140]

---

[139] QS. Al-Hasyr : 10.
[140] HR. Ahmad dan Abu Dawud : 4031. Hadits ini dishahihkan oleh Syaikh Al-Albani ﵀ dalam *Irwa'ul Ghalil* : 1269.

2. Meninggalkan negeri kafir

Tidak berpergian ke negara kafir. Karena berhijrah untuk meninggalkan negara kafir merupakan kewajiban bagi seorang muslim dan berdiamnya seorang muslim di negara kafir menunjukkan loyalitas terhadap orang kafir. Oleh karena itu Allah ﷻ mengharamkan seorang muslim bermukim di antara orang-orang kafir, jika ia mampu untuk berhijrah. Allah ﷻ berfirman;

إِنَّ الَّذِينَ تَوَفَّاهُمُ الْمَلَائِكَةُ ظَالِمِيْ أَنْفُسِهِمْ قَالُوا فِيْمَ كُنْتُمْ قَالُوا كُنَّا مُسْتَضْعَفِينَ فِي الْأَرْضِ قَالُوا أَلَمْ تَكُنْ أَرْضُ اللهِ وَاسِعَةً فَتُهَاجِرُوا فِيْهَا فَأُولَئِكَ مَأْوَاهُمْ جَهَنَّمُ وَسَاءَتْ مَصِيْرًا. إِلَّا الْمُسْتَضْعَفِينَ مِنَ الرِّجَالِ وَالنِّسَاءِ وَالْوِلْدَانِ لَا يَسْتَطِيْعُوْنَ حِيْلَةً وَّلَا يَهْتَدُوْنَ سَبِيْلًا. فَأُولَئِكَ عَسَى اللهُ أَنْ يَّعْفُوَ عَنْهُمْ وَكَانَ اللهُ عَفُوًّا غَفُوْرًا.

"Sesungguhnya orang-orang yang diwafatkan Malaikat dalam keadaan menganiaya diri mereka sendiri, Malaikat bertanya (kepada mereka), "Dalam keadaan apa kalian (meninggal)?" Mereka menjawab, "Kami adalah orang-orang yang tertindas di negeri (Makkah)." Para Malaikat berkata, "Bukankah bumi Allah ﷻ itu luas, sehingga kalian dapat berhijrah di bumi (yang lainya)?" Orang-orang tersebut tempatnya di Neraka Jahannam. Dan Jahannam adalah seburuk-buruk tempat kembali. Kecuali mereka yang lemah, baik yang laki-laki, wanita, maupun anak-anak yang tidak memiliki daya dan upaya serta tidak mengetahui jalan (untuk berhijrah). Semoga Allah ﷻ memaafkan mereka. Dan Allah ﷻ Maha Pemaaf lagi Maha Pengampun."[141]

Dalam ayat di atas Allah ﷻ tidak menerima alasan seorang muslim yang bermukim di negara kafir, kecuali mereka yang lemah dan tidak mampu untuk berhijrah. Syaikh Muhammad bin Shalih Al-Utsaimin رحمه الله menjelaskan tentang syarat bolehnya seorang muslim bepergian ke negeri kafir. Beliau mengatakan;

---

[141] QS. An-Nisa' : 97 - 99.

اَلسَّفَرُ إِلَى بِلَادِ الْكُفَّارِ لَا يَجُوزُ إِلَّا بِثَلَاثَةِ شُرُوطٍ :

اَلشَّرْطُ الْأَوَّلُ : أَنْ يَكُوْنَ عِنْدَ الْإِنْسَانِ عِلْمٌ يَدْفَعُ بِهِ الشُّبُهَاتُ.

اَلشَّرْطُ الثَّانِيْ : أَنْ يَكُوْنَ عِنْدَهُ دِيْنٌ يَمْنَعُهُ مِنَ الشَّهَوَاتِ.

اَلشَّرْطُ الثَّالِثُ : أَنْ يَكُوْنَ مُحْتَاجًا إِلَى ذَلِكَ.

"Bepergian ke negeri kafir tidak diperbolehkan, kecuali telah terpenuhi tiga syarat, (antara lain) :

a. Hendaknya memiliki ilmu (yang cukup), yang dapat menjaganya dari syubhat
b. Hendaknya memiliki agama (yang kuat), yang dapat menjaganya dari syahwat
c. Hendaknya (benar-benar) berkepentingan untuk bepergian."[142]

Diperbolehkan bagi seorang muslim bermukim di negara kafir, jika ada kemaslahatan agama, misalnya; untuk berdakwah dan menyebarkan Islam di negara kafir tersebut, dengan syarat :

a. Merasa aman dengan agamanya.
b. Mampu menegakkan dan menghidupkan syi'ar islam di tempat tinggal tanpa ada penghalang.[143]

3. Tidak ikut serta pada perayaan hari besar orang kafir
Tidak diperbolehkan bagi seorang muslim untuk membantu orang kafir dalam menyelenggarakan acara perayaan hari besar mereka, tidak memberikan ucapan selamat kepada mereka, dan tidak diperbolehkan untuk mendatangi undangan mereka untuk perayaan tersebut.

---

[142] *Syarhu Tsalatsatil 'Ushul*, 90.
[143] *Syarhu Tsalatsatil 'Ushul*, 91.

4. Tidak memberi nama dengan nama-nama orang kafir

Syari'at Islam memerintah kepada kaum muslimin untuk memberi nama anak-anak mereka dengan nama-nama Islami yang baik. Dan sebaik-baik nama adalah 'Abdullah dan 'Abdurrahman. Sebagaimana diriwayatkan dari Abu Wahab Al-Jasymi ﷺ, Rasulullah ﷺ bersabda;

$$ أَحَبُّ الْأَسْمَاءِ إِلَى اللهِ عَبْدُ اللهِ وَعَبْدُ الرَّحْمَنِ $$

"Nama yang paling dicintai Allah ﷺ adalah 'Abdullah dan 'Abdurrahman."[144]

Di antara bentuk *bara'* terhadap orang kafir adalah dengan tidak memberi nama dengan nama mereka. Di antara nama orang kafir yang tidak diperbolehkan bagi seorang muslim untuk menyandang nama tersebut adalah; Cruz, Diego, Franciscus, George, Tom, Victor, Xaverius, Margaretha, Suzan, dan yang semisalnya.

5. Tidak ber-*mudahanah* dan tidak ber-*mudarah* dengan mengorbankan agama

Mudahanah adalah berpura-pura menyerah dan meninggalkan kewajiban *amar ma'ruf nahi munkar,* serta melalaikan hal tersebut karena tujuan duniawi atau maksud pribadi. Misalnya; seorang yang berbaik hati terhadap ahli maksiat ketika mereka berada di dalam kemaksiatannya, ia tidak melakukan pengingkaran terhadap kemaksiatan tersebut, padahal ia mampu melakukannya.

Sedangkan *mudarah* adalah menghindari kerusakan dan kejahatan dengan ucapan yang lembut, meninggalkan kekerasan, atau berpaling dari orang jahat yang dikhawatirkan akan menimbulkan kejahatan yang lebih besar.

Mudahanah tercela dalam agama adapun *mudarah* diperbolehkan selama tidak melanggar batasan-batasan syari'at.

---

[144] HR. Abu Dawud : 4950. Hadits ini dishahihkan oleh Syaikh Al-Albani ﷺ dalam *Shahihul Jami'* : 161.

6. Tidak mencintai orang kafir

Allah ﷻ berfirman;

لَا تَجِدُ قَوْمًا يُؤْمِنُونَ بِاللَّهِ وَالْيَوْمِ الْآخِرِ يُوَادُّونَ مَنْ حَادَّ اللَّهَ وَرَسُولَهُ وَلَوْ كَانُوا آبَاءَهُمْ أَوْ أَبْنَاءَهُمْ أَوْ إِخْوَانَهُمْ أَوْ عَشِيرَتَهُمْ

"Kalian tidak akan mendapati kaum yang beriman pada Allah ﷻ dan Hari Akhir, mereka saling mencintai dengan orang-orang yang menentang Allah ﷻ dan Rasul-Nya, meskipun itu adalah bapak-bapak mereka, anak-anak mereka, saudara-saudara mereka, atau pun keluarga-keluarga mereka."[145]

Kalimat, *"meskipun itu adalah bapak-bapak mereka,"* diturunkan berkenaan dengan Abu 'Ubaidah ؓ yang membunuh bapaknya (yang musyrik) dalam Perang Badar. *"Anak-anak mereka,"* diturunkan berkenaan dengan Abu Bakar Ash-Shiddiq ؓ ketika Perang Badar hampir membunuh anaknya (yang saat itu masih musyrik), yaitu Abdurrahman. *"Saudara-saudara mereka,"* diturunkan berkenaan dengan Mus'ab bin 'Umair ؓ yang telah membunuh saudara kandungnya (yang musyrik) dalam Perang Badar, yang bernama 'Ubaid bin 'Umar. *"Atau keluarga-keluarga mereka,"* diturunkan berkenaan dengan 'Umar ؓ yang membunuh seorang kerabatnya (yang musyrik), demikian pula 'Hamzah, Ali, Ubaidah bin Al-Harits ؓ, yang masing-masing mereka membunuh; Utbah, Syaibah, dan Walid bin Utbah (Ketika perang tanding) dalam Perang Badar.[146]

7. Tidak memintakan ampun dan rahmat bagi orang kafir

Allah ﷻ berfirman;

مَا كَانَ لِلنَّبِيِّ وَالَّذِينَ آمَنُوا أَنْ يَسْتَغْفِرُوا لِلْمُشْرِكِينَ وَلَوْ كَانُوا أُولِي قُرْبَى مِنْ بَعْدِ مَا تَبَيَّنَ لَهُمْ أَنَّهُمْ أَصْحَابُ الْجَحِيمِ.

"Tidak sepatutnya bagi Nabi dan orang-orang yang beriman memintakan ampun (kepada Allah ﷻ) bagi orang-orang musyrik, walaupun orang-orang musyrik itu adalah kerabat(nya), sesudah jelas bagi mereka bahwa orang-orang musyrik itu adalah penghuni Neraka Jahanam."[147]

---

[145] QS. Al-Mujadalah : 22.
[146] *Tafsirul Qur'anil 'Azhim*, 4/ 329.
[147] QS. At-Taubah : 113.

Catatan :

❖ Bara'terhadap orang kafir bukan berarti diharamkan bermuamalah dengan orang kafir *dzimni*.[148] Diriwayatkan dari 'Aisyah ☙;

$$
\text{أَنَّ النَّبِيَّ صَلَّى اللهُ عَلَيْهِ وَسَلَّمَ اشْتَرَى طَعَامًا مِنْ يَهُودِيٍّ إِلَى}
$$
$$
\text{أَجَلٍ وَرَهَنَهُ دِرْعًا مِنْ حَدِيدٍ.}
$$

"Bahwa Nabi ☙ membeli makanan dari orang yahudi dengan pembayaran tunda dengan menggadaikan baju besi (beliau)."[149]

Berkata Ash-Shan'ani ☙;

$$
\text{فَإِنَّهُ صَلَّى اللهُ عَلَيْهِ وَسَلَّمَ وَأَصْحَابُهُ أَقَامُوا بِمَكَّةَ ثَلَاثَ عَشْرَةَ}
$$
$$
\text{سَنَةً يُعَامِلُونَ الْمُشْرِكِينَ، وَأَقَامَ فِي الْمَدِينَةِ عَشْرًا يُعَامِلُ هُوَ}
$$
$$
\text{وَأَصْحَابُهُ أَهْلَ الْكِتَابِ وَيَنْزِلُونَ أَسْوَاقَهُمْ.}
$$

"Rasulullah ☙ dan para sahabatnya tinggal di Makkah selama tiga belas tahun. Mereka bermuamalah dengan orang-orang musyrik. Beliau (juga) tinggal di Madinah selama sepuluh tahun dalam keadaan beliau dan para sahabatnya bermuamalah dengan orang-orang ahli kitab dan memasuki pasar-pasar mereka."[150]

---

[148] Orang kafir *dzimni* adalah orang kafir yang tidak memerangi kaum muslimin.
[149] Muttafaq 'alaih. HR. Bukhari Juz 2 : 1962, lafazh ini miliknya dan Muslim Juz 3 : 1603.
[150] *Taisirul 'Allam*, 563.

❖ Orang-orang kafir yang tidak menyakiti kaum muslimin, maka hendaknya kaum muslimin membalas dengan berbuat baik dan adil terhadap mereka ketika bermuamalah dalam urusan duniawi. Namun tetap tidak boleh mencintai mereka. Allah ﷻ berfirman :

لَا يَنْهَاكُمُ اللَّهُ عَنِ الَّذِينَ لَمْ يُقَاتِلُوكُمْ فِي الدِّينِ وَلَمْ يُخْرِجُوكُمْ مِنْ دِيَارِكُمْ أَنْ تَبَرُّوهُمْ وَتُقْسِطُوا إِلَيْهِمْ إِنَّ اللَّهَ يُحِبُّ الْمُقْسِطِينَ.

"Allah ﷻ tidak melarang kalian untuk berbuat baik dan berlaku adil terhadap orang-orang yang tidak memerangi kalian karena agama dan tidak (pula) mengusir kalian dari negeri kalian. Sesungguhnya Allah ﷻ menyukai orang-orang yang berbuat adil."[151]

❖ Orang kafir yang memiliki jaminan keamanan dari kaum muslimin, tidak boleh dibunuh. Jika orang kafir tersebut terbunuh secara tidak sengaja, maka pembunuhnya harus membayar diyat (ganti rugi).[152] Jika orang kafir tersebut dibunuh secara sengaja, maka kejahatannya lebih berat dan dosanya lebih besar. Sebagaimana diriwayatkan dari 'Abdullah bin 'Amru ﷺ, dari Nabi ﷺ, beliau bersabda;

مَنْ قَتَلَ مُعَاهَدًا لَمْ يَرَحْ رَائِحَةَ الْجَنَّةِ وَإِنَّ رِيْحَهَا تُوْجَدُ مِنْ مَسِيْرَةِ أَرْبَعِيْنَ عَامًا.

"Barangsiapa yang membunuh orang kafir yang berada dalam perjanjian (damai), (maka) ia tidak akan mencium baunya Surga. Sesungguhnya bau Surga tercium sejauh perjalanan empat puluh tahun."[153]

---

[151] QS. Al-Mumtahanah : 8.
[152] Diyatnya adalah setengah diyat orang Islam, yaitu lima puluh ekor unta atau yang senilai dengan itu. Ini adalah madzhab Malik dan Ahmad.
[153] HR. Bukhari Juz 3 : 2995.

Kriteria Pembagian *Al-Wala' wal Bara'*

Manusia dalam timbangan *wala'* dan *bara'* terbagi dalam tiga kelompok, antara lain :

1. Yang berhak mendapat *wala'* secara mutlak (penuh)

Yang berhak mendapat *wala'* secara mutlak adalah orang-orang mukmin yang beriman kepada Allah 🕮 dan Rasul-Nya dan menjalankan ajaran-ajaran agama secara ikhlas. Firman Allah 🕮;

إِنَّمَا وَلِيُّكُمُ اللَّهُ وَرَسُولُهُ وَالَّذِينَ آمَنُوا الَّذِينَ يُقِيمُونَ الصَّلَاةَ وَيُؤْتُونَ الزَّكَاةَ وَهُمْ رَاكِعُونَ. وَمَنْ يَتَوَلَّ اللَّهَ وَرَسُولَهُ وَالَّذِينَ آمَنُوا فَإِنَّ حِزْبَ اللَّهِ هُمُ الْغَالِبُونَ.

"Sesungguhnya penolong kalian hanyalah Allah 🕮, Rasul-Nya dan orang-orang beriman yang mendirikan shalat dan menunaikan zakat, dan mereka tunduk (kepada Allah 🕮). Dan barangsiapa mengambil Allah 🕮, Rasul-Nya, dan orang-orang yang beriman menjadi penolongnya, maka sesungguhnya pengikut Allah-lah yang akan mendapatkan kemenangan."[154]

2. Yang berhak mendapatkan *bara'* secara mutlak (penuh)

Yang berhak mendapatkan *bara'* secara mutlak adalah orang musyrik dan kafir; baik yahudi, nashrani, majusi, atheis, atau para penyembah berhala. Hukum ini juga berlaku bagi kaum muslimin yang melakukan dosa-dosa yang mengkafirkan, seperti; syirik besar, kufur besar, dan *nifaq i'tiqadi*, setelah ditegakkannya *hujjah* atas mereka. Allah 🕮 berfirman;

يَا أَيُّهَا النَّبِيُّ جَاهِدِ الْكُفَّارَ وَالْمُنَافِقِينَ وَاغْلُظْ عَلَيْهِمْ وَمَأْوَاهُمْ جَهَنَّمُ وَبِئْسَ الْمَصِيرُ.

"Wahai Nabi 🕮, perangilah orang-orang kafir dan orang-orang munafik, dan bersikap keraslah terhadap mereka. Tempat mereka adalah Neraka Jahannam, dan itu adalah seburuk-buruk tempat kembali."[155]

---

[154] QS. Al-Maidah : 55 - 56.
[155] QS. At-Tahrim : 9.

3. Yang berhak mendapatkan *wala'* dari satu sisi dan mendapatkan *bara'* dari sisi yang lain

Yang berhak mendapatkan *wala'* dari satu sisi, dan mendapatkan *bara'* dari sisi yang lain adalah seorang muslim ahli maksiat yang meninggalkan sebagian kewajiban dan melakukan hal-hal yang diharamkan, namun belum sampai pada tingkatan kafir. Mereka ini wajib dinasehati dan diingkari kemaksiatannya, dan tidak boleh diam terhadap kemaksiatan mereka. Akan tetapi harus diingkari kemaksiatannya, diperintah kepada yang *ma'ruf* dan dilarang dari yang *munkar*. Ditegakkan kepada mereka hukuman *had* atau *ta'zir* sehingga mereka berhenti dari kemaksiatan dan bertaubat dari keburukan. Sebagaimana yang dilakukan oleh Nabi ﷺ terhadap 'Abdullah bin Himar ﷺ ketika ia dibawa menghadap Nabi ﷺ dalam kondisi mabuk, ia dilaknat oleh sebagian sahabat, dan Nabi ﷺ bersabda;

لَا تَلْعَنُوْهُ فَوَاللهِ مَا عَلِمْتُ إِلَّا أَنَّهُ يُحِبُّ اللهَ وَرَسُوْلَهُ.

"*Janganlah kalian melaknatnya. Demi Allah, aku tidak mengetahuinya kecuali ia mencintai Allah ﷺ dan Rasul-Nya.*"[156]

Meskipun demikian, Rasulullah ﷺ tetap menghukumnya dengan hukuman *had*.

****

---

[156] HR. Bukhari Juz 6 : 6398.

PRINSIP IMAN

Prinsip dasar aqidah Ahlus Sunnah adalah; bahwa iman adalah membenarkan dalam hati, mengucapkan dengan lisan, dan mengamalkan dengan anggota badan, iman bertambah dengan ketaatan dan berkurang dengan kemaksiatan. Allah ﷻ berfirman;

$$ وَإِذَا تُلِيَتْ عَلَيْهِمْ آيَاتُهُ زَادَتْهُمْ إِيْمَانًا وَّعَلَى رَبِّهِمْ يَتَوَكَّلُوْنَ. $$

"Dan apabila dibacakan kepada mereka (orang-orang yang beriman) ayat-ayat-Nya, bertambahlah iman mereka (karenanya) dan kepada Rabb-mereka, mereka bertawakkal."[157]

Berkata Imam Ahmad bin Hambal ﵁;

$$ اَلْإِيْمَانُ يَزِيْدُ وَيَنْقُصُ؛ فَزِيَادَتُهُ بِالْعَمَلِ، وَنُقْصَانُهُ بِتَرْكِ الْعَمَلِ $$

"Iman bertambah dan berkurang. Bertambahnya dengan amal dan berkurangnya dengan meninggalkan amal."[158]

Ibnu Uyainah ﵁ pernah ditanya;
"Apakah iman itu dapat bertambah dan berkurang?" Maka ia menjawab, "Tidakkah engkau membaca firman Allah ﷻ, *"Maka perkataan itu menambah iman mereka."* pada beberapa ayat Al-Qur'an" Dikatakan kepadanya, "Apakah iman itu dapat berkurang?" Maka ia menjawab, "Tidak ada sesuatu yang dapat bertambah, melainkan ia dapat berkurang."[159]

---

[157] QS. Al-Anfal : 2.
[158] *Syarhu Ushuli I'tiqad Ahlis Sunnah wal Jama'ah minal Kitabi was Sunnah wa Ijma'is Shahabah wat Tabi'in.*
[159] *Syarhu Ushulis Sunnah.*

RUKUN IMAN DAN CABANGNYA

Iman memiliki rukun (pilar pokok), sebagaimana pertanyaan Malaikat Jibril عليه السلام kepada Rasulullah ﷺ;

أَخْبِرْنِي عَنِ الْإِيْمَانِ قَالَ : أَنْ تُؤْمِنَ بِاللهِ وَمَلَائِكَتِهِ وَكُتُبِهِ وَرُسُلِهِ وَالْيَوْمِ الْآخِرِ وَتُؤْمِنَ بِالْقَدَرِ خَيْرِهِ وَشَرِّهِ.

"Beritahukan kepadaku tentang Iman." Rasulullah ﷺ menjawab, *"Engkau beriman kepada Allah ﷻ, kepada para Malaikat-Nya, Kitab-kitab-Nya, kepada Rasul-rasul-Nya, kepada Hari Kiamat dan kepada takdir yang baik maupun yang buruk."*[160]

Rukun iman ada enam, antara lain :

1. Iman kepada Allah ﷻ
2. Iman kepada para Malaikat
3. Iman kepada Kitab-kitab
4. Iman kepada para Rasul
5. Iman kepada Hari Akhir
6. Iman kepada Qadha' dan Qadar

Selain enam rukun iman di atas, iman juga memiliki enam puluh atau tujuh puluh cabang. Sebagaimana diriwayatkan dari Abu Hurairah ؓ ia berkata, Rasulullah ﷺ bersabda;

اَلْإِيْمَانُ بِضْعٌ وَسَبْعُوْنَ أَوْ بِضْعٌ وَسِتُّوْنَ شُعْبَةً فَأَفْضَلُهَا قَوْلُ لَا إِلَهَ إِلَّا اللهُ وَأَدْنَاهَا إِمَاطَةُ الْأَذَى عَنِ الطَّرِيْقِ وَالْحَيَاءُ شُعْبَةٌ مِنَ الْإِيْمَانِ.

"Iman itu memiliki tujuh puluh atau enam puluh cabang. Yang paling tinggi adalah ucapan "Laa Ilaha Illallah" (Tidak ada sesembahan yang berhak untuk disembah selain Allah ﷻ), yang paling rendah adalah menghilangkan ganguan dari jalan. Dan malu termasuk cabang dari keimanan."[161]

---

[160] HR. Muslim Juz 1 : 8.
[161] HR. Bukhari Juz 1 : 9 dan Muslim Juz 1 : 35, lafazh ini miliknya.

BUAH KEIMANAN

Keimanan yang benar yang menghunjam kokoh di dalam hati akan melahirkan berbagai macam buah kebaikan. Allah ﷻ berfirman;

$$ أَلَمْ تَرَ كَيْفَ ضَرَبَ اللهُ مَثَلًا كَلِمَةً طَيِّبَةً كَشَجَرَةٍ طَيِّبَةٍ أَصْلُهَا ثَابِتٌ وَّفَرْعُهَا فِي السَّمَآءِ. تُؤْتِي أُكُلَهَا كُلَّ حِيْنٍ بِإِذْنِ رَبِّهَا وَيَضْرِبُ اللهُ الْأَمْثَالَ لِلنَّاسِ لَعَلَّهُمْ يَتَذَكَّرُوْنَ. $$

"Tidakkah engkau memperhatikan bagaimana Allah telah membuat perumpamaan Kalimah Thayyibah (kalimat yang baik) seperti pohon yang baik, akarnya teguh dan cabangnya (menjulang) ke langit. Pohon tersebut memberikan buahnya pada setiap musim dengan seizin Rabb-nya. Allah membuat perumpamaan-perumpamaan itu untuk manusia supaya mereka selalu ingat.[162]

Syaikh 'Abdurrahman bin Nashir As-Sa'di ﵁ mengatakan ketika menafsirkan ayat tersebut;

$$ فَكَذَلِكَ شَجَرَةُ الْإِيمَانِ، أَصْلُهَا ثَابِتٌ فِي قَلْبِ الْمُؤْمِنِ، عِلْمًا وَاعْتِقَادًا. وَفَرْعُهَا مِنَ الْكَلِمِ الطَّيِّبِ وَالْعَمَلِ الصَّالِحِ وَالْأَخْلَاقِ الْمَرْضِيَّةِ $$

"Demikianlah pohon keimanan, akarnya menghunjam di hati orang yang beriman, (secara) keilmuan dan keyakinan dan cabangnya adalah; ucapan yang baik, amalan shalih, dan akhlak yang diridhai."[163]

---

[162] QS. Ibrahim : 24 - 25.
[163] *Taisirul Karimir Rahman*, 2/230.

Sehingga di antara buah dari iman yang benar adalah :

a. Ucapan yang baik

Seorang yang benar keimanan dan tauhidnya akan tercermin dari apa yang terucap dari lisannya. Jika keimanannya benar, maka yang keluar dari lisannya adalah kata-kata kebenaran.

b. Amalan shalih

Keimanan yang benar akan melahirkan amal shalih, yaitu amalan yang dibangun di atas keikhlasan kepada Allah ﷻ dan sesuai dengan tuntunan Rasulullah ﷺ

c. Akhlak yang diridhai oleh Allah ﷻ

Keimanan yang benar juga akan membuahkan akhlak-akhlak yang mulia yang diridhai Allah ﷻ. Sehingga seorang mukmin akan baik dalam bermuamalah dengan sesama manusia. Dengan akhlaknya tersebut ia menjadi dicintai oleh manusia yang lainnya. Sehingga dengan demikian, mukmin yang benar iman akan menjadi insan yang mulia.

*****

IMAN KEPADA ALLAH ﷻ

Iman kepada Allah ﷻ artinya meyakini bahwa Allah ﷻ adalah *Rabb* segala sesuatu, Penciptanya, Pemiliknya, dan Pengatur seluruh alam. Hanya Allah ﷻ yang berhak untuk disembah, tidak ada sekutu bagi-Nya, dan semua yang disembah selain Allah ﷻ adalah *batil*. Allah ﷻ memiliki Nama-nama yang mulia serta memiliki Sifat-sifat yang sempurna, dan suci dari segala macam kekurangan dan aib. Iman kepada Allah ﷻ mencakup tiga unsur, antara lain :

1. Tauhid *Rububiyyah*

Tauhid *Rububiyyah* yaitu mengesakan Allah ﷻ dalam hal penciptaan, kekuasaan, dan pengaturan. Allah ﷻ berfirman;

$$\text{أَلَا لَهُ الْخَلْقُ وَالْأَمْرُ تَبَارَكَ اللَّهُ رَبُّ الْعَالَمِينَ.}$$

"Ingatlah, yang menciptakan dan yang memerintah hanyalah hak Allah ﷻ. Maha Suci Allah ﷻ, Rabb semesta alam."[164]

2. Tauhid *Uluhiyyah*

Tauhid *Uluhiyyah* yaitu mengesakan Allah ﷻ dalam hal peribadahan, agar manusia tidak menyekutukan Allah ﷻ dengan sesuatu apapun. Sehingga tidak ada yang diseru dalam doa kecuali Allah ﷻ, tidak ada yang dimintai pertolongan kecuali Dia, tidak ada yang boleh dijadikan tempat bergantung kecuali Dia, tidak boleh menyembelih qurban atau bernadzar kecuali untuk-Nya, dan tidak boleh mengarahkan seluruh ibadah kecuali untuk-Nya dan karena-Nya semata. Sebagaimana firman Allah ﷻ;

---

[164] QS. Al-A'raf : 54.

يَا أَيُّهَا النَّاسُ اعْبُدُوا رَبَّكُمُ الَّذِيْ خَلَقَكُمْ وَالَّذِينَ مِنْ قَبْلِكُمْ لَعَلَّكُمْ تَتَّقُوْنَ. الَّذِيْ جَعَلَ لَكُمُ الأَرْضَ فِرَاشًا وَّالسَّمَآءَ بِنَآءً وَّأَنْزَلَ مِنَ السَّمَآءِ مَآءً فَأَخْرَجَ بِهِ مِنَ الثَّمَرَاتِ رِزْقًا لَّكُمْ فَلَا تَجْعَلُوْا لِلهِ أَنْدَادًا وَّأَنْتُمْ تَعْلَمُوْنَ.

"Wahai sekalian manusia, sembahlah Rabb kalian yang telah menciptakan kalian dan orang-orang yang sebelum kalian, agar kalian bertaqwa. Dialah yang menjadikan bumi sebagai hamparan bagi kalian dan langit sebagai atap. Dan Dia yang menurunkan air (hujan) dari langit, lalu Dia menghasilkan dengan hujan tersebut segala buah-buahan sebagai rizki untuk kalian. Maka janganlah kalian mengadakan sekutu-sekutu bagi Allah ﷻ, padahal kalian mengetahui."[165]

Tauhid *rububiyyah* mengharuskan adanya tauhid *uluhiyyah*. Sehingga barangsiapa yang mengakui tauhid *rububiyyah* untuk Allah ﷻ (dengan mengimani bahwa tidak ada pencipta, pemberi rizki, dan pengatur alam, kecuali Allah ﷻ), maka ia harus mengakui bahwa tidak ada yang berhak menerima ibadah dengan berbagai macamnya, kecuali hanya Allah ﷻ. Dan itulah tauhid *uluhiyyah*.

---

[165] QS. Al-Baqarah : 21-22.

3. Tauhid *Asma' wa Sifat*

Tauhid *Asma' wa Sifat* yaitu mengesakan Allah ﷻ sesuai dengan Nama dan Sifat yang Allah ﷻ sandangkan sendiri kepada Diri-Nya, di dalam Kitab-Nya, atau melalui lisan Rasul-Nya Muhammad ﷺ. Hal ini sebagaimana hadits yang diriwayatkan dari 'Abdullah (bin Mas'ud) ؓ tentang doa yang pernah diajarkan oleh Rasulullah ﷺ;

اَللَّهُمَّ إِنِّي عَبْدُكَ، ابْنُ عَبْدِكَ، ابْنُ أَمَتِكَ، نَاصِيَتِيْ بِيَدِكَ، مَاضٍ فِيَّ حُكْمُكَ، عَدْلٌ فِيَّ قَضَاؤُكَ، أَسْأَلُكَ بِكُلِّ اسْمٍ هُوَ لَكَ، سَمَّيْتَ بِهِ نَفْسَكَ، أَوْ أَنْزَلْتَهُ فِيْ كِتَابِكَ، أَوْ عَلَّمْتَهُ أَحَدًا مِنْ خَلْقِكَ، أَوِ اسْتَأْثَرْتَ بِهِ فِيْ عِلْمِ الْغَيْبِ عِنْدَكَ

"Ya Allah, sesungguhnya aku adalah hamba-Mu, anak hamba-Mu (Adam ؑ *) dan anak hamba perempuan-Mu (Hawa). Ubun-ubunku di tangan-Mu, keputusan-Mu berlaku padaku, qadha'-Mu kepadaku adalah adil. Aku memohon kepada-Mu dengan setiap nama (yang baik) yang telah Engkau pergunakan untuk diri-Mu, yang Engkau turunkan dalam kitab-Mu, Engkau ajarkan kepada seseorang dari makhluk-Mu, atau yang Engkau khususkan untuk diri-Mu dalam ilmu ghaib di sisi-Mu."*[166]

Mengimaninya dengan menetapkan apa yang ditetapkan Allah ﷻ dan menafikan apa yang dinafikan-Nya dengan tanpa; *tahrif, ta'thil, takyif,* dan *tamtsil.*

*****

---

[166] HR. Ahmad. Hadits ini dishahihkan oleh Syaikh Al-Albani ؓ dalam *Shahihut Targhib wat Tarhib* Juz 2 : 1822.

ALLAH ﷻ DI ATAS 'ARSY

Ahlus Sunnah meyakini bahwa sesungguhnya Allah ﷻ bersemayam di atas Arsy-Nya. 'Arsy adalah makhluk Allah ﷻ yang paling besar. Allah ﷻ bersemayam di atas 'Arsy sesuai dengan kemuliaan-Nya dan keagungan-Nya, tidak ada yang mengetahui tata caranya kecuali Dia. Allah ﷻ berfirman;

$$ اَلرَّحْمَنُ عَلَى الْعَرْشِ اسْتَوَى. $$

"(Allah) Yang Maha Pemurah bersemayam di atas 'Arsy."[167]

Dan juga firman Allah ﷻ;

$$ إِنَّ رَبَّكُمُ اللهُ الَّذِي خَلَقَ السَّمَاوَاتِ وَالْأَرْضَ فِي سِتَّةِ أَيَّامٍ ثُمَّ اسْتَوَى عَلَى الْعَرْشِ يُدَبِّرُ الْأَمْرَ $$

"Sesungguhnya Rabb kalian ialah (Allah ﷻ) yang menciptakan langit dan bumi dalam enam hari, kemudian Dia bersemayam di atas 'Arsy untuk mengatur segala urusan."[168]

Ahlus Sunnah juga meyakini bahwa sesungguhnya Allah ﷻ bersama makhluk-Nya, sedangkan Allah ﷻ berada di atas Arsy-Nya. Dia mengetahui keadaan-keadaan mereka, dan mendengar ucapan-ucapan mereka, melihat perbuatan-perbuatan mereka, mengatur urusan-urusan mereka. Dan Allah ﷻ tidak serupa dengan makhluk-Nya. Allah ﷻ berfirman;

$$ لَيْسَ كَمِثْلِهِ شَيْءٌ وَّهُوَ السَّمِيعُ الْبَصِيرُ. $$

"Tidak ada sesuatu pun yang serupa dengan-Nya, dan Dialah yang Maha Mendengar dan Maha Melihat."[169]

---

[167] QS. Thaha : 5.
[168] QS. Yunus : 3.
[169] QS. Asy-Syura : 11.

'Arsy Allah ﷻ berada di atas langit yang tujuh lapis. Allah ﷻ berfirman;

أَأَمِنتُم مَّن فِي السَّمَاءِ أَن يَخْسِفَ بِكُمُ الْأَرْضَ فَإِذَا هِيَ تَمُورُ.

"Apakah kalian merasa aman terhadap Allah ﷻ yang berada di langit bahwa Dia akan menjungkir balikkan bumi bersama kalian, sehingga dengan tiba-tiba bumi itu bergoncang?"[170]

Pada Hari Kiamat 'Arsy Allah ﷻ akan dipikul oleh delapan Malaikat. Sebagaimana firman Allah ﷻ;

وَالْمَلَكُ عَلَى أَرْجَائِهَا وَيَحْمِلُ عَرْشَ رَبِّكَ فَوْقَهُمْ يَوْمَئِذٍ ثَمَانِيَةٌ.

"Dan para Malaikat berada di penjuru-penjuru langit. Dan pemikul 'Arsy Rabb kalian di atas (kepala) mereka, adalah delapan Malaikat."[171]

Jarak antara cuping telinga dengan pundak Malaikat pemikul 'Arsy adalah perjalanan tujuh ratus tahun. Sebagaimana diriwayatkan dari Jabir bin 'Abdillah ﷺ, dari Nabi ﷺ, beliau bersabda;

أُذِنَ لِي أَنْ أُحَدِّثَ عَنْ مَلَكٍ مِنْ مَلَائِكَةِ اللَّهِ مِنْ حَمَلَةِ الْعَرْشِ، إِنَّ مَا بَيْنَ شَحْمَةِ أُذُنِهِ إِلَى عَاتِقِهِ مَسِيرَةُ سَبْعَمِائَةِ عَامٍ.

"Aku diizinkan untuk memberitahukan tentang Malaikat dari Malaikat Allah ﷻ yang memikul 'Arsy, bahwa sesungguhnya jarak antara cuping telinganya hingga pundaknya sejauh perjalanan tujuh ratus tahun."[172]

---

[170] QS. Al-Mulk : 16.
[171] QS. Al-Haqqah : 17.
[172] HR. Abu Dawud : 4727. Hadits ini dishahihkan oleh Syaikh Al-Albani ﵀ dalam *Shahihul Jami'* : 854.

Di hadapan 'Arsy terdapat kursi yang luasnya seluas langit dan bumi. Sebagaiamana firman Allah ﷻ;

$$وَسِعَ كُرْسِيُّهُ السَّمَاوَاتِ وَالْأَرْضَ$$

"Kursi Allah ﷻ seluas langit dan bumi."[173]

Kursi tersebut merupakan tempat kedua telapak kaki Allah ﷻ. Sebagaimana dikatakan oleh Ibnu 'Abbas ﵁;

$$اَلْكُرْسِيْ مَوْضِعُ الْقَدَمَيْنِ وَالْعَرْشُ لَا يَقْدِرُ أَحَدٌ قَدْرَهُ.$$

"Kursi adalah tempat kedua telapak kali (Allah ﷻ). Dan 'Arsy (Allah ﷻ) tidak ada seorang pun yang mengetahui besarnya."[174]

Kursi berbeda dengan 'Arsy. Berkata *Al-Hafizh* Ibnu Katsir ﵀;

$$وَالصَّحِيْحُ أَنَّ الْكُرْسِيَّ غَيْرَ الْعَرْشِ، وَالْعَرْشُ أَكْبَرُ مِنْهُ، كَمَا دَلَّتْ عَلَى ذَلِكَ الْآثَارِ وَالْأَخْبَارِ$$

"Yang benar bahwa kursi berbeda dengan 'Arsy. Dan 'Arsy lebih besar daripada (Kursi). Sebagaimana yang ditunjukkan oleh beberapa atsar dan hadits."[175]

---

[173] QS. Al-Baqarah : 255.
[174] *Mukhtashar Al-'Uluw*, Adz-Dzahabi.
[175] *Tafsirul Qur'anil Azhim*, 1/310.

Perbandingan antara Kursi dengan 'Arsy adalah seperti gelang yang dilempar di tengah-tengah padang pasir. Diriwayatkan dari Abu Dzar Al-Ghifari ﷺ, Rasulullah ﷺ bersabda;

$$\text{مَا السَّمَاوَاتُ السَّبْعُ فِي الْكُرْسِيِّ إِلَّا كَحَلْقَةٍ بِأَرْضٍ فَلَاةٍ وَفَضْلُ}$$

$$\text{الْعَرْشِ عَلَى الْكُرْسِيِّ كَفَضْلِ تِلْكَ الْفَلَاةِ عَلَى تِلْكَ الْحَلْقَةِ.}$$

"Langit yang tujuh lapis dibandingkan dengan Kursi kecuali seperti gelang yang berada di tengah-tengah sahara (padang pasir). Dan keutamaan (luasnya) 'Arsy dibandingkan dengan Kursi seperti keutamaan (luasnya) sahara tersebut atas gelang."[176]

Hadits di atas menjelaskan bahwa Kursi merupakan makhluk terbesar setelah 'Arsy. Ia berupa jasad yang berdiri sendiri, bukan hanya sebagai sesuatu yang bersifat maknawi. Hadits ini juga sebagai bantahan terhadap orang yang menakwilkannya dengan kerajaan dan kekuasaan yang luas. Mengenai riwayat dari Ibnu 'Abbas ﷺ yang menyatakan bahwa maksud kursi adalah ilmu, maka riwayat ini adalah riwayat yang sanadnya tidak shahih sampai kepadanya.[177]

*****

---

[176] HR. Ibnu Abi Syaibah. Hadits ini dishahihkan oleh Syaikh Al-Albani ﷺ dalam *As-Silsilah Ash-Shahihah* Juz 1 : 109.
[177] *As-Silsilah Ash-Shahihah*, 16.

IMAN KEPADA PARA MALAIKAT

Iman kepada para Malaikat artinya meyakini bahwa Allah ﷻ mempunyai Malaikat yang diciptakan dari cahaya, mereka tidak bermaksiat kepada Allah ﷻ terhadap apa yang diperintahkan kepada mereka. Iman kepada Malaikat mencakup empat unsur, antara lain :

1. Beriman terhadap keberadaan mereka

Mengimani bahwa Malaikat memiliki bentuk, bukan hanya berupa kekuatan yang baik yang berada pada setiap makhluk. Allah ﷻ berfirman;

اَلْحَمْدُ لِلَّهِ فَاطِرِ السَّمَاوَاتِ وَالْأَرْضِ جَاعِلِ الْمَلَائِكَةِ رُسُلًا أُولِي أَجْنِحَةٍ مَثْنَى وَثُلَاثَ وَرُبَاعَ يَزِيدُ فِي الْخَلْقِ مَا يَشَاءُ إِنَّ اللهَ عَلَى كُلِّ شَيْءٍ قَدِيرٌ.

"Segala puji bagi Allah ﷻ Pencipta langit dan bumi. Yang menjadikan Malaikat sebagai utusan-utusan (untuk mengurus berbagai macam urusan) yang mempunyai sayap, masing-masing (ada yang); dua, tiga, dan empat. Allah ﷻ menambahkan pada ciptaan-Nya apa yang dikehendaki-Nya. Sesungguhnya Allah ﷻ Maha Kuasa atas segala sesuatu."[178]

2. Beriman terhadap nama-nama Malaikat yang diketahui, adapun yang tidak diketahui namanya maka beriman secara global

Di antara Malaikat yang diketahui namanya adalah :

a. Jibril ﷺ
b. Mikail ﷺ
c. Malakul Maut ﷺ
d. Munkar ﷺ
e. Nakir ﷺ
f. Israfil ﷺ
g. Malik ﷺ

---

[178] QS. Fathir : 1.

3. Beriman tentang sifat-sifat mereka
Di antara sifat Malaikat adalah :

a. Malaikat memiliki sayap
Sebagaimana firman Allah ﷻ;

$$\text{اَلْحَمْدُ لِلَّهِ فَاطِرِ السَّمَاوَاتِ وَالْأَرْضِ جَاعِلِ الْمَلَائِكَةِ رُسُلًا أُولِي}$$

$$\text{أَجْنِحَةٍ مَّثْنَى وَثُلَاثَ وَرُبَاعَ}$$

"Segala puji bagi Allah ﷻ Pencipta langit dan bumi. Yang menjadikan Malaikat sebagai utusan-utusan (untuk mengurus berbagai macam urusan) yang mempunyai sayap, masing-masing (ada yang); dua, tiga, dan empat."[179]

b. Jibril ﷺ dalam bentuk aslinya memiliki enam ratus sayap
Diriwayatkan dari 'Abdullah (bin Mas'ud) ﷺ;

$$\text{أَنَّ مُحَمَّدًا صَلَّى اللَّهُ عَلَيْهِ وَسَلَّمَ رَأَى جِبْرِيلَ لَهُ سِتُّمِائَةِ جَنَاحٍ.}$$

"Bahwa Muhammad ﷺ melihat Jibril ﷺ (dalam bentuk aslinya), ia memiliki enam ratus sayap."[180]

c. Jarak antara cuping telinga dengan pundak Malaikat pemikul 'Arsy adalah perjalanan tujuh ratus tahun
Sebagaimana diriwayatkan dari Jabir bin 'Abdillah ﷺ, dari Nabi ﷺ, beliau bersabda;

$$\text{أُذِنَ لِي أَنْ أُحَدِّثَ عَنْ مَلَكٍ مِنْ مَلَائِكَةِ اللَّهِ مِنْ حَمَلَةِ الْعَرْشِ، إِنَّ مَا}$$

$$\text{بَيْنَ شَحْمَةِ أُذُنِهِ إِلَى عَاتِقِهِ مَسِيرَةُ سَبْعَمِائَةِ عَامٍ.}$$

"Aku diizinkan untuk memberitahukan tentang Malaikat dari Malaikat Allah ﷻ yang memikul 'Arsy, bahwa sesungguhnya jarak antara cuping telinganya hingga pundaknya sejauh perjalanan tujuh ratus tahun."[181]

---

[179] QS. Fathir : 1.
[180] HR. Bukhari Juz 4 : 4576.

d. Malaikat Munkar dan Nakir عَلَيْهِمَا السَّلَام sifatnya adalah hitam kebiruan

Diriwayatkan dari Abu Hurairah رضي الله عنه ia berkata, Rasulullah صلى الله عليه وسلم bersabda;

إِذَا قُبِرَ الْمَيِّتُ أَوْ قَالَ أَحَدُكُمْ أَتَاهُ مَلَكَانِ أَسْوَدَانِ أَزْرَقَانِ يُقَالُ لِأَحَدِهِمَا الْمُنْكَرُ وَالْآخَرُ النَّكِيرُ

"Apabila seorang mayit dikuburkan, maka akan datang kepadanya dua Malaikat hitam kebiruan. Salah satunya disebut Munkar dan yang lainnya disebut Nakir."[182]

e. Malaikat dapat berubah menyerupai seorang laki-laki

Sebagaimana kisah para Malaikat yang mendatangi Nabi Ibrahim عَلَيْهِ السَّلَام. Allah سبحانه وتعالى berfirman;

هَلْ أَتَاكَ حَدِيثُ ضَيْفِ إِبْرَاهِيمَ الْمُكْرَمِينَ. إِذْ دَخَلُوا عَلَيْهِ فَقَالُوا سَلَامًا قَالَ سَلَامٌ قَوْمٌ مُنْكَرُونَ.

"Sudahkah sampai kepadamu (wahai Muhammad صلى الله عليه وسلم) kisah tentang tamu Ibrahim عَلَيْهِ السَّلَام (yaitu para Malaikat) yang dimuliakan? (Ingatlah) ketika mereka masuk ke tempatnya lalu mengucapkan, "Keselamatan (bagimu)." Ibrahim عَلَيْهِ السَّلَام menjawab, "Keselamatan (juga bagi kalian, wahai) orang-orang yang tidak dikenal."[183]

---

[181] HR. Abu Dawud : 4727. Hadits ini dishahihkan oleh Syaikh Al-Albani رحمه الله dalam *Shahihul Jami'* : 854.

[182] HR. Tirmidzi Juz 3 : 1071. Hadits ini dishahihkan oleh Syaikh Al-Albani رحمه الله dalam *As-Silsilah Ash-Shahihah* Juz 3 : 1391.

[183] QS. Adz-Dzariyat : 24 - 25.

Demikian pula kisah Malaikat Jibril ﷺ yang mendatangi Rasulullah ﷺ dalam bentuk seorang laki-laki yang sangat putih pakaiannya dan sangat hitam rambutnya. Sebagaimana Diriwayatkan dari 'Umar bin Khaththab ﷺ, ia berkata;

نَحْنُ جُلُوْسٌ عِنْدَ رَسُوْلِ اللهِ صَلَّى اللهُ عَلَيْهِ وَسَلَّمَ ذَاتَ يَوْمٍ إِذْ طَلَعَ عَلَيْنَا رَجُلٌ شَدِيدُ بَيَاضِ الثِّيَابِ شَدِيدُ سَوَادِ الشَّعْرِ، لَا يُرَى عَلَيْهِ أَثَرُ السَّفَرِ، وَلَا يَعْرِفُهُ مِنَّا أَحَدٌ ... قَالَ : يَا عُمَرَ أَتَدْرِيْ مَنِ السَّائِلِ؟ قُلْتُ : اَللهُ وَرَسُوْلُهُ أَعْلَمُ. قَالَ فَإِنَّهُ جِبْرِيْلُ أَتَاكُمْ يُعَلِّمُكُمْ دِيْنَكُمْ.

"Pada suatu hari ketika kami duduk-duduk bersama Rasulullah ﷺ, tiba-tiba tampak di hadapan kami seorang laki-laki yang berpakaian sangat putih, berambut sangat hitam, tidak terlihat padanya tanda-tanda (telah melakukan) perjalanan jauh, dan tidak seorang pun di antara kami yang mengenalnya. ... Rasulullah ﷺ bersabda, *"Wahai Umar, tahukah engkau siapa yang bertanya itu?"* Aku menjawab, "Allah dan Rasul-Nya yang lebih mengetahui." Rasulullah ﷺ bersabda, *"Ia adalah Jibril datang kepada kalian untuk mengajarkan kepada kalian tentang agama kalian."*[184]

4. Beriman terhadap tugas-tugas mereka
Di antara Malaikat yang diketahui tugasnya adalah:

a. Jibril ﷺ betugas untuk menyampaikan wahyu Allah ﷺ kepada para Nabi dan Rasul
Allah ﷺ berfirman;

وَإِنَّهُ لَتَنْزِيْلُ رَبِّ الْعَالَمِيْنَ. نَزَلَ بِهِ الرُّوْحُ الْأَمِيْنُ. عَلَى قَلْبِكَ لِتَكُوْنَ مِنَ الْمُنْذِرِيْنَ.

"*Dan sesungguhnya Al-Qur'an benar-benar diturunkan oleh Rabb semesta alam. Ia dibawa turun oleh Ar-Ruh Al-Amin (Jibril ﷺ), ke dalam hatimu (wahai Muhammad ﷺ), agar engkau menjadi salah seorang di antara orang-orang yang memberi peringatan.*"[185]

---

[184] HR. Muslim Juz 1 : 8.
[185] QS. Asy-Syu'ara : 192 - 194.

b. Malakul Maut عَلَيْهِ السَّلَام bertugas mencabut nyawa
Allah عَزَّوَجَلَّ berfirman;

$$قُلْ يَتَوَفَّاكُمْ مَلَكُ الْمَوْتِ الَّذِيْ وُكِّلَ بِكُمْ ثُمَّ إِلَى رَبِّكُمْ تُرْجَعُوْنَ.$$

*"Katakanlah, "Malakul maut yang ditugaskan untuk (mencabut nyawa)
kalian akan mematikan kalian. Kemudian hanya kepada Rabb kalian, kalian
akan dikembalikan."*[186]

c. Munkar dan Nakir عَلَيْهِمَا السَّلَام bertugas menanyai mayit di alam kubur
Diriwayatkan dari Abu Hurairah رَضِيَ اللهُ عَنْهُ ia berkata, Rasulullah ﷺ bersabda;

$$إِذَا قُبِرَ الْمَيِّتُ أَوْ قَالَ أَحَدُكُمْ أَتَاهُ مَلَكَانِ أَسْوَدَانِ أَزْرَقَانِ يُقَالُ$$
$$لِأَحَدِهِمَا الْمُنْكَرُ وَالْآخَرِ النَّكِيرُ فَيَقُوْلَانِ مَا كُنْتَ تَقُوْلُ فِيْ هَذَا$$
$$الرَّجُلِ فَيَقُوْلُ مَا كَانَ يَقُوْلُ هُوَ عَبْدُ اللهِ وَرَسُوْلُهُ أَشْهَدُ أَنْ لَا إِلَهَ إِلَّا$$
$$اللهُ وَأَنَّ مُحَمَّدًا عَبْدُهُ وَرَسُوْلُهُ فَيَقُوْلَانِ قَدْ كُنَّا نَعْلَمُ أَنَّكَ تَقُوْلُ هَذَا ثُمَّ$$
$$يُفْسَحُ لَهُ فِيْ قَبْرِهِ سَبْعُوْنَ ذِرَاعًا فِيْ سَبْعِيْنَ ثُمَّ يُنَوَّرُ لَهُ فِيْهِ ثُمَّ يُقَالُ لَهُ$$
$$نَمْ فَيَقُوْلُ أَرْجِعُ إِلَى أَهْلِيْ فَأُخْبِرُهُمْ فَيَقُوْلَانِ نَمْ كَنَوْمَةِ الْعَرُوْسِ$$

*"Apabila seorang mayit dikuburkan, maka akan datang kepadanya dua
malaikat hitam kebiruan. Salah satunya disebut Munkar dan yang lainnya
disebut Nakir. Kedua Malaikat tersebut bertanya, "Apa yang akan engkau
katakan (tentang) laki-laki ini?" Mayit tersebut menjawab, "Ia adalah
hamba Allah عَزَّوَجَلَّ dan utusan-Nya. Aku bersaksi bahwa tidak ada sesembahan
(yang berhak untuk disembah) selain Allah عَزَّوَجَلَّ dan Muhammad adalah
hamba dan utusan-Nya." Kedua Malaikat tersebut berkata, "Sungguh kami
telah mengetahui bahwa engkau akan menjawab demikian." Kemudian
diluaskan kuburnya tujuh puluh kali tujuh puluh hasta, lalu diterangi
kuburnya. Kemudian dikatakan kepadanya, "Tidurlah." Mayit tersebut
berkata, "Kembalikanlah aku kepada keluargaku, aku akan
memberitahukan (kejadian ini kepada) mereka." Kedua Malaikat tersebut
berkata, "Tidurlah, seperti tidurnya pengantin baru."*[187]

---

[186] QS. As-Sajdah : 11.
[187] HR. Tirmidzi Juz 3 : 1071. Hadits ini dishahihkan oleh Syaikh Al-Albani رَحِمَهُ اللهُ dalam *As-Silsilah Ash-Shahihah* Juz 3 : 1391.

d. Israfil ﷺ bertugas meniup Sangkakala

Israfil ﷺ adalah salah satu Malaikat yang mulia yang memikul 'Arsy.[188] Ia bertugas untuk meniup Sangkakala. Sangkakala adalah tanduk yang besar yang dikulum oleh Israfil ﷺ, ia menantikan perintah dari Allah ﷻ untuk meniupnya. Ia akan melakukan dua kali tiupan. Tiupan pertama adalah tiupan yang mengejutkan sehingga para makhluk akan mati, kecuali yang dikehendaki oleh Allah ﷻ. Allah ﷻ berfirman;

$$ وَنُفِخَ فِي الصُّورِ فَصَعِقَ مَنْ فِي السَّمَاوَاتِ وَمَنْ فِي الْأَرْضِ إِلَّا مَنْ شَآءَ اللَّهُ $$

"Dan ditiuplah sangkakala, maka matilah yang di langit dan di bumi kecuali yang dikehendaki oleh Allah ﷻ."[189]

Tiupan kedua adalah tiupan kebangkitan, maka seluruh manusia akan dibangkitkan dari kuburnya. Sebagaimana firman Allah ﷻ;

$$ وَنُفِخَ فِي الصُّورِ فَإِذَا هُم مِّنَ الْأَجْدَاثِ إِلَى رَبِّهِمْ يَنسِلُونَ. $$

"Dan ditiuplah sangkakala (yang kedua), maka tiba-tiba mereka keluar dengan segera dari kuburnya (menuju) kepada Rabb mereka."[190]

e. Malik ﷺ bertugas sebagai pemimpin penjaga Neraka

Allah ﷻ berfirman;

$$ وَنَادَوْا يَا مَالِكُ لِيَقْضِ عَلَيْنَا رَبُّكَ قَالَ إِنَّكُم مَّاكِثُونَ. $$

"(Penduduk Neraka) berseru, "Wahai Malik, biarlah Rabb-mu membunuh kami saja." Malik ﷺ menjawab, "Kalian akan tetap tinggal (di Neraka ini)."[191]

---

[188] *Syarhu Lum'atil I'tiqad*, Al-'Utsaimin.
[189] QS. Az-Zumar : 68.
[190] QS. Yasin : 51.
[191] QS. Zukhruf : 77.

f. Malaikat yang bertugas sebagai penjaga Neraka
   Allah ﷻ berfirman;

وَمَا أَدْرَاكَ مَا سَقَرُ. لَا تُبْقِي وَلَا تَذَرُ. لَوَّاحَةٌ لِّلْبَشَرِ. عَلَيْهَا تِسْعَةَ عَشَرَ. وَمَا جَعَلْنَا أَصْحَابَ النَّارِ إِلَّا مَلَائِكَةً

"Tahukah engkau apakah (Neraka) Saqar itu? (Saqar itu) tidak meninggalkan dan tidak membiarkan. (Neraka Saqar) adalah pembakar kulit manusia. Dan di atasnya ada sembilan belas (Malaikat penjaga). Dan Kami tidak menjadikan penjaga Neraka itu, melainkan dari para Malaikat."[192]

g. Malaikat yang bertugas menjaga Surga
   Allah ﷻ berfirman;

وَسِيقَ الَّذِينَ اتَّقَوْا رَبَّهُمْ إِلَى الْجَنَّةِ زُمَرًا حَتَّى إِذَا جَآءُوْهَا وَفُتِحَتْ أَبْوَابُهَا وَقَالَ لَهُمْ خَزَنَتُهَا سَلَامٌ عَلَيْكُمْ طِبْتُمْ فَادْخُلُوْهَا خَالِدِينَ.

"Dan orang-orang yang bertaqwa kepada Rabb mereka akan dibawa ke dalam Surga berombong-rombongan. Sehingga apabila mereka sampai ke Surga dan pintu-pintunya telah terbuka, maka berkatalah para penjaga Surga kepada mereka, "Kesejahteraan (dilimpahkan) bagi kalian, berbahagialah kalian, masukilah Surga ini, kalian kekal di dalamnya."[193]

---

[192] QS. Al-Muddatstsir : 27 - 31.
[193] QS. Az-Zumar : 73.

h. Malaikat yang bertugas mengatur janin di dalam rahim
    Diriwayatkan dari 'Abdullah bin Mas'ud ﷺ, ia berkata, Rasulullah ﷺ
bersabda;

إِنَّ أَحَدَكُمْ يُجْمَعُ خَلْقُهُ فِي بَطْنِ أُمِّهِ أَرْبَعِينَ يَوْمًا نُطْفَةً، ثُمَّ يَكُونُ
عَلَقَةً مِثْلَ ذَلِكَ، ثُمَّ يَكُونُ مُضْغَةً مِثْلَ ذَلِكَ، ثُمَّ يُرْسَلُ إِلَيْهِ الْمَلَكُ
فَيَنْفُخُ فِيهِ الرُّوحَ، وَيُؤْمَرُ بِأَرْبَعِ كَلِمَاتٍ : بِكَتْبِ رِزْقِهِ وَأَجَلِهِ وَعَمَلِهِ
وَشَقِيٌّ أَوْ سَعِيدٌ.

*"Sesungguhnya tiap-tiap kalian dikumpulkan penciptaannya dalam rahim
ibunya selama empat puluh hari berupa nutfah, kemudian menjadi
segumpal darah selama itu juga, lalu menjadi segumpal daging selama itu
juga, kemudian diutuslah Malaikat untuk meniupkan ruh kepadanya, lalu
diperintahkan untuk menuliskan empat kalimat; rizkinya, ajalnya, amalnya,
dan celaka atau bahagianya."*[194]

i. Malaikat yang bertugas mendampingi manusia
    Allah ﷺ berfirman;

لَهُ مُعَقِّبَاتٌ مِّنْ بَيْنِ يَدَيْهِ وَمِنْ خَلْفِهِ يَحْفَظُونَهُ مِنْ أَمْرِ اللَّهِ

*"Bagi manusia ada para Malaikat yang selalu mengikutinya secara
bergiliran di muka dan di belakangnya, mereka menjaganya atas perintah
Allah ﷺ."*[195]

[194] HR. Bukhari Juz 3 : 3154 dan Muslim Juz 4 : 2643, lafazh ini milik keduanya.
[195] QS. Ar-Ra'd : 11.

j. Malaikat yang bertugas mencatat amalan manusia
   Allah ﷻ berfirman;

$$إِذْ يَتَلَقَّى الْمُتَلَقِّيَانِ عَنِ الْيَمِينِ وَعَنِ الشِّمَالِ قَعِيدٌ. مَا يَلْفِظُ مِنْ قَوْلٍ إِلَّا لَدَيْهِ رَقِيبٌ عَتِيدٌ.$$

"(Yaitu) ketika dua orang (Malaikat mencatat amal perbuatannya) duduk di sebelah kanan dan di sebelah kiri. Tiada suatu ucapan pun yang diucapkannya, melainkan ada di dekatnya malaikat pengawas yang selalu hadir."[196]

k. Malaikat yang bertugas untuk mencatat orang-orang yang menghadiri Shalat Jum'at
   Diriwayatkan dari Abu Hurairah ﷺ ia berkata, Nabi ﷺ bersabda;

$$إِذَا كَانَ يَوْمُ الْجُمُعَةِ كَانَ عَلَى كُلِّ بَابٍ مِنْ أَبْوَابِ الْمَسْجِدِ الْمَلَائِكَةُ يَكْتُبُونَ الْأَوَّلَ فَالْأَوَّلَ فَإِذَا جَلَسَ الْإِمَامُ طُوُوا الصُّحُفَ وَجَاءُوْا يَسْتَمِعُونَ الذِّكْرَ.$$

"Ketika hari Jum'at Malaikat berada di setiap pintu masjid mencatat orang-orang yang hadir paling awal, lalu yang datang kemudian. Jika imam telah duduk (di atas mimbar) ditutuplah buku catatan tersebut. Lalu mereka masuk mendengarkan khutbah."[197]

*****

---

[196] QS. Qaf : 17 - 18.
[197] HR. Bukhari Juz 3 : 3039, lafazh ini miliknya dan Muslim Juz 2 : 850.

IMAN KEPADA KITAB-KITAB

Iman kepada kitab-kitab artinya meyakini bahwa Allah ﷻ memiliki kitab-kitab yang diturunkan kepada para Rasul untuk disampaikan kepada umatnya. Kitab-kitab tersebut adalah *Kalamullah*, yang Allah ﷻ berbicara dengan itu menurut hakikatnya sebagaimana yang Dia kehendaki dan dengan cara yang Dia kehendaki pula. Iman kepada kitab-kitab mencakup empat unsur, antara lain :

1. Beriman bahwa kitab-kitab tersebut benar-benar datang dari sisi Allah ﷻ

Allah ﷻ berfirman;

قُولُوا آمَنَّا بِاللَّهِ وَمَا أُنْزِلَ إِلَيْنَا وَمَا أُنْزِلَ إِلَى إِبْرَاهِيمَ وَإِسْمَاعِيلَ وَإِسْحَاقَ وَيَعْقُوبَ وَالْأَسْبَاطِ وَمَا أُوتِيَ مُوسَى وَعِيسَى وَمَا أُوتِيَ النَّبِيُّونَ مِنْ رَبِّهِمْ لَا نُفَرِّقُ بَيْنَ أَحَدٍ مِنْهُمْ وَنَحْنُ لَهُ مُسْلِمُونَ.

"Katakanlah (wahai orang-orang yang beriman), "Kami beriman kepada Allah ﷻ dan apa yang diturunkan kepada kami, dan apa yang diturunkan kepada; Ibrahim, Isma'il, Ishaq, Ya'qub dan anak cucunya, dan apa yang diberikan kepada Musa dan Isa serta apa yang diberikan kepada Nabi-nabi dari Rabb-nya. Kami tidak membeda-bedakan seorang pun di antara mereka dan kami hanya tunduk patuh kepada-Nya."[198]

2. Beriman terhadap nama-nama kitab yang diketahui, adapun yang tidak diketahui namanya maka beriman secara global

Di antara kitab yang diketahui namanya adalah :

a. Zabur yang diturunkan kepada Nabi Dawud ﷺ
   Sebagaimana firman Allah ﷻ;

وَآتَيْنَا دَاوُودَ زَبُورًا.

"Dan Kami berikan Zabur kepada Dawud."[199]

---

[198] QS. Al-Baqarah : 136.
[199] QS. An-Nisa' : 163.

b. Taurat yang diberikan kepada Nabi Musa ﷺ

Allah ﷻ berfirman;

$$\text{إِنَّا أَنْزَلْنَا التَّوْرَاةَ فِيهَا هُدًى وَّنُوْرٌ يَحْكُمُ بِهَا النَّبِيُّوْنَ الَّذِيْنَ أَسْلَمُوْا}$$

$$\text{لِلَّذِيْنَ هَادُوْا وَالرَّبَّانِيُّوْنَ وَالْأَحْبَارُ بِمَا اسْتُحْفِظُوْا مِنْ كِتَابِ اللهِ وَكَانُوْا}$$

$$\text{عَلَيْهِ شُهَدَآءَ}$$

"Sesungguhnya Kami telah menurunkan Kitab Taurat di dalamnya (ada) petunjuk dan cahaya (yang menerangi). Yang dengan Kitab tersebut diputuskan perkara (orang-orang yahudi) oleh Nabi-nabi yang menyerah diri (kepada Allah ﷻ), oleh orang-orang alim mereka dan para pendeta mereka, karena mereka diperintahkan memelihara kitab-kitab Allah ﷻ dan mereka menjadi saksi terhadapnya."[200]

c. Shuhuf (lembaran-lembaran) Nabi Ibrahim ﷺ dan Nabi Musa ﷺ

Sebagaimana firman Allah ﷻ;

$$\text{إِنَّ هَذَا لَفِي الصُّحُفِ الْأُوْلَى. صُحُفِ إِبْرَاهِيْمَ وَمُوْسَى.}$$

"Sesungguhnya ini benar-benar terdapat dalam kitab-kitab yang dahulu. (Yaitu) Shuhuf Ibrahim dan Musa ﷺ."[201]

---

[200] QS. Al-Ma'idah : 44.
[201] QS. Al-A'la : 18 - 19.

d. Injil yang diturunkan kepada Nabi Isa ﷺ
   Allah ﷻ berfirman;

$$\text{وَقَفَّيْنَا عَلَى آثَارِهِمْ بِعِيسَى ابْنِ مَرْيَمَ مُصَدِّقًا لِمَا بَيْنَ يَدَيْهِ مِنَ التَّوْرَاةِ}$$

$$\text{وَآتَيْنَاهُ الْإِنْجِيلَ فِيهِ هُدًى وَنُورٌ وَمُصَدِّقًا لِمَا بَيْنَ يَدَيْهِ مِنَ التَّوْرَاةِ}$$

$$\text{وَهُدًى وَمَوْعِظَةً لِّلْمُتَّقِينَ.}$$

"Dan Kami iringkan jejak mereka (para Nabi Bani Israil) dengan Isa putera Maryam, yang membenarkan (kitab) yang sebelumnya, yaitu kitab Taurat. Dan Kami telah memberikan kepadanya Kitab Injil yang di dalamnya terdapat petunjuk dan dan cahaya (yang menerangi), dan membenarkan (kitab) yang sebelumnya, yaitu Kitab Taurat. Dan menjadi petunjuk serta pengajaran bagi orang-orang yang bertaqwa."[202]

e. Al-Qur'an yang diturunkan kepada Nabi Muhammad ﷺ
   Sebagaimana firman Allah ﷻ;

$$\text{وَنَزَّلْنَا عَلَيْكَ الْكِتَابَ تِبْيَانًا لِّكُلِّ شَيْءٍ وَهُدًى وَرَحْمَةً وَبُشْرَى}$$

$$\text{لِلْمُسْلِمِينَ.}$$

"Dan Kami turunkan kepadamu Al-Kitab (Al-Qur'an) untuk menjelaskan segala sesuatu (sebagai) petunjuk, rahmat, serta (sebagai) kabar gembira bagi orang-orang yang berserah diri."[203]

---

[202] QS. Al-Ma'idah : 46.
[203] QS. An-Nahl : 89.

Dan juga firman Allah ﷻ;

$$شَهْرُ رَمَضَانَ الَّذِي أُنْزِلَ فِيهِ الْقُرْآنُ هُدًى لِّلنَّاسِ وَبَيِّنَاتٍ مِّنَ الْهُدَى وَالْفُرْقَانِ$$

"Bulan Ramadhan adalah bulan yang di dalamnya diturunkan (permulaan) Al-Qur'an sebagai petunjuk bagi manusia dan penjelasan-penjelasan mengenai petunjuk tersebut serta (menjadi) pembeda (antara yang haq dan yang batil)."[204]

Di antara kitab-kitab yang diturunkan oleh Allah ﷻ tersebut, yang paling agung adalah Al-Qur'an karena tidak ada kitab yang serupa dengannya. Allah ﷻ berfirman;

$$قُل لَّئِنِ اجْتَمَعَتِ الْإِنْسُ وَالْجِنُّ عَلَى أَن يَأْتُوا بِمِثْلِ هَذَا الْقُرْآنِ لَا يَأْتُونَ بِمِثْلِهِ وَلَوْ كَانَ بَعْضُهُمْ لِبَعْضٍ ظَهِيرًا.$$

"Katakanlah, "Sesungguhnya jika manusia dan jin berkumpul untuk membuat yang serupa Al-Qur'an ini, niscaya mereka tidak akan dapat membuat yang serupa dengannya, sekalipun sebagian mereka menjadi membantu dengan sebagian yang lainnya."[205]

Dan Allah ﷻ akan senantiasa menjaga keaslian Al-Qur'an. Allah ﷻ berfirman;

$$إِنَّا نَحْنُ نَزَّلْنَا الذِّكْرَ وَإِنَّا لَهُ لَحَافِظُونَ.$$

"Sesungguhnya Kami-lah yang menurunkan Al-Qur'an, dan sesungguhnya Kami benar-benar akan menjaganya."[206]

---

[204] QS. Al-Baqarah : 185.
[205] QS. Al-Isra' : 88.
[206] QS. Al-Hijr : 9.

3. Membenarkan semua yang dikabarkan dalam kitab tersebut (yang belum dirubah)

Jika suatu kabar yang terdapat dalam kitab-kitab lainnya yang dibenarkan oleh Al-Qur'an dan kabar tersebut tidak di*nasakh* (dihapus), maka kita harus membenarkan kabar tersebut.

4. Mengamalkan hukum-hukum yang belum dihapus dengan ridha

Seluruh kitab terdahulu ajarannya telah dihapus oleh Al-Qur'an. Sebagaimana firman Allah ﷻ;

وَأَنْزَلْنَا إِلَيْكَ الْكِتَابَ بِالْحَقِّ مُصَدِّقًا لِّمَا بَيْنَ يَدَيْهِ مِنَ الْكِتَابِ وَمُهَيْمِنًا عَلَيْهِ

"Dan Kami telah turunkan kepadamu Al-Qur'an dengan membawa kebenaran, membenarkan apa yang sebelumnya, yaitu kitab-kitab (yang diturunkan sebelumnya) dan batu ujian terhadap kitab-kitab yang lain tersebut."[207]

Batu ujian artinya sebagai penentu hukum atas kitab-kitab sebelumnya. Oleh karena itu kita tidak diperbolehkan untuk mengamalkan hukum dan ajaran yang terdapat dalam kitab-kirab terdahulu, kecuali yang telah disahkan dan dibenarkan oleh Al-Qur'an.[208]

*****

---

[207] QS. Al-Ma'idah : 48.
[208] *Syarhu Tsalatsatil Ushul*, 64.

AL-QUR'AN ADALAH *KALAMULLAH*

Ahlus Sunnah meyakini bahwa sesungguhnya Al-Qur'an adalah *Kalamullah* ﷻ (firman Allah ﷻ). Allah ﷻ berfirman;

وَإِنْ أَحَدٌ مِّنَ الْمُشْرِكِينَ اسْتَجَارَكَ فَأَجِرْهُ حَتَّى يَسْمَعَ كَلَامَ اللَّهِ ثُمَّ أَبْلِغْهُ مَأْمَنَهُ ذَلِكَ بِأَنَّهُمْ قَوْمٌ لَّا يَعْلَمُونَ.

"Dan jika seorang di antara orang-orang musyrikin itu meminta perlindungan kepadamu, maka lindungilah ia supaya ia sempat mendengar Kalamullah (firman Allah ﷻ), kemudian antarkanlah ia ke tempat yang aman baginya. Demikian itu disebabkan mereka kaum yang tidak mengetahui."[209]

Al-Qur'an diturunkan dari *Baitul 'Izzah* ke langit dunia pada bulan Ramadhan. Lalu diturunkan oleh Malaikat Jibril ﷺ ke dalam hati Rasulullah ﷺ secara berangsur-angsur selama dua puluh (tiga) tahun. Allah ﷻ berfirman;

وَإِنَّهُ لَتَنْزِيلُ رَبِّ الْعَالَمِينَ. نَزَلَ بِهِ الرُّوحُ الْأَمِينُ. عَلَى قَلْبِكَ لِتَكُونَ مِنَ الْمُنْذِرِينَ.

"Dan sesungguhnya (Al-Quran ini) benar-benar diturunkan oleh Rabb semesta alam. Dia (dibawa) turun oleh Ar-Ruh Al-Amin (Jibril ﷺ). Ke dalam hatimu (Muhammad ﷺ) agar engkau (menjadi orang yang) termasuk di antara orang-orang yang memberi peringatan."[210]

---

[209] QS. At-Taubah : 6.
[210] QS. Asy-Syu'ara' : 192 - 194.

Dan juga firman Allah ﷻ;

$$شَهْرُ رَمَضَانَ الَّذِي أُنْزِلَ فِيهِ الْقُرْآنُ هُدًى لِلنَّاسِ وَبَيِّنَاتٍ مِّنَ الْهُدَى وَالْفُرْقَانِ$$

"Bulan Ramadhan (adalah bulan) yang di dalamnya diturunkan (permulaan) Al-Qur'an sebagai petunjuk bagi manusia dan penjelasan-penjelasan mengenai petunjuk tersebut dan pembeda (antara yang haq dan yang batil)."[211]

Berkata Ibnu 'Abbas ﷺ menerangkan ayat di atas;

$$أُنْزِلَ الْقُرْآنُ فِي النِّصْفِ مِنْ شَهْرِ رَمَضَانَ إِلَى سَمَاءِ الدُّنْيَا، فَجَعَلَ فِي بَيْتِ الْعِزَّةِ، ثُمَّ أُنْزِلَ عَلَى رَسُولِ اللهِ صَلَّى اللهُ عَلَيْهِ وَسَلَّمَ فِي عِشْرِينَ سَنَةً لِجَوَابِ كَلَامِ النَّاسِ.$$

"Al-Qur'an diturunkan pada pertengahan bulan Ramadhan ke langit dunia dari tempat asalnya, di Baitul 'Izzah. Kemudian diturunkan kepada Rasulullah ﷺ selama dua puluh tahun untuk menjawab perkataan manusia."[212]

Al-Qur'an berisi petunjuk, kebenaran, dan tidak ada kebatilan di dalamnya ditinjau dari segala sisi. Allah ﷻ berfirman;

$$لَا يَأْتِيهِ الْبَاطِلُ مِنْ بَيْنِ يَدَيْهِ وَلَا مِنْ خَلْفِهِ تَنْزِيلٌ مِّنْ حَكِيمٍ حَمِيدٍ.$$

"Tidak datang kepada (Al-Qur'an) kebatilan baik dari depan maupun dari belakangnya, yang diturunkan dari Rabb Yang Maha Bijaksana lagi Maha Terpuji."[213]

---

[211] QS. Al-Baqarah : 185.
[212] *Tafsirul Qur'anil 'Azhim*, 1/216.
[213] QS. Fushshilat : 42.

Semua manusia pasti akan meyakini kebenaran Al-Qur'an. Namun ada yang keyakinannya bermanfaat dan ada pula yang keyakinannya terlambat dan sudah tidak bermanfaat lagi. Berkata Qatadah ﵁;

إِنَّ اللهَ لَيْسَ بِتَارِكٍ أَحَدًا مِنَ النَّاسِ حَتَّى يَقِفَهُ عَلَى الْيَقِينِ مِنْ هَذَا الْقُرآنِ، فَأَمَّا الْمُؤْمِنُ فَأَيْقَنَ فِي الدُّنْيَا فَنَفَعَهُ ذَلِكَ يَوْمَ الْقِيَامَةِ، وَأَمَّا الْكَافِرُ فَأَيْقَنَ يَوْمَ الْقِيَامَةِ حِينَ لَا يَنْفَعُهُ الْيَقِينُ.

"Sesungguhnya Allah ﷻ tidak akan membiarkan seorang pun hingga ia meyakini (kebenaran) Al-Quran. Adapun seorang mukmin, maka ia yakin (terhadap kebenaran Al-Qur'an ketika) di dunia, sehingga keyakinan tersebut bermanfaat baginya pada Hari Kiamat. Sedangkan orang kafir, ia baru yakin (terhadap kebenaran Al-Qur'an pada) Hari Kiamat, ketika keyakinan (tersebut) tidak bermanfaat lagi baginya."[214]

Al-Qur'an dapat menghidupkan hati manusia yang telah mati, jika Al-Qur'an tersebut dipahami dan diamalkan isinya. Allah ﷻ bersumpah tentang Al-Qur'an;

وَالسَّمَآءِ ذَاتِ الرَّجْعِ. وَالْأَرْضِ ذَاتِ الصَّدْعِ. إِنَّهُ لَقَوْلٌ فَضْلٌ. وَمَا هُوَ بِالْهَزْلِ.

"Demi langit yang mengandung hujan. Dan demi bumi yang mempunyai tumbuh-tumbuhan. Sesungguhnya (Al-Quran) itu benar-benar firman yang memisahkan. Dan sekali-kali ia bukanlah senda gurau."[215]

---

[214] *Al-Jami' li Ahkamil Quran*, 17/234.
[215] QS. Ath-Thariq : 11 - 14.

Berkata Syaikh Muhammad bin Shalih Al-Utsaimin رَحِمَهُ اللّٰه;

أَقْسَمَ بِالْمَطَرِ الَّذِي هُوَ سَبَبُ خُرُوجِ النَّبَاتِ، وَبِالتَّشَقُّقِ الَّذِي يَخْرُجُ
مِنْهُ النَّبَاتَ، وَكُلُّهُ إِشَارَةٌ إِلَى حَيَاةِ الْأَرْضِ بَعْدَ مَوْتِهَا، وَالْقُرْآنُ بِهِ
حَيَاةُ الْقُلُوبِ بَعْدَ مَوْتِهَا

"Allah ﷻ bersumpah dengan hujan yang menjadi sebab keluarnya tumbuh-tumbuhan dan dengan terbelahnya (bumi) yang darinya keluar tumbuh-tumbuhan, Semuanya (ini) merupakan isyarat kehidupan bumi setelah kematiannya, (sebagaimana) Al-Qur'an merupakan sebab hidupnya hati setelah kematiannya."[216]

Membaca Al-Qur'an merupakan ibadah, setiap satu huruf Al-Qur'an bernilai satu kebaikan, dan satu kebaikan dilipat gandakan menjadi sepuluh kali lipat. Sebagaimana yang disebutkan dalam hadits dari 'Abdullah bin Mas'ud ﷜ ia berkata, bahwa Rasulullah ﷺ bersabda;

مَنْ قَرَأَ حَرْفًا مِنْ كِتَابِ اللّٰهِ فَلَهُ بِهِ حَسَنَةٌ وَالْحَسَنَةُ بِعَشْرِ أَمْثَالِهَا لَا
أَقُولُ ألم حَرْفٌ وَلَكِنْ أَلِفٌ حَرْفٌ وَلَامٌ حَرْفٌ وَمِيمٌ حَرْفٌ.

"Barangsiapa yang membaca satu huruf dari Kitabullah, maka baginya satu kebaikan, dan satu kebaikan dilipat gandakan menjadi sepuluh kali lipat. Aku tidak mengatakan Alif, Lam, Mim adalah satu huruf, akan tetapi Alif satu huruf, Lam satu huruf, dan Mim satu huruf."[217]

---

[216] *Tafsirul Qur'anil Karim: Juz 'Amma*, 155.
[217] HR. Tirmidzi Juz 5 : 2910. Hadits ini dishahihkan oleh Syaikh Al-Albani رَحِمَهُ اللّٰه dalam *Shahihul Jami'* : 6469.

ADAB MEMBACA AL-QUR'AN

Al-Qur'an pada Hari Kiamat akan memberikan syafa'at kepada para pembacanya. Sebagaimana diriwayatkan dari Abu Umamah Al-Bahili ﷺ ia berkata, Rasulullah ﷺ bersabda;

اِقْرَأُوْا الْقُرْآنَ فَإِنَّهُ يَأْتِي يَوْمَ الْقِيَامَةِ شَفِيْعًا لِأَصْحَابِهِ

"Bacalah Al-Qur'an, karena sesungguhnya ia akan datang pada Hari Kiamat sebagai pemberi syafa'at kepada para pembacanya."[218]

Agar seorang mendapatkan syafa'at tersebut, maka hendaknya seorang pembaca Al-Qur'an memperhatikan adab-adab dalam membaca Al-Qur'an. Di antara adab membaca Al-Qur'an adalah :

1. Dianjurkan Membersihkan Mulut Dengan Siwak Sebelum Membaca Al-Qur'an

Di antara dalilnya adalah hadits yang diriwayatkan dari Hudzaifah ﷺ, ia berkata;

كَانَ النَّبِيُّ صَلَّى اللهُ عَلَيْهِ وَسَلَّمَ إِذَا قَامَ مِنَ اللَّيْلِ يَشُوْصُ فَاهُ بِالسِّوَاكِ

"Nabi ﷺ ketika hendak melaksanakan Shalat (Tahajjud) di malam hari, beliau menggosok mulutnya dengan siwak."[219]

2. Disunnahkan Membaca *Isti'adzah* Ketika Mengawali Membaca Al-Qur'an

Hal ini berdasarkan firman Allah ﷻ;

فَإِذَا قَرَأْتَ الْقُرْآنَ فَاسْتَعِذْ بِاللهِ مِنَ الشَّيْطَانِ الرَّجِيْمِ

"Apabila engkau membaca Al-Qur'an hendaklah engkau meminta perlindungan kepada Allah dari setan yang terkutuk."[220]

Namun tidak perlu membaca *isti'adzah* di setiap permulaan surat, ketika bacaannya masih bersambung. Ini merupakan kesepakatan para fuqaha empat madzhab.[221]

---

[218] HR. Muslim Juz 1 : 804.
[219] HR. Bukhari Juz 1 : 242.
[220] QS. An-Nahl : 98.

3. Dianjurkan Membaca Al-Qur'an Secara *Tartil* (Perlahan-lahan)

Allah ﷻ berfirman;

$$\text{وَرَتِّلِ الْقُرْآنَ تَرْتِيلًا.}$$

"Dan bacalah Al-Qur'an itu dengan perlahan-lahan."[222]

4. Dianjurkan Untuk Membaguskan Suara Ketika Membaca Al-Qur'an

Para fuqaha empat madzhab telah bersepakat bahwa men*tartil*kan dan membaguskan suara ketika membaca Al-Qur'an adalah sunnah.[223] Diriwayatkan dari Al-Bara' bin 'Azib ﷺ ia berkata, Rasulullah ﷺ bersabda;

$$\text{زَيِّنُوا الْقُرْآنَ بِأَصْوَاتِكُمْ.}$$

"Hiasilah Al-Qur'an dengan suara kalian."[224]

Diriwayatkan pula dari Abu Hurairah ﷺ ia berkata, Rasulullah ﷺ bersabda;

$$\text{لَيْسَ مِنَّا مَنْ لَمْ يَتَغَنَّ بِالْقُرْآنِ}$$

"Bukan termasuk golongan kami seorang yang tidak melagukan Al-Qur'an."[225]

---

[221] *Al-Jami' li Ahkamil Qur'an lil Qurtubi*, 1/27.
[222] QS. Al-Muzzammil : 4.
[223] *Al-Mughni*, 12/48.
[224] HR. Abu Dawud : 1468. Hadits ini dishahihkan oleh Syaikh Al-Albani ﷻ dalam *Shahihul Jami'* : 3580.
[225] HR. Bukhari Juz 6 : 7089.

5. Disunnahkan Melakukan Sujud Tilawah Ketika Melewati Ayat Sajdah

Di dalam Al-Qur'an terdapat lima belas ayat sajdah, dan seorang yang membaca Al-Qur'an ketika melewati ayat-ayat tersebut disunnahkan untuk melakukan sujud tilawah. Para fuqaha empat madzhab telah bersepakat atas disyari'atkannya sujud tilawah bagi seorang yang membaca Al-Qur'an ketika membaca ayat-ayat sajdah dan bagi orang yang mendengarkan ayat sajdah dengan sengaja *(mustami')*.[226] Diriwayatkan dari Abu Hurairah ﷺ, Rasulullah ﷺ bersabda;

إِذَا قَرَأَ ابْنُ آدَمَ السَّجْدَةَ فَسَجَدَ اعْتَزَلَ الشَّيْطَانُ يَبْكِي يَقُولُ يَا وَيْلَهُ وَفِي رِوَايَةِ أَبِي كُرَيْبٍ أَبِي كُرَيْبٍ يَا وَيْلِيْ أُمِرَ ابْنُ آدَمَ بِالسُّجُوْدِ فَسَجَدَ فَلَهُ الْجَنَّةُ وَأُمِرْتُ بِالسُّجُوْدِ فَأَبَيْتُ فَلِيَ النَّارُ.

"Apabila anak Adam membaca ayat sajdah kemudian ia sujud, maka setan akan menjauh dengan menangis dan berkata, "Oh celaka." Dalam riwayat Abu Kuraib (disebutkan), "Oh, celakanya aku. Anak Adam diperintahkan untuk sujud dan ia bersujud, maka ia mendapatkan Surga. Sedangkan aku diperintahkan untuk sujud tetapi aku menolak, maka aku mendapatkan Neraka."[227]

6. Membaca Al-Qur'an Sesuai dengan Urutan dalam Mushhaf

Karena hal inilah yang dilakukan oleh Nabi ﷺ. Di antaranya adalah hadits yang diriwayatkan dari Nu'man bin Basyir ﷺ, ia berkata;

كَانَ رَسُوْلُ اللهِ صَلَّى اللهُ عَلَيْهِ وَسَلَّمَ يَقْرَأُ فِي الْعِيْدَيْنِ وَفِي الْجُمُعَةِ بِسَبِّحِ اسْمَ رَبِّكَ الْأَعْلَى وَهَلْ أَتَاكَ حَدِيْثُ الْغَاشِيَةِ

"Rasulullah ﷺ biasa membaca di dalam (Shalat) 'Ied dan (Shalat) Jum'at (surat) *"Sabbihisma Rabbikal A'la"* (Surat Al-A'la) dan *"Hal ataka haditsul Ghasiyah"* (Surat Al-Ghasyiyah)."[228]

---

[226] *Faidhur Rahman*, Ahmad Salim.
[227] HR. Muslim Juz 1 : 81.
[228] HR. Muslim Juz 2 : 878, lafazh ini miliknya dan Abu Dawud : 1122.

Dan diriwayatkan pula dari Abu Rafi' ﷺ, ia berkata;

فَصَلَّى لَنَا أَبُو هُرَيْرَةَ الْجُمُعَةَ فَقَرَأَ بَعْدَ سُوْرَةِ الْجُمُعَةِ فِي الرَّكْعَةِ الْآخِرَةِ إِذَا جَاءَكَ الْمُنَافِقُوْنَ قَالَ فَأَدْرَكْتُ أَبَا هُرَيْرَةَ حِيْنَ اِنْصَرَفَ فَقُلْتُ لَهُ إِنَّكَ قَرَأْتَ بِسُوْرَتَيْنِ كَانَ عَلِيُ بْنُ أَبِي طَالِبٍ يَقْرَأُ بِهِمَا بِالْكُوْفَةِ فَقَالَ أَبُو هُرَيْرَةَ إِنِّي سَمِعْتُ رَسُوْلَ اللهِ صَلَّى اللهُ عَلَيْهِ وَسَلَّمَ يَقْرَأُ بِهِمَا يَوْمَ الْجُمُعَةِ.

"Abu Hurairah ﷺ (Shalat) Jum'at bersama kami. Setelah beliau membaca Surat Jum'ah (pada raka'at pertama), (lalu beliau membaca) pada raka'at kedua *"Idza ja'akal munafiqun"* (Surat Al-Munafiqun). Kemudian aku menemui Abu Hurairah ﷺ ketika telah selesai (shalat), aku katakan kepadanya, "Sesungguhnya engkau telah membaca dua surat, yang (kedua surat tersebut) biasa dibaca oleh 'Ali bin Abi Thalib ﷺ di Kufah." Maka Abu Hurairah ﷺ berkata, "Sesungguhnya aku mendengar Rasulullah ﷺ membaca keduanya pada Hari Jum'at."[229]

7. Dianjurkan Untuk Tidak Memotong Bacaan Al-Qur'an

Diriwayatkan dari Nafi ﷺ, ia berkata;

كَانَ بْنُ عُمَرَ رَضِيَ اللهُ تَعَالَى عَنْهُمَا إِذَا قَرَأَ الْقُرْآنَ لَمْ يَتَكَلَّمْ حَتَّى يَفْرَغَ مِنْهُ

"Ibnu 'Umar ﷺ ketika membaca Al-Qur'an tidak berbicara, hingga ia menyelesaikan bacaan (Al-Qur'an)nya tersebut."[230]

---

[229] HR. Muslim Juz 2 : 877.
[230] HR. Bukhari Juz 4 : 4253.

8. Tidak Boleh Mengatakan "Aku lupa"

Karena dengan mengatakan, "Aku lupa" terkesan melalaikan ayat Al-Qur'an. Diriwayatkan dari 'Abdullah (bin Mas'ud) ﷺ ia berkata, Nabi ﷺ bersabda;

بِئْسَ مَا لِأَحَدِهِمْ يَقُولُ نَسِيتُ آيَةَ كَيْتَ وَكَيْتَ بَلْ هُوَ نُسِّيَ

"Buruk sekali bagi seorang di antara mereka yang mengatakan, "Aku lupa ayat ini dan (ayat) ini." Akan tetapi (sebaiknya) ia mengatakan, "Aku terlupa."[231]

*****

---

[231] HR. Bukhari Juz 4 : 4752.

IMAN KEPADA PARA RASUL

Iman kepada para Rasul artinya meyakini bahwa Allah 🕮 mengutus pada setiap umat seorang Rasul yang menyeru mereka untuk menyembah Allah 🕮, tidak ada sekutu bagi-Nya, dan mengingkari segala sesembahan selain Allah 🕮. Perbedaan antara Nabi dan Rasul adalah bahwa Nabi adalah seorang laki-laki yang diberikan kepadanya wahyu untuk mengamalkan syari'at sebelumnya dan berhukum dengan syari'at tersebut. Adapun Rasul adalah seorang laki-laki yang diberikan wahyu kepadanya untuk mengamalkan syari'at yang baru untuk disampaikan kepada kaumnya. Iman kepada Rasul mencakup empat unsur, antara lain :

1. Beriman bahwa risalah mereka benar-benar dari Allah 🕮

Barangsiapa yang mengingkari kebenaran risalah salah satu di antara para Rasul, maka berarti ia telah mengingkari seluruh risalah para Rasul. Allah 🕮 berfirman;

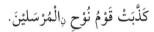

كَذَّبَتْ قَوْمُ نُوْحٍ الْمُرْسَلِيْنَ.

"Kaum Nuh telah mendustakan para Rasul."[232]

Mereka dinyatakan oleh Allah 🕮 mendustakan para Rasul, padahal tidak ada Rasul di zaman tersebut selain Nabi Nuh 🕮.

2. Beriman terhadap nama-nama Rasul yang diketahui namanya, adapun yang tidak diketahui namanya maka beriman secara global

Di antara rasul yang diketahui namanya adalah :

a. Nuh 🕮
b. Ibrahim 🕮
c. Musa 🕮
d. Isa 🕮
e. Muhammad 🕮

---

[232] QS. Asy-Syu'ara : 105.

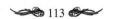

Allah ﷻ berfirman;

وَإِذْ أَخَذْنَا مِنَ النَّبِيِّينَ مِيثَاقَهُمْ وَمِنْكَ وَمِنْ نُوحٍ وَّإِبْرَاهِيمَ وَمُوسَى وَعِيسَى ابْنِ مَرْيَمَ وَأَخَذْنَا مِنْهُمْ مِّيثَاقًا غَلِيظًا.

"Dan (ingatlah) ketika Kami mengambil perjanjian dari para Nabi dan dari engkau (wahai Muhammad ﷺ) dari Nuh, Ibrahim, Musa, dan Isa putra Maryam, dan Kami telah mengambil dari mereka perjanjian yang teguh."[233]

Dan masih banyak para Rasul yang tidak diketahui namanya. Sebagaimana firman Allah ﷻ;

وَلَقَدْ أَرْسَلْنَا رُسُلًا مِّنْ قَبْلِكَ مِنْهُم مَّنْ قَصَصْنَا عَلَيْكَ وَمِنْهُم مَّنْ لَمْ نَقْصُصْ عَلَيْكَ

"Dan sesungguhnya telah Kami mengutus beberapa orang Rasul sebelum engkau (wahai Muhammad ﷺ), di antara mereka ada yang Kami ceritakan kepadamu dan di antara mereka ada (pula) yang tidak Kami ceritakan kepadamu."[234]

3. Membenarkan ajaran dan berita yang mereka sampaikan
Allah ﷻ berfirman;

وَمَا آتَاكُمُ الرَّسُولُ فَخُذُوهُ وَمَا نَهَاكُمْ عَنْهُ فَانْتَهُوْا

"Apa yang diberikan Rasul kepada kalian, maka terimalah. Dan apa yang dilarangnya bagi kalian, maka tinggalkanlah."[235]

---

[233] QS. Al-Ahzab : 7.
[234] QS. Al-Mu'min : 78.
[235] QS. Al-Hasyr : 7.

4. Mengamalkan syari'at Rasul yang diutus kepada kita, yaitu Rasulullah Muhammad ﷺ

Allah ﷻ berfirman;

$$\text{فَلَا وَرَبِّكَ لَا يُؤْمِنُوْنَ حَتَّى يُحَكِّمُوْكَ فِيمَا شَجَرَ بَيْنَهُمْ ثُمَّ لَا يَجِدُوْا}$$

$$\text{فِي أَنْفُسِهِمْ حَرَجًا مِّمَّا قَضَيْتَ وَيُسَلِّمُوْا تَسْلِيْمًا.}$$

"Maka demi Rabb-mu, mereka tidak beriman hingga mereka menjadikan engkau (wahai Muhammad ﷺ) sebagai hakim terhadap perkara yang mereka perselisihkan. Kemudian mereka tidak merasa keberatan dalam hati mereka terhadap apa yang engkau putuskan, dan mereka menerima dengan sepenuhnya."[236]

Dan diriwayatkan pula dari Ummul Mu'minin Ummu 'Abdillah 'Aisyah ﭪ, bahwa Rasulullah ﷺ bersabda;

$$\text{مَنْ أَحْدَثَ فِي أَمْرِنَا هَذَا مَا لَيْسَ مِنْهُ فَهُوَ رَدٌّ.}$$

"Barangsiapa yang membuat perkara baru dalam urusan (agama) kami yang bukan darinya, maka ia tertolak."[237]

*****

---

[236] QS. An-Nisa' : 65.
[237] Muttafaq 'alaih. HR. Bukhari Juz 2 : 2550 dan Muslim Juz 3 : 1718.

ISRA' DAN MI'RAJ NABI ﷺ

Di antara peristiwa besar yang pernah dialami oleh Rasulullah ﷺ adalah Isra' Mi'raj. Yaitu beliau diperjalankan dengan jasadnya dalam keadaan terjaga (tidak tidur) dari Makkah menuju Baitul Maqdis, lalu beliau diangkat ke langit. Hal ini sebagaimana firman Allah ﷻ;

$$\text{سُبْحَانَ الَّذِيْ أَسْرَى بِعَبْدِهِ لَيْلًا مِّنَ الْمَسْجِدِ الْحَرَامِ إِلَى الْمَسْجِدِ}$$

$$\text{الْأَقْصَى الَّذِيْ بَارَكْنَا حَوْلَهُ لِنُرِيَهُ مِنْ آيَاتِنَا إِنَّهُ هُوَ السَّمِيْعُ الْبَصِيْرُ.}$$

"Maha Suci Allah ﷻ yang telah memperjalankan hamba-Nya pada suatu malam dari Masjidil Haram ke Masjidil Aqsha yang telah Kami berkahi sekelilingnya agar Kami perlihatkan kepadanya sebagian dari tanda-tanda (kebesaran) Kami. Sesungguhnya Dia adalah Maha Mendengar lagi Maha Mengetahui."[238]

Kisah Isra'mi'raj

Ketika Rasulullah ﷺ tidur di Baitullah, tiba-tiba datanglah seseorang lalu membelah dada beliau sampai ke bawah perut beliau. Kemudian dikeluarkan hatinya dan diisi penuh dengan hikmah dan keimanan sebagai persiapan untuk menghadapi tugas yang akan beliau tunaikan. Kemudian datanglah kendaraan putih yang lebih kecil dari kuda dan lebih besar dari khimar yang disebut "Buraq." Kecepatan setiap langkahnya sejauh pandangan mata. Lalu beliau menungganginya ditemani oleh Jibril عليه السلام hingga sampai di Baitul Maqdis. Beliau singgah dan shalat bersama para Nabi sebagai imam dan seluruh Nabi dan Rasul shalat dibelakangnya. Ini menunjukkan keutamaan dan kemuliaan Rasulullah ﷺ. Kemudian beliau naik ke langit dunia yang pertama bersama Jibril عليه السلام. Lalu Jibril عليه السلام meminta dibukakan pintu, hingga ditanya, ""Siapa ini?" Ia menjawab, "Jibril." Ia ditanya, "Siapa yang bersamamu?" Ia menjawab, "Muhammad." Ia ditanya, "Apakah ia sudah menjadi utusan?" Ia menjawab, "Sudah." Lalu dikatakan, "Selamat untuknya dan ini sungguh kedatangan orang yang baik." Maka dibukakan untuknya. Di dalamnya ada Adam عليه السلام, Jibril عليه السلام berkata, "Ini adalah bapakmu, ucapkanlah salam kepadanya." Kemudian Rasulullah ﷺ mengucapkan salam dan Nabi Adam عليه السلام pun menjawab salamnya. Ia berkata, "Selamat datang anak yang shalih dan Nabi yang

---

[238] QS. Al-Isra' : 1.

shalih." Di samping kanannya terdapat ruh orang-orang yang beruntung dan di sebelah kirinya terdapat ruh orang-orang yang sengsara dari keturunannya. Jika ia memandang ke sebelah kanan, maka ia senang dan tertawa. Dan jika ia memandang ke sebelah kiri, maka ia menangis.

Kemudian Rasulullah ﷺ naik bersama Jibril ﷺ ke langit kedua, lalu minta dibukakan. Di dalamnya beliau mendapati Yahya dan Isa ﷺ, keduanya anak bagi bibi masing-masing (saudara sepupu). Jibril ﷺ berkata, "Kedua orang ini adalah Yahya dan Isa ﷺ, ucapkanlah salam kepada mereka. Lalu mereka menjawab, "Selamat datang saudara yang shalih dan Nabi yang shalih."

Kemudian Rasulullah ﷺ naik bersama Jibril ﷺ ke langit ketiga, lalu minta dibukakan. Di dalamnya beliau mendapati Nabi Yusuf ﷺ. Jibril ﷺ berkata, "Ini adalah Yusuf ﷺ, ucapkanlah salam kepadanya. Lalu beliau mengucapkan salam dan Nabi Yusuf ﷺ pun menjawabnya. Ia berkata, "Selamat datang saudara yang shalih dan Nabi yang shalih."

Kemudian Rasulullah ﷺ naik bersama Jibril ﷺ ke langit keempat, lalu minta dibukakan. Di dalamnya beliau mendapati Nabi Idris ﷺ. Jibril ﷺ berkata, "Ini adalah Idris ﷺ, ucapkanlah salam kepadanya. Lalu beliau mengucapkan salam dan Nabi Idris ﷺ pun menjawabnya. Ia berkata, "Selamat datang saudara yang shalih dan Nabi yang shalih."

Kemudian Rasulullah ﷺ naik bersama Jibril ﷺ ke langit kelima, lalu minta dibukakan. Di dalamnya beliau mendapati Nabi Harun bin Imran ﷺ, saudaranya Nabi Musa ﷺ. Jibril ﷺ berkata, "Ini adalah Harun ﷺ, ucapkanlah salam kepadanya. Lalu beliau mengucapkan salam dan Nabi Harun ﷺ pun menjawabnya. Ia berkata, "Selamat datang saudara yang shalih dan Nabi yang shalih."

Kemudian Rasulullah ﷺ naik bersama Jibril ﷺ ke langit keenam, lalu minta dibukakan. Di dalamnya beliau mendapati Nabi Musa ﷺ. Jibril ﷺ berkata, "Ini adalah Musa ﷺ, ucapkanlah salam kepadanya. Lalu beliau mengucapkan salam dan Nabi Musa ﷺ pun menjawabnya. Ia berkata, "Selamat datang saudara yang shalih dan Nabi yang shalih." Ketika Nabi ﷺ pergi, maka Nabi Musa menangis. Maka ditanyakan kepadanya, "Apa yang menyebabkanmu menangis?" Ia menjawab, "Aku menangis karena anak yang diutus setelahku umatnya masuk Surga lebih banyak daripada umatku." Menangisnya Nabi Musa ﷺ karena merasa sedih umatnya tidak mendapatkan keutamaan, bukan karena hasad kepada Nabi Muhammad ﷺ.

Kemudian Rasulullah ﷺ naik bersama Jibril ﷺ ke langit ketujuh, lalu minta dibukakan. Di dalamnya beliau mendapati Nabi Ibrahim ﷺ, kekasih Allah ﷻ. Jibril ﷺ berkata, "Ini adalah bapakmu Ibrahim ﷺ, ucapkanlah salam kepadanya. Lalu beliau mengucapkan salam dan Nabi Ibrahim ﷺ pun menjawabnya. Ia berkata, "Selamat datang saudara yang shalih dan Nabi yang shalih." Tujuan Malaikat Jibril mengajak Rasulullah ﷺ keliling ke tempat para Nabi adalah untuk memuliakan dan memperlihatkan keutamaan beliau. Ketika itu Nabi Ibrahim ﷺ kekasih Allah ﷻ sedang bersandar ke Baitul Makmur di langit ke tujuh, yang setiap harinya ada tujuh puluh ribu Malaikat masuk ke dalamnya untuk beribadah dan shalat. Kemudian mereka keluar dan tidak kembali lagi. Dan hari kedua datanglah Malaikat yang lainnya yang tidak mampu menghitung jumlahnya, kecuali Allah ﷻ.

Kemudian Rasulullah ﷺ diangkat ke Sidratul Muntaha dan beliau ditakjubkan dengan pemandangan yang indah dan elok yang tidak ada orang yang dapat mengungkapkan keindahan tersebut. Lalu Allah ﷻ menetapkan kewajiban shalat lima puluh kali sehari semalam. Maka beliau ridha dengan perintah tersebut lalu beliau turun. Ketika melewati Nabi Musa ﷺ, ia berkata, "Apa yang diwajibkan Allah kepada umatmu?" Beliau menjawab, *"Shalat lima puluh kali dalam sehari."* Musa ﷺ berkata, "Umatmu tidak akan mampu melaksanakannya. Aku telah mencoba sebelummu dan aku telah berusaha serius dengan Bani Israil. Maka kembalilah kepada Rabb-mu dan mintalah keringanan kepada-Nya untuk umatmu." Nabi ﷺ bersabda, *"Maka aku pun kembali dan diberikan keringanan kepadaku sepuluh."* Beliau terus meminta keringanan hingga ditetapkan shalat fardhu menjadi lima, maka ada suara penyeru, *"Kewajiban telah Aku tetapkan dan segenap hamba-Ku telah aku beri keringanan."*[239]

Pada malam tersebut Rasulullah ﷺ di masukkan ke dalam Surga yang di dalamnya terdapat kubah mutiara yang tanahnya berupa minyak kasturi. Kemudian beliau turun hingga beliau datang kembali ke Makkah pagi hari. Lalu beliau melaksanakan shalat Shubuh.

---

[239] HR. Bukhari Juz 3 : 3035 dan Muslim Juz 1 : 162.

Keesokan harinya orang-orang musyrik datang menemui Abu Bakar ﷺ untuk menayakan tentang kejadian Isra' Mi'raj tersebut. Mereka mengatakan;

يَا أَبَا بَكْرٍ هَلْ لَكَ فِي صَاحِبِكَ؟ يُخْبِرُ أَنَّهُ أَتَى فِي لَيْلَتِهِ هَذِهِ مَسِيْرَةِ شَهْرٍ وَرَجَعَ فِي لَيْلَتِهِ، فَقَالَ أَبُوْ بَكْرٍ رَضِيَ اللهُ عَنْهُ إِنْ كَانَ قَالَهُ فَقَدْ صَدَقَ وَإِنَّا لَنَصْدِقُهُ فِيْمَا هُوَ أَبْعَدُ مِنْ هَذَا لَنَصْدِقُهُ عَلَى خَبَرِ السَّمَاءِ.

"Wahai Abu Bakar apa pendapatmu tentang sahabatmu (Muhammad ﷺ). Ia menceritakan bahwa ia telah mendatangi tempat yang jauh selama perjalanan satu bulan. Lalu ia kembali pada satu malam. Maka Abu Bakar ﷺ menjawab, "Jika ia yang mengatakannya, maka sungguh ia telah benar. Dan sungguh kami benar benar percaya kepadanya labih jauh dari perkara tersebut. Sesungguhnya kami percaya kepadanya akan berita langit (yang dibawanya)."[240]

Waktu Terjadinya Isra'Mi'raj
Terjadi perbedaan pendapat dikalangan para ulama tentang kapan waktu terjadinya Isra' Mi'raj tersebut, di antaranya :

❖ Az-Zuhri dan Urwah رحمهما الله berpendapat bahwa Isra' Mi'raj terjadi setahun sebelum Nabi ﷺ hijrah ke Madinah, yaitu pada bulan Rabi'ul Awwal.

❖ Sedangkan pendapat As-Suddi رحمه الله, bahwa waktunya adalah enam belas bulan sebelum Nabi ﷺ hijrah ke Madinah, yaitu bulan Dzulqa'dah.

❖ Dan Al-Hafizh Ibnu Hajar Al-'Asqalani رحمه الله menyebutkan dalam kitabnya Fathul Bari, bahwa perselisihan tentang waktu terjadinya Isra' Mi'raj hingga mencapai lebih dari sepuluh pendapat.

*****

---

[240] Tafsirul Qur'anil 'Azhim, 3/7.

IMAN KEPADA QADHA' DAN QADAR

Iman kepada qadha' dan qadar artinya meyakini bahwa semua kebaikan dan keburukan terjadi dengan ketentuan takdir Allah ﷻ. Takdir adalah ketentuan Allah ﷻ yang berlaku bagi setiap makhluk-Nya, sesuai dengan ilmu, dan hikmah yang dikehendaki-Nya. Beriman terhadap takdir merupakan bagian dari rukun iman. Dan keimanan seseorang belum sempurna, sampai ia meyakini bahwa semua yang menimpanya baik berupa kebaikan atau keburukan adalah dengan takdir Allah ﷻ. Diriwayatkan dari Jabir bin 'Abdillah ﷺ, Rasulullah ﷺ bersabda;

لَا يُؤْمِنُ عَبْدٌ حَتَّى يُؤْمِنَ بِالْقَدَرِ خَيْرِهِ وَشَرِّهِ حَتَّى يَعْلَمَ أَنَّ مَا أَصَابَهُ لَمْ يَكُنْ لِيُخْطِئَهُ وَأَنَّ مَا أَخْطَأَهُ لَمْ يَكُنْ لِيُصِيبَهُ.

"Tidak beriman seorang hamba, sampai ia beriman dengan takdir yang baik dan yang buruk, sampai ia mengetahui bahwa apa yang menimpanya tidak akan meleset darinya dan apa yang meleset darinya tidak akan menimpanya."[241]

Seorang muslim dituntut untuk mengimani takdir dengan pemahaman yang benar dan keyakinan yang kuat, yang tidak ada keraguan sedikit pun. Pernah suatu ketika Ibnu Ad-Dailami mendatangi Ubay bin Ka'ab ﷺ, ia mengatakan, "Di hatiku (masih) ada ganjalan tentang takdir." Maka dengan nada tinggi Ubay bin Ka'ab ﷺ menjawab;

وَاللَّهِ لَوْ أَنْفَقْتَ مِثْلَ أُحُدٍ ذَهَبًا مَا قَبِلَهُ اللَّهُ مِنْكَ حَتَّى تُؤْمِنَ بِالْقَدَرِ

"Demi Allah, seandainya engkau berinfak emas sebesar gunung Uhud, maka Allah tidak akan pernah menerima infakmu tersebut hingga engkau beriman terhadap takdir."[242]

---

[241] HR. Tirmidzi Juz 4 : 2144. Hadits ini dishahihkan oleh Syaikh Al-Albani ﷺ dalam *As-Silsilah Ash-Shahihah* Juz 5 : 2439.
[242] *As-Silsilah Ash-Shahihah*, 5/2439.

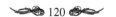

Iman kepada qadha' dan qadar tidaklah sempurna kecuali dengan empat perkara yang dinamakan tingkatan takdir atau rukun takdir. Empat perkara ini menjadi pintu untuk memahami masalah takdir. Barangsiapa meyakini semuanya, maka imannya kepada takdir telah sempurna. Dan barangsiapa mengurangi salah satunya atau lebih, maka runtuhlah keimanannya terhadap takdir.

Tingkatan Takdir
Tingkatan takdir adalah :

1. *Al-Ilmu*

Yaitu mengimani bahwa Allah ﷻ mengetahui segala sesuatu, baik yang telah lalu, yang sedang terjadi, maupun yang akan terjadi. Baik yang berkaitan dengan perbuatan Allah ﷻ maupun perbuatan hamba. Semuanya diketahui-Nya secara global ataupun terperinci dengan Ilmu-Nya yang Dia bersifat dengannya secara *azali* (sebelum diciptakannya makhluk) dan *abadi* (selamanya, tidak ada akhirnya). Hal ini sebagaimana yang Allah ﷻ firmankan;

وَعِنْدَهُ مَفَاتِحُ الْغَيْبِ لَا يَعْلَمُهَا إِلَّا هُوَ وَيَعْلَمُ مَا فِي الْبَرِّ وَالْبَحْرِ وَمَا تَسْقُطُ مِنْ وَرَقَةٍ إِلَّا يَعْلَمُهَا وَلَا حَبَّةٍ فِي ظُلُمَاتِ الْأَرْضِ وَلَا رَطْبٍ وَّلَا يَابِسٍ إِلَّا فِي كِتَابٍ مُّبِينٍ.

"Dan pada sisi Allah-lah kunci-kunci semua yang ghaib, tidak ada yang mengetahuinya kecuali Dia. Dia mengetahui apa yang di daratan dan di lautan. Tidak ada sehelai daun pun yang gugur, melainkan Dia mengetahuinya. Tidak jatuh sebutir biji pun dalam kegelapan bumi, dan tidak sesuatu yang basah atau yang kering, melainkan tertulis dalam kitab yang nyata (Lauhul Mahfudz)"[243]

---

[243] QS. Al-An'am : 59.

2. Al-Kitabah

Yaitu mengimani bahwa Allah ﷻ menulis takdir segala sesuatu hingga Hari Kiamat. *Al-Kitabah* ini dibagi menjadi empat, antara lain :

a. *al-kitabah al-azaliyyah*

Yaitu catatan takdir yang ada di *Lauhul Mahfudz*. Ini terjadi lima puluh ribu tahun sebelum penciptaan langit dan bumi. Hal ini sebagimana hadits yang diriwayatkan dari 'Abdullah bin 'Amr bin Al-'Ash ﷺ, bahwa Rasulullah ﷺ bersabda;

$$
كَتَبَ اللهُ مَقَادِيرَ الْخَلَائِقِ قَبْلَ أَنْ يَخْلُقَ السَّمَاوَاتِ وَالْأَرْضَ بِخَمْسِينَ
$$

$$
أَلْفَ سَنَةٍ
$$

"*Allah ﷻ telah menuliskan takdir para makhluk(-Nya) lima puluh ribu tahun sebelum penciptaan langit dan bumi.*"[244]

b. *al-kitabah al-umriyyah*

Yaitu catatan takdir sekali seumur hidup, yaitu pada waktu janin berumur seratus dua puluh hari (empat bulan). Sebagaimana diriwayatkan dari Abu 'Abdirrahman 'Abdullah bin Mas'ud ﷺ ia berkata, Rasulullah ﷺ bersabda;

$$
إِنَّ أَحَدَكُمْ يُجْمَعُ خَلْقُهُ فِي بَطْنِ أُمِّهِ أَرْبَعِينَ يَوْمًا نُطْفَةً، ثُمَّ يَكُونُ
$$

$$
عَلَقَةً مِثْلَ ذَلِكَ، ثُمَّ يَكُونُ مُضْغَةً مِثْلَ ذَلِكَ، ثُمَّ يُرْسَلُ إِلَيْهِ الْمَلَكُ
$$

$$
فَيَنْفُخُ فِيهِ الرُّوحَ، وَيُؤْمَرُ بِأَرْبَعِ كَلِمَاتٍ : بِكَتْبِ رِزْقِهِ وَأَجَلِهِ وَعَمَلِهِ
$$

$$
وَشَقِيٌّ أَوْ سَعِيدٌ.
$$

"*Sesungguhnya tiap-tiap kalian dikumpulkan penciptaannya dalam rahim ibunya selama empat puluh hari berupa nuthfah, kemudian menjadi segumpal darah selama itu juga, lalu menjadi segumpal daging selama itu juga, kemudian diutuslah Malaikat untuk meniupkan ruh kepadanya, lalu diperintahkan untuk menuliskan empat kalimat; rizkinya, ajalnya, amalnya, dan celaka atau bahagianya.*"[245]

---

[244] HR. Muslim Juz 4 : 2653.
[245] HR. Bukhari Juz 3 : 3154 dan Muslim Juz 4 : 2643.

c. *al-kitabah al-hauliyyah*

Yaitu catatan takdir tahunan, yaitu yang terjadi ketika *lailatul qadar*. Allah ﷻ berfirman;

$$\text{فِيهَا يُفْرَقُ كُلُّ أَمْرٍ حَكِيمٍ}$$

"Pada malam itu dijelaskan segala urusan yang penuh hikmah."[246]

Berkata *Al-Hafizh* Ibnu Katsir رحمه الله, ketika menafsirkan ayat tersebut;

$$\text{أَيْ فِي لَيْلَةِ الْقَدْرِ يُفَصَّلُ مِنَ اللَّوْحِ الْمَحْفُوظِ إِلَى الْكَتَبَةِ أَمْرُ السَّنَةِ،}$$
$$\text{وَمَا يَكُونُ فِيهَا مِنَ الْآجَالِ وَالْأَرْزَاقِ وَمَا يَكُونُ فِيهَا إِلَى آخِرِهَا.}$$

"Yaitu ketika lailatul qadar dirincikan (catatan takdir) dari *Lauhul Mahfuzh* ke catatan (takdir) tahunan. Yang mencakup ajal-ajal, rizki-rizki, dan apa saja yang terjadi sampai akhir (tahun)."[247]

d. *al-kitabah al-yaumiyyah*

Yaitu catatan takdir harian.

3. Al-Masyi'ah

Yaitu mengimani bahwa semua yang terjadi di alam semesta ini adalah atas kehendak Allah ﷻ. *Al-Masyi'ah* dibagi menjadi dua, antara lain :

❖ *Masyi'ah syar'iyyah*, yaitu kehendak yang Allah ﷻ ridha, tetapi belum tentu terjadi.

❖ *Masyi'ah kauniyyah*, yaitu kehendak yang Allah ﷻ belum tentu ridha, tetapi terjadi.

---

[246] QS. Ad-Dukhan : 4.
[247] *Tafsirul Qur'anil 'Azhim*, 4/137.

4. Al-Khalq

Yaitu mengimani bahwa Allah ﷻ adalah yang menciptakan segala sesuatu yang terjadi; yang baik, yang buruk, kekufuran, iman, kemaksiatan, dan ketaatan semuanya adalah dengan kehendak dan takdir-Nya, serta Dialah yang menciptakannya. Allah ﷻ berfirman;

$$\text{وَخَلَقَ كُلَّ شَيْءٍ فَقَدَّرَهُ تَقْدِيرًا.}$$

"Dan Dia telah menciptakan segala sesuatu dan Dia telah menentukan takdirnya dengan serapi-rapinya."[248]

Buah Memahami Takdir

Di antara buah memahami takdir adalah agar menumbuhkan *tawakkal* yang kuat kepada Allah ﷻ, dan agar seorang tidak terlalu berduka cita terhadap apa yang luput darinya serta tidak terlalu bersuka cita terhadap apa yang didapatkannya. Sebagaimana firman Allah ﷻ;

$$\text{مَا أَصَابَ مِنْ مُصِيبَةٍ فِي الْأَرْضِ وَلَا فِي أَنْفُسِكُمْ إِلَّا فِي كِتَابٍ مِنْ}$$
$$\text{قَبْلِ أَنْ نَبْرَأَهَا إِنَّ ذَلِكَ عَلَى اللهِ يَسِيرٌ. لِكَيْلَا تَأْسَوْا عَلَى مَا فَاتَكُمْ وَلَا}$$
$$\text{تَفْرَحُوا بِمَا آتَاكُمْ وَاللهُ لَا يُحِبُّ كُلَّ مُخْتَالٍ فَخُورٍ.}$$

"Tidak ada suatu bencana pun yang menimpa (kalian) di bumi dan (tidak pula) pada diri kalian sendiri, melainkan telah tertulis dalam kitab (Lauhul Mahfuzh) sebelum Kami menciptakannya. Sesungguhnya yang demikian itu adalah mudah bagi Allah ﷻ. (Kami jelaskan yang demikian itu) supaya kalian jangan berduka cita terhadap apa yang luput dari kalian, dan supaya kalian tidak terlalu gembira terhadap apa yang diberikan-Nya kepadamu. Dan Allah ﷻ tidak menyukai setiap orang yang sombong lagi membanggakan diri."[249]

---

[248] QS. Al-Furqan : 2.
[249] QS. Al-Hadid : 22 - 23.

Tidak Boleh Melakukan Maksiat Beralasan Dengan Takdir

Tidak diperbolehkan seorang melakukan kemaksiatan dengan beralasan kepada takdir. Disebutkan dalam suatu riwayat dari 'Umar bin Khaththab ﷺ, bahwa ia pernah akan memotong tangan seorang pencuri. Tiba-tiba pencuri tersebut berkata;

مَهْلًا يَا أَمِيْرَ الْمُؤْمِنِيْنَ، فَإِنَّمَا سَرَقْتُ بِقَدَرِ اللَّهِ. فَقَالَ: وَنَحْنُ إِنَّمَا نَقْطَعُ بِقَدَرِ اللَّهِ.

"Sebentar, wahai Amirul Mukminin, sesungguhnya aku mencuri ini atas takdir Allah." 'Umar ﷺ menjawab, *"Kami memotong tanganmu ini juga dengan takdir Allah ﷺ."*[250]

*****

---

[250] *Syarhu Tsalatsatil Ushul*, 78.

IMAN KEPADA HARI AKHIR

Iman kepada Hari Akhir merupakan bagian dari rukun iman. Hal ini sebagaimana hadits yang diriwayatkan dari 'Umar bin Khaththab ☀, tentang pertanyaan Malaikat Jibril ☀ kepada Rasulullah ☀;

$$
قَالَ : فَأَخْبِرْنِي عَنِ الْإِيْمَانِ قَالَ : أَنْ تُؤْمِنَ بِاللهِ وَمَلاَئِكَتِهِ وَكُتُبِهِ
$$
$$
وَرُسُلِهِ وَالْيَوْمِ الآخِرِ وَتُؤْمِنَ بِالْقَدَرِ خَيْرِهِ وَشَرِّهِ.
$$

Jibril ☀ bertanya, "Beritahukan kepadaku tentang Iman." Rasulullah ☀ menjawab, *"Engkau beriman kepada Allah ☀, kepada para Malaikat-Nya, Kitab-kitab-Nya, kepada Rasul-rasul-Nya, kepada Hari Akhir dan kepada takdir yang baik maupun yang buruk."*[251]

Iman kepada Hari Akhir artinya menyakini semua yang dikabarkan oleh Allah ☀ di dalam kitab-Nya dan yang dikabarkan oleh Rasulullah ☀ tentang apa yang terjadi setelah kematian. Iman kepada Hari Akhir mencakup beberapa unsur, antara lain beriman terhadap :

1. Fitnah Kubur
2. Siksa dan Nikmat Kubur
3. Tanda-tanda Hari Kiamat
4. Tiupan Sangkakala
5. Telaga
6. *Mizan*
7. Pembagian Kitab Catatan Amal
8. *Shirath*
9. Syafa'at
10. Surga dan Neraka

Berikut ini penjelasannya.

---

[251] HR. Muslim Juz 1 : 8.

FITNAH KUBUR

Fitnah kubur adalah pertanyaan yang dilontarkan oleh dua orang Malaikat kepada mayit tentang Rabb, agama, dan Nabinya. Allah ﷻ berfirman;

$$ يُثَبِّتُ اللهُ الَّذِينَ آمَنُوا بِالْقَوْلِ الثَّابِتِ فِي الْحَيَاةِ الدُّنْيَا وَفِي الْآخِرَةِ $$

"Allah meneguhkan (iman) orang-orang yang beriman dengan ucapan yang teguh dalam kehidupan di dunia dan di akhirat."[252]

Yang dimaksud dengan diberikan "ucapan yang teguh dalam kehidupan akhirat" adalah diberikan kemampuan untuk menjawab pertanyaan di alam kubur. Hal ini sebagaimana hadits yang diriwayatkan dari Al-Bara' bin 'Azib ﷺ, bahwa Rasulullah ﷺ bersabda;

$$ اَلْمُسْلِمُ إِذَا سُئِلَ فِي الْقَبْرِ يَشْهَدُ أَنْ لَا إِلَهَ إِلَّا اللهُ وَأَنَّ مُحَمَّدًا رَسُوْلُ اللهِ فَذَلِكَ قَوْلُهُ {يُثَبِّتُ اللهُ الَّذِينَ آمَنُوا بِالْقَوْلِ الثَّابِتِ فِي الْحَيَاةِ الدُّنْيَا وَفِي الْآخِرَةِ}. $$

"Seorang muslim jika ditanya di dalam kuburnya, (maka) ia akan bersaksi bahwa tidak ada sesembahan (yang berhak untuk disembah) selain Allah ﷻ dan Muhammad adalah utusan Allah ﷻ. Yang demikian ini adalah firman Allah ﷻ, "Allah meneguhkan (iman) orang-orang yang beriman dengan ucapan yang teguh itu dalam kehidupan di dunia dan di akhirat."[253]

Nama kedua malaikat penanya di alam kubur adalah Munkar dan Nakir. Dan barangsiapa yang berhasil menjawab pertanyaan dari kedua Malaikat tersebut, maka akan diluaskan kuburnya dan akan mendapatkan nikmat kubur. Diriwayatkan dari Abu Hurairah ﷺ ia berkata, Rasulullah ﷺ bersabda;

---

[252] QS. Ibrahim : 27.
[253] HR. Bukhari Juz 4 : 4422.

إِذَا قُبِرَ الْمَيِّتُ أَوْ قَالَ أَحَدُكُمْ أَتَاهُ مَلَكَانِ أَسْوَدَانِ أَزْرَقَانِ يُقَالُ لِأَحَدِهِمَا الْمُنْكَرُ وَالْآخَرُ النَّكِيرُ فَيَقُولَانِ مَا كُنْتَ تَقُولُ فِي هَذَا الرَّجُلِ فَيَقُولُ مَا كَانَ يَقُولُ هُوَ عَبْدُ اللهِ وَرَسُولُهُ أَشْهَدُ أَنْ لَا إِلَهَ إِلَّا اللهُ وَأَنَّ مُحَمَّدًا عَبْدُهُ وَرَسُولُهُ فَيَقُولَانِ قَدْ كُنَّا نَعْلَمُ أَنَّكَ تَقُولُ هَذَا ثُمَّ يُفْسَحُ لَهُ فِي قَبْرِهِ سَبْعُونَ ذِرَاعًا فِي سَبْعِينَ ثُمَّ يُنَوَّرُ لَهُ فِيهِ ثُمَّ يُقَالُ لَهُ نَمْ فَيَقُولُ أَرْجِعُ إِلَى أَهْلِي فَأُخْبِرُهُمْ فَيَقُولَانِ نَمْ كَنَوْمَةِ الْعَرُوسِ

"Apabila seorang mayit dikuburkan, maka akan datang kepadanya dua malaikat hitam kebiruan. Salah satunya disebut Munkar dan yang lainnya disebut Nakir. Kedua Malaikat tersebut bertanya, "Apa yang akan engkau katakan (tentang) laki-laki ini?" Mayit tersebut menjawab, "Ia adalah hamba Allah ﷻ dan utusan-Nya. Aku bersaksi bahwa tidak ada sesembahan (yang berhak untuk disembah) selain Allah ﷻ dan Muhammad adalah hamba dan utusan-Nya." Kedua Malaikat tersebut berkata, "Sungguh kami telah mengetahui bahwa engkau akan menjawab demikian." Kemudian diluaskan kuburnya tujuh puluh kali tujuh puluh hasta, lalu diterangi kuburnya. Kemudian dikatakan kepadanya, "Tidurlah." Mayit tersebut berkata, "Kembalikanlah aku kepada keluargaku, aku akan memberitahukan (kejadian ini kepada) mereka." Kedua Malaikat tersebut berkata, "Tidurlah, seperti tidurnya pengantin baru."[254]

Adapun orang-orang kafir, maka mereka tidak akan mampu menyelesaikan fitnah kubur sehingga mereka akan mendapatkan siksa kubur. Sebagaimana hadits yang diriwayatkan dari Al-Bara' bin 'Azib ﵁ ia berkata, Rasulullah ﷺ menceritakan tentang ruh orang-orang kafir;
"Lalu ia didatangi oleh dua Malaikat yang kemudian mendudukkannya sambil bertanya, "Siapa Rabb-mu?" Ia menjawab, "Ha, ha, aku tidak tahu." Lalu mereka bertanya lagi, "Apa agamamu?" Ia menjawab, "Ha, ha, aku tidak tahu." Mereka bertanya lagi, "Apa tugas laki-laki yang diutus kepadamu?" Ia menjawab, "Ha, ha, aku tidak tahu." Lalu terdengar suara dari langit, "Sungguh ia telah berdusta, maka bentangkanlah jalannya ke Neraka. Maka ia pun merasakan hawa panasnya Neraka. Kemudian kuburnya dipersempit hingga tulang rusuknya saling bertemu. Kemudian

---

[254] HR. Tirmidzi Juz 3 : 1071. Hadits ini dishahihkan oleh Syaikh Al-Albani ﵀ dalam *As-Silsilah Ash-Shahihah* Juz 3 : 1391.

datanglah seorang laki-laki yang buruk rupanya, jelek pakaiannya, dan sangat busuk baunya. Lalu laki-laki tersebut berkata, "Celakalah engkau dengan kabar buruk yang engkau terima ini, ini adalah hari yang telah dijanjikan kepadamu." Lalu jenazah itu bertanya, "Siapa engkau? Wajahmu adalah wajah yang menampakkan keburukan. Lalu laki-laki itu menjawab, "Aku adalah amal perbuatanmu yang buruk." Kemudian jenazah itu pun berkata, "Wahai Rabb-ku janganlah Engkau datangkan Hari Kiamat. Dalam riwayat lain dikatakan, "Kemudian didatangkan kepadanya seorang laki-laki yang buta, tuli, dan bisu, di tangannya ada sebuah palu godam yang jika dipukulkan ke gunung, niscaya akan hancur berkeping-keping menjadi debu. Lalu ia dipukul dengan palu godam tersebut hingga hancur menjadi debu. Kemudian Allah ﷻ mengembalikan tubuhnya seperti semula. Lalu ia dipukul lagi dan ia pun berteriak dengan sekuat-kuatnya, dan teriakan tersebut dapat didengar oleh seluruh makhluk, kecuali jin dan manusia."[255]

Fitnah kubur ini akan diberikan kepada semua orang yang telah *mukallaf*, baik yang mukmin atau yang kafir. Di antara dalil bahwa orang kafir juga akan mendapatkan fitnah kubur adalah hadits yang diriwayatkan dari Zaid bin Tsabit ﷺ, ia berkata;

بَيْنَمَا النَّبِيُّ صَلَّى اللهُ عَلَيْهِ وَسَلَّمَ فِي حَائِطٍ لِبَنِي النَّجَّارِ عَلَى بَغْلَةٍ لَهُ وَنَحْنُ مَعَهُ إِذْ حَادَتْ بِهِ فَكَادَتْ تُلْقِيهِ وَإِذَا أَقْبُرٌ سِتَّةٌ أَوْ خَمْسَةٌ أَوْ أَرْبَعَةٌ قَالَ كَذَا كَانَ يَقُولُ الْجَرِيرِيُّ فَقَالَ مَنْ يَعْرِفُ أَصْحَابَ هَذِهِ الْأَقْبُرَ فَقَالَ رَجُلٌ أَنَا قَالَ فَمَتَى مَاتَ هَؤُلَاءِ قَالَ مَاتُوا فِي الْإِشْرَاكِ فَقَالَ إِنَّ هَذِهِ الْأُمَّةَ تُبْتَلَى فِي قُبُورِهَا فَلَوْلَا أَنْ لَا تُدَافَنُوا لَدَعَوْتُ اللَّهَ أَنْ يُسْمِعَكُمْ مِنْ عَذَابِ الْقَبْرِ الَّذِي أَسْمَعُ مِنْهُ

---

[255] HR. Ahmad.

"Suatu ketika Nabi ﷺ melewati kebun Bani Najjar dengan mengendarai bighal[256] dan kami bersama dengan beliau. Tiba-tiba bighal tersebut berontak hampir saja menjatuhkan Nabi ﷺ. Disana terdapat enam atau lima atau empat kuburan, sebagaimana yang dikatakan oleh Jarir. Nabi ﷺ bertanya, *"Siapakah yang mengetahui siapa saja yang dimakamkan di kuburan-kuburan ini?"* Seorang laki-laki menjawab, "Saya." Nabi ﷺ bertanya (kepadanya), *"Kapan mereka meninggal dunia?"* Laki-laki tersebut menjawab, "Mereka meninggal dunia ketika (pada masa) kesyirikan." Nabi ﷺ bersabda, *"Sesungguhnya umat ini akan diuji (dengan pertanyaan) di kuburnya. Seandainya aku tidak khawatir kalian akan saling mengubur (di antara kalian), niscaya aku akan berdoa kepada Allah ﷺ agar memperdengarkan kepada kalian tentang adzab kubur yang aku dengar."*[257]

Orang-orang yang Tidak Mendapatkan Fitnah Kubur

Ada beberapa orang yang tidak mendapatkan fitnah kubur, antara lain:

1. Para Nabi

Karena para adalah orang-orang yang dijadikan objek pertanyaan kepada manusia dan karena para Nabi lebih utama dari pada syuhada'.

2. Para *Shiddiqun*

Shiddiqun adalah orang-orang yang sangat teguh kepercayaannya kepada kebenaran Rasul. *Shiddiqun* akan diselamatkan dari fitnah kubur, karena para *shiddiqun* lebih utama dari para syuhada'. Hal ini sebagaimana yang diisyaratkan dalam firman Allah ﷺ;

وَمَنْ يُطِعِ اللَّهَ وَالرَّسُولَ فَأُولَئِكَ مَعَ الَّذِينَ أَنْعَمَ اللَّهُ عَلَيْهِمْ مِنَ النَّبِيِّينَ وَالصِّدِّيقِينَ وَالشُّهَدَاءِ وَالصَّالِحِينَ وَحَسُنَ أُولَئِكَ رَفِيقًا.

"Dan barangsiapa yang mentaati Allah ﷺ dan Rasul(-Nya), maka mereka akan bersama-sama dengan orang-orang yang diberikan nikmat oleh Allah ﷺ, (yaitu); para Nabi, para shiddiqun, orang-orang yang mati syahid, dan orang-orang yang shalih. Dan mereka itulah sebaik-baik teman."[258]

---

[256] Bighal adalah peranakan kuda dengan keledai.
[257] HR. Muslim Juz 4 : 2867.
[258] QS. An-Nisa' : 69.

3. Para *Syuhada'*

Syuhada' adalah orang-orang yang meninggal dunia dalam peperangan di jalan Allah ﷻ (mati syahid). Suatu ketika ada salah seorang sahabat bertanya kepada Rasulullah ﷺ;

يَا رَسُوْلَ اللهِ مَا بَالَ الْمُؤْمِنِيْنَ يُفْتَنُوْنَ فِيْ قُبُوْرِهِمْ إِلَّا الشَّهِيْدُ قَالَ كَفَى بِبَارِقَةِ السُّيُوْفِ عَلَى رَأْسِهِ فِتْنَةً.

"Wahai Rasulullah, mengapa orang-orang yang beriman difitnah (ditanya) di dalam kuburnya kecuali orang yang mati syahid?" Rasulullah ﷺ menjawab, *"Cukuplah kilatan pedang di atas kepalanya sebagai fitnah (ujian baginya)."*[259]

4. Para *Murabithun*

Murabithun adalah orang-orang berjaga-jaga diperbatasan wilayah pertempuran, meskipun mereka tidak mati syahid. Diriwayatkan dari Salman ﵁ ia berkata, aku mendengar Rasulullah ﷺ bersabda;

رِبَاطُ يَوْمٍ وَلَيْلَةٍ خَيْرٌ مِنْ صِيَامِ شَهْرٍ وَقِيَامِهِ وَإِنْ مَاتَ جَرَى عَلَيْهِ عَمَلُهُ الَّذِيْ كَانَ يَعْمَلُهُ وَأُجْرِيَ عَلَيْهِ رِزْقُهُ وَأَمِنَ الْفِتَانَ

"Berjaga-jaga di perbatasan (wilayah pertempuran) sehari semalam lebih baik daripada puasa sebulan (penuh) dengan melakukan (shalat) pada malamnya. Jika ia meninggal dunia, maka amalannya yang ia amalkan (ketika itu) akan senantiasa dicatat untuknya, rizkinya senantiasa diberikan kepadanya, dan diamankan dari fitnah (kubur)."[260]

5. Anak-anak dan orang gila

Karena mereka bukan *mukallaf* (tidak terkena beban syari'at).

*****

---

[259] HR. Nasa'i Juz 4 : 2053. Hadits ini dishahihkan oleh Syaikh Al-Albani ﵀ dalam *Shahihul Jami'* : 4483.

[260] HR. Muslim Juz 3 : 1913.

SIKSA DAN NIKMAT KUBUR

Seorang yang berhasil menjawab fitnah (pertanyaan) kubur, maka ia akan mendapatkan nikmat kubur. Dan seorang yang tidak berhasil menjawab fitnah kubur, maka ia akan mendapatkan siksa kubur.

Siksa Kubur

Keberadaan siksa kubur telah ditetapkan di dalam Al-Qur'an. Allah ﷻ berfirman;

اَلنَّارُ يُعْرَضُونَ عَلَيْهَا غُدُوًّا وَعَشِيًّا وَيَوْمَ تَقُومُ السَّاعَةُ أَدْخِلُوا آلَ فِرْعَوْنَ أَشَدَّ الْعَذَابِ

"Kepada mereka ditampakkan Neraka pada pagi dan petang, dan pada Hari Kiamat. (Dikatakan kepada Malaikat), "Masukkanlah fir'aun dan kaumnya ke dalam siksa yang sangat keras."[261]

Berkata *Al-Hafizh* Ibnu Katsir رحمه الله, ketika menafsirkan ayat di atas;

وَهَذِهِ الْآيَةُ أَصْلٌ كَبِيرٌ فِي اسْتِدْلَالِ أَهْلِ السُّنَّةِ عَلَى عَذَابِ الْبَرْزَخِ فِي الْقُبُورِ وَهِيَ قَوْلُهُ تَعَالَى : {النَّارُ يُعْرَضُونَ عَلَيْهَا غُدُوًّا وَعَشِيًّا}.

*"Ayat ini merupakan pokok yang agung dalam pendalilan Ahlus Sunnah tentang (adanya) siksa *barzah* di alam kubur, yaitu firman Allah ﷻ, "Kepada mereka ditampakkan Neraka pada pagi dan petang."*[262]

Adanya siksa kubur ditetapkan pula di dalam *As-Sunnah As-Shahihah*. Sebagaimana diriwayatkan dari 'Aisyah رضي الله عنها, ketika ia bertanya kepada Rasulullah ﷺ tentang siksa kubur. Rasulullah ﷺ bersabda;

---

[261] QS. Al-Mu'min : 46.
[262] *Tafsirul Qur'anil 'Azhim*, 4/81.

نَعَمْ، عَذَابُ الْقَبْرِ حَقٌّ قَالَتْ عَائِشَةُ فَمَا رَأَيْتُ رَسُوْلَ اللهِ صَلَّى اللهُ عَلَيْهِ وَسَلَّمَ يُصَلِّي صَلَاةً بَعْدَ إِلَّا تَعَوَّذُ مِنْ عَذَابِ الْقَبْرِ.

"Ya, siksa kubur itu benar (adanya)." 'Aisyah ﷺ berkata, "Tidaklah aku melihat Rasulullah ﷺ melakukan suatu shalat, kecuali setelah(nya) beliau berlindung dari siksa kubur."[263]

Siksa kubur akan menimpa ruh dan jasad, ini merupakan pendapat Ahlus Sunnah. Berkata Syaikhul Islam Ibnu Taimiyyah ﷺ; "Madzhab para salaf umat ini dan tokoh-tokoh mereka bahwa siksa kubur atau nikmat kubur adalah terjadi pada ruh jenazah dan jasadnya. Baik dalam keadaan mendapat nikmat atau mendapatkan siksa."[264]

Salah satu penyebab siksa kubur adalah suka mengadu domba atau suka menyebar fitnah, dan tidak membersihkan diri atau tidak bertabir ketika buang air kecil. Nabi ﷺ pernah melalui dua kuburan, lalu bersabda;

إِنَّهُمَا لَيُعَذَّبَانِ وَمَا يُعَذَّبَانِ فِي كَبِيرٍ أَمَّا أَحَدُهُمَا فَكَانَ يَمْشِي بِالنَّمِيْمَةِ وَأَمَّا الْآخَرُ فَكَانَ لَا يَسْتَتِرُ مِنْ بَوْلِهِ

"Sesungguhnya kedua penghuni kubur ini sedang disiksa dan keduanya disiksa bukan karena (dosa yang dianggap) besar. Salah satu dari keduanya suka mengadu domba dan yang lainnya tidak bertabir ketika ia buang air kecil."[265]

Hendaknya seorang muslim senantiasa berlindung dari siksa kubur, dengan cara berdoa setelah tasyahud akhir sebelum salam. Sebagaimana yang dicontohkan oleh Rasulullah ﷺ. Diriwayatkan dari Abu Hurairah ﷺ ia berkata, Rasulullah ﷺ bersabda;
"Apabila seorang di antara kalian bertasyahud, hendaklah ia berlindung kepada Allah ﷺ dari empat hal, (dengan berdoa);

---

[263] HR. Nasa'i Juz 3 : 1308. Hadits ini dishahihkan oleh Syaikh Al-Albani ﷺ dalam *As-Silsilah Ash-Shahihah* Juz 3 : 1377.
[264] *Syarhu Lum'atil I'tiqad*, Al-'Utsaimin.
[265] HR. Bukhari Juz 1 : 213 dan Muslim Juz 1 : 292, lafazh ini miliknya.

اَللَّهُمَّ إِنِّي أَعُوذُ بِكَ مِنْ عَذَابِ جَهَنَّمَ وَمِنْ عَذَابِ الْقَبْرِ وَمِنْ فِتْنَةِ الْمَحْيَا وَالْمَمَاتِ وَمِنْ شَرِّ فِتْنَةِ الْمَسِيحِ الدَّجَّالِ.

"Ya Allah, aku berlindang kepada-Mu dari siksa Jahannam, dari siksa kubur, dari fitnah hidup dan mati, dan dari keburukan fitnah Dajjal."[266]

Nikmat Kubur

Adapun nikmat kubur akan diberikan kepada orang-orang yang beriman yang berhasil menjawab pertanyaan kubur atau yang diselamatkan dari fitnah kubur. Sebagaimana diriwayatkan dari Abu Hurairah ﷺ ia berkata, Rasulullah ﷺ bersabda;

فَيَقُولَانِ مَا كُنْتَ تَقُولُ فِي هَذَا الرَّجُلِ فَيَقُولُ مَا كَانَ يَقُولُ هُوَ عَبْدُ اللهِ وَرَسُولُهُ أَشْهَدُ أَنْ لَا إِلَهَ إِلَّا اللهُ وَأَنَّ مُحَمَّدًا عَبْدُهُ وَرَسُولُهُ فَيَقُولَانِ قَدْ كُنَّا نَعْلَمُ أَنَّكَ تَقُولُ هَذَا ثُمَّ يُفْسَحُ لَهُ فِي قَبْرِهِ سَبْعُونَ ذِرَاعًا فِي سَبْعِينَ ثُمَّ يُنَوَّرُ لَهُ فِيهِ ثُمَّ يُقَالُ لَهُ نَمْ فَيَقُولُ أَرْجِعُ إِلَى أَهْلِي فَأُخْبِرُهُمْ فَيَقُولَانِ نَمْ كَنَوْمَةِ الْعَرُوسِ

"Malaikat (Munkar dan Nakir) akan bertanya, "Apa yang akan engkau katakan (tentang) laki-laki ini?" Mayit tersebut menjawab, "Ia adalah hamba Allah ﷺ dan utusan-Nya. Aku bersaksi bahwa tidak ada sesembahan (yang berhak untuk disembah) selain Allah ﷺ dan Muhammad adalah hamba dan utusan-Nya." Kedua Malaikat tersebut berkata, "Sungguh kami telah mengetahui bahwa engkau akan menjawab demikian." Kemudian diluaskan kuburnya tujuh puluh kali tujuh puluh hasta, lalu diterangi kuburnya. Kemudian dikatakan kepadanya, "Tidurlah." Mayit tersebut berkata, "Kembalikanlah aku kepada keluargaku, aku akan memberitahukan (kejadian ini kepada) mereka." Kedua Malaikat tersebut berkata, "Tidurlah, seperti tidurnya pengantin baru."[267]

*****

---

[266] Muttafaq 'alaih. HR. Bukhari Juz 1 : 1311 dan Muslim Juz 1 : 588, lafazh ini miliknya.
[267] HR. Tirmidzi Juz 3 : 1071. Hadits ini dishahihkan oleh Syaikh Al-Albani ﵀ dalam *As-Silsilah Ash-Shahihah* Juz 3 : 1391.

TANDA-TANDA HARI KIAMAT

Kiamat besar tidak akan terjadi, melainkan setelah muncul beberapa tanda-tandanya. Tanda-tanda Kiamat terbagi menjadi dua; tanda-tanda kecil dan tanda-tanda besar. Tanda-tanda kecil yaitu tanda yang mendahului Kiamat dalam kurun waktu yang lama dan merupakan sesuatu yang dianggap biasa. Dan tanda kecil kiamat yang pertama adalah dengan diutusnya Rasulullah ﷺ. Sebagaimana diriwayatkan dari Sahl ؓ ia berkata, Rasulullah ﷺ bersabda;

$$ بُعِثْتُ أَنَا وَالسَّاعَةُ كَهَاتَيِنِ وَيُشِيرُ بِإِصْبَعَيْهِ فَيَمُدُّهُمَا. $$

"(Jarak) diutusnya aku dengan Hari Kiamat seperti dua (jari) ini." Beliau memberikan isyarat dengan kedua jarinya (jari telunjuk dan jari tengahnya), lalu merenggangkannya."[268]

Dan terdapat lebih dari lima puluh tanda-tanda kecil yang lainnya, sebagaimana yang disebutkan pada nash-nash Al-Qur'an dan As-Sunnah.

TANDA BESAR KIAMAT

Tanda-tanda besar adalah peristiwa yang terjadi menjelang Hari Kiamat dan merupakan sesuatu yang tidak biasa terjadi. Tanda besar Kiamat ada sepuluh. Sebagaimana diriwayatkan dari Hudzaifah bin Asid ؓ ia berkata, Nabi ﷺ bersabda;

$$ إِنَّ السَّاعَةَ لَا تَكُوْنُ حَتَّى تَكُوْنَ عَشْرُ آيَاتٍ خَسْفٌ بِالْمَشْرِقِ وَخَسْفٌ بِالْمَغْرِبِ وَخَسْفٌ فِي جَزِيْرَةِ الْعَرَبِ وَالدُّخَانُ وَالدَّجَّالُ وَدَابَّةُ الْأَرْضِ وَيَأْجُوْجُ وَمَأْجُوْجُ وَطُلُوْعُ الشَّمْسِ مِنْ مَغْرِبِهَا وَنَارٌ تَخْرُجُ مِنْ قُعْرَةِ عَدَنٍ تَرْحَلُ النَّاسَ، اَلْعَاشِرَةُ نُزُوْلُ عِيْسَى بْنِ مَرْيَمَ صَلَّى اللهُ عَلَيْهِ وَسَلَّمَ $$

---

[268] HR. Bukhari Juz 5 : 6138, lafazh ini miliknya dan Muslim Juz 2 : 867.

"Sesungguhnya Kiamat tidak akan pernah terjadi hingga muncul sepuluh tanda (sebelumnya); penenggelaman yang terjadi di timur, penenggelaman yang terjadi di barat, dan (penenggelaman yang terjadi) di Jazirah Arab, asap, Dajjal, binatang bumi, Ya-juj dan Ma-juj, terbitnya matahari dari barat, api yang keluar dari jurang 'Adn yang menggiring manusia, (dan yang) kesepuluh turunya Isa bin Maryam ﷺ.*"*[269]

Jika tanda besar yang pertama telah nampak, maka berbagai tanda lain akan datang secara beruntun. Diriwayatkan dari 'Abdullah bin 'Amru ﷺ ia berkata, Rasulullah ﷺ bersabda;

اَلْآيَاتُ خَرَزَاتٌ مَنْظُوْمَاتٌ فِيْ سِلْكٍ فَإِنْ يُقْطَعِ السِّلْكُ يَتْبَعُ بَعْضُهَا بَعْضًا.

"Tanda-tanda (Kiamat) bagaikan mutiara yang terangkai pada seutas benang. Jika benang tersebut putus, maka sebagiannya akan mengikuti sebagian yang lain(nya)."[270]

Berikut ini adalah penjelasan tentang sepuluh tanda-tanda besar Hari Kiamat, antara lain :

a. Dajjal

Di antara kejadian Adam ﷺ hingga Hari Kiamat, tidak ada sesuatu kejadian yang lebih besar daripada peristiwa Al-Masih Dajjal. Sebagaimana diriwayatkan dari 'Imran bin Husain ﷺ ia berkata, aku mendengar Rasulullah ﷺ bersabda;

مَا بَيْنَ خَلْقِ آدَمَ إِلَى قِيَامِ السَّاعَةِ خَلْقٌ أَكْبَرُ مِنَ الدَّجَّالِ.

"Di antara kejadian Adam ﷺ *hingga Hari Kiamat, (tidak ada) sesuatu kejadian yang lebih besar daripada Dajjal."*[271]

---

[269] HR. Muslim Juz 4 : 2901.
[270] HR. Ahmad : 7040. Hadits ini dishahihkan oleh Syaikh Al-Albani ﷺ dalam *Shahihul Jami'* : 2755.
[271] HR. Muslim Juz 4 : 2946.

Dajjal dinamakan dengan Al-Masih karena dua sebab :[272]

❖ Terhapus matanya
Sebagaimana diriwayakan dari Hudzaifah ؓ ia berkata, Rasulullah ﷺ bersabda;

$$\text{إِنَّ الدَّجَّالَ مَمْسُوحُ الْعَيْنِ}$$

"Sesungguhnya Dajjal terhapus (buta sebelah) matanya."[273]

❖ Perjalanan di bumi
Karena Dajjal akan mengelilingi bumi, kecuali Makkah dan Madinah. Sebagaimana diriwayatkan dari Anas bin Malik ؓ ia berkata, Rasulullah ﷺ bersabda;

$$\text{لَيْسَ مِنْ بَلَدٍ إِلَّا سَيَطَؤُهُ الدَّجَّالُ إِلَّا مَكَّةَ وَالْمَدِينَةَ}$$

"Tidak ada suatu negeri pun melainkan akan diinjak oleh Dajjal, kecuali Makkah dan Madinah."[274]

Tidak ada seorang Nabi pun kecuali telah memperingatkan umatnya dari Dajjal, demikian pula Nabi kita Muhammad ﷺ. Sebagaimana telah diriwayatkan dari 'Abdullah bin Umar ؓ ia berkata;

$$\text{قَامَ النَّبِيُّ صَلَّى اللَّهُ عَلَيْهِ وَسَلَّمَ فِي النَّاسِ فَأَثْنَى عَلَى اللهِ بِمَا هُوَ أَهْلُهُ}$$

$$\text{ثُمَّ ذَكَرَ الدَّجَّالَ فَقَالَ إِنِّي أُنْذِرُكُمُوهُ وَمَا مِنْ نَبِيٍّ إِلَّا قَدْ أَنْذَرَهُ قَوْمَهُ}$$

$$\text{لَقَدْ أَنْذَرَهُ نُوحٌ قَوْمَهُ وَلَكِنِّ سَأَقُولُ لَكُمْ فِيهِ قَوْلًا لَمْ يَقُلْهُ نَبِيٌّ لِقَوْمِهِ}$$

$$\text{تَعْلَمُونَ أَنَّهُ أَعْوَرُ وَأَنَّ اللَّهَ لَيْسَ بِأَعْوَرَ.}$$

---

[272] *An-Nihayah fi Gharibil Hadits*, 4/326-327.
[273] HR. Muslim Juz 4 : 2934.
[274] HR. Muslim Juz 4 : 2943.

"Rasulullah ﷺ berdiri di hadapan manusia. Beliau memuji Allah ﷻ dengan pujian yang sesuai dengan kebesaran Allah ﷻ, dan sesudah itu beliau menyebut Dajjal. Beliau bersabda, *"Sesungguhnya aku memperingatkan bahaya Dajjal itu kepada kalian. Setiap Nabi telah memperingatkan kepada kaumnya (tentang Dajjal). Dan sesungguhnya Nuh ﷺ pun telah memperingatkan kaumnya darinya. Tetapi aku mengatakan kepada kalian tentang (Dajjal dengan) suatu perkataan yang belum pernah disampaikan oleh para Nabi yang lain kepada kaumnya. Bahwa sesungguhnya Dajjal itu buta matanya dan sesungguhnya Allah ﷻ tidak buta."*[275]

Dajjal akan keluar dari suatu tempat di antara Syam dan Iraq. Ia tinggal di bumi selama empat puluh hari. Sebagaimana diriwayatkan dari An-Nawwas bin Sam'an ﷺ, ia berkata;

ذَكَرَ رَسُولُ اللهِ صَلَّى اللهُ عَلَيْهِ وَسَلَّمَ الدَّجَّالَ قَالَ : إِنَهُ خَارِجٌ خَلَّةً بَيْنَ الشَّامِ وَالْعِرَاقِ فَعَاثَ يَمِينًا وَعَاثَ شِمَالًا يَا عِبَادَ اللهِ فَأَثْبُتُوا قُلْنَا يَا رَسُولَ اللهِ وَمَا لُبْثُهُ فِي الْأَرْضِ قَالَ أَرْبَعُونَ يَوْمًا يَوْمٌ كَسَنَةٍ وَيَوْمٌ كَشَهْرٍ وَيَوْمٌ كَجُمُعَةٍ وَسَائِرُ أَيَّامِهِ كَأَيَّامِكُمْ

"Dia akan keluar di antara Syam dan Iraq dan akan mengacau kekanan dan kekiri. Wahai hamba Allah teguhlah kalian." Kami bertanya, "Wahai Rasulullah, berapa lama ia tinggal di bumi?" Beliau bersabda, *"Empat puluh hari, sehari seperti satu tahun, sehari seperti satu bulan, sehari seperti satu Jum'at, dan hari-hari lainnya seperti hari-hari (biasa) kalian."*[276]

Di antara sifat-sifat Dajjal adalah ia seorang yang buta mata kanannya, dan tertulis di antara kedua matanya "Kafir," yang dapat dibaca oleh setiap muslim. Sebagaimana diriwayatkan dari 'Abdullah bin 'Umar ﷺ, ia berkata;

---

[275] HR. Bukhari Juz 3 : 2892.
[276] HR. Muslim Juz 4 : 2937.

ذَكَرَ رَسُوْلُ اللهِ صَلَّى اللهُ عَلَيْهِ وَسَلَّمَ يَوْمًا بَيْنَ ظَهَرَانِي النَّاسِ الْمَسِيْحُ الدَّجَّالُ فَقَالَ إِنَّ اللهَ تَبَارَكَ وَتَعَالَى لَيْسَ بِأَعْوَرَ أَلَا إِنَّ الْمَسِيْحَ الدَّجَّالَ أَعْوَرُ عَيْنِ الْيُمْنَى كَأَنَّ عَيْنَهُ عِنَبَةٌ طَافِيَةٌ.

"Pada suatu hari Rasulullah ﷺ menyebut Dajjal kapada manusia dan bersabda, *"Sesungguhnya Allah Tabaraka wa Ta'ala tidak buta, ketahuilah bahwa Al-Masih Dajjal buta mata kanan bagaikan buah anggur yang timbul."*[277]

Dan diriwayatkan pula dari Anas bin Malik ؓ ia berkata, Rasulullah ﷺ bersabda;

اَلدَّجَّالُ مَمْسُوْحُ الْعَيْنِ مَكْتُوْبٌ بَيْنَ عَيْنَيْهِ كَافِرٌ ثُمَّ تَهَجَّاهَا ك ف ر يَقْرَؤُهُ كُلُّ مُسْلِمٍ.

"Dajjal itu terhapus (sebelah) matanya. Di antara kedua matanya tertulis "Kafir." Kemudian beliau mengejakannya, "Kaf, fa', ra'. (Tulisan tersebut) dapat dibaca oleh setiap muslim."[278]

Ketika Dajjal keluar, maka ia akan membuat fitnah di muka bumi. Sebagaimana disebutkan dalam hadits dari An-Nawwas bin Sam'an ؓ, Rasulullah ﷺ bersabda;

فَيَأْتِي عَلَى الْقَوْمِ فَيَدْعُوْهُمْ فَيُؤْمِنُوْنَ بِهِ وَيَسْتَجِيْبُوْنَ لَهُ فَيَأْمُرُ السَّمَاءَ فَتُمْطِرُ وَالْأَرْضَ فَتُنْبِتُ فَتَرُوْحُ عَلَيْهِمْ سَارِحَتُهُمْ أَطْوَلَ مَا كَانَتْ ذُرًا وَأَسْبَغُهُ ضُرُوْعًا وَأَمَدَّهُ خَوَاصِرَ ثُمَّ يَأْتِي الْقَوْمَ فَيَدْعُوْهُمْ فَيَرَدُّوْنَ عَلَيْهِ قَوْلَهُ فَيَنْصَرِفُ عَنْهُمْ فَيُصْبِحُوْنَ مُمْحِلِيْنَ لَيْسَ بِأَيْدِيْهِمْ شَيْءٌ مِنْ أَمْوَالِهِمْ وَيَمُرُّ بِالْخَرِبَةِ فَيَقُوْلُ لَهَا أَخْرِجِي كُنُوْزَكِ فَتَتْبَعُهُ كُنُوْزُهَا

[277] HR. Bukhari Juz 3 : 3256 dan Muslim Juz 1 : 169, lafazh ini miliknya.
[278] HR. Muslim Juz 4 : 2933.

كَيَعَاسِيبِ النَّحْلِ ثُمَّ يَدْعُو رَجُلًا مُمْتَلِئًا شَبَابًا فَيَضْرِبُهُ بِالسَّيْفِ فَيَقْطَعُهُ جَزْلَتَيْنِ رَمْيَةَ الْغَرَضِ ثُمَّ يَدْعُوهُ فَيُقْبِلُ وَيَتَهَلَّلُ وَجْهُهُ يَضْحَكُ.

"Maka Dajjal pergi mendatangi sesuatu kaum dan mengajak mereka, dan kaum tersebut percaya kepadanya. Dajjal menyuruh kepada langit, maka langit segera menurunkan hujan dan bumi segera tumbuh, dan para pengembala kembali dengan ternak yang banyak dan gemuk-gemuk. Kemudian ia pergi pada kaum (yang lain) dan mengajak mereka, tetapi kaum tersebut menolaknya, lalu mereka ditinggalkan oleh Dajjal, maka tiba-tiba daerah tersebut menjadi kering tidak ada sedikit pun kekayaan. (Dajjal) berjalan melalui tempat kosong, dan berkata, "Keluarkan simpanan (kekayaan)mu." Maka keluarlah simpanan (kekayaan)nya bagaikan raja lebah (yang diantar oleh tentaranya). Kemudian ia memanggil seorang pemuda dan dipenggalnya dengan pedang, dipotong menjadi dua dan dilemparkan yang jauh, kemudian dipanggilnya (pemuda tersebut), maka datanglah pemuda itu dengan wajah yang berseri-seri sambil tertawa."[279]

Para pengikut Dajjal sangat banyak. Dan kebanyakan mereka dari kalangan wanita dan kaum yahudi, jumlahnya mencapai tujuh puluh ribu. Sebagaimana diriwayatkan dari Ibnu 'Umar ﷺ ia berkata, Rasulullah ﷺ bersabda;

يَنْزِلُ الدَّجَّالَ بِهَذِهِ السَّبْخَةِ بِمِرْقَنَاةٍ فَيَكُونُ أَكْثَرُ مَنْ يَخْرُجُ إِلَيْهِ النِّسَاءُ حَتَّى إِنَّ الرَّجُلَ لَيَرْجِعُ إِلَى حَمِيمِهِ وَإِلَى أُمِّهِ وَإِلَى ابْنَتِهِ وَأُخْتِهِ وَعَمَّتِهِ فَيُوثِقُهَا رِبَاطًا مَخَافَةَ أَنْ تَخْرُجَ إِلَيْهِ.

"Dajjal akan turun di lembah Mirqanah[280] ini. Kebanyakan yang datang kepadanya adalah kaum wanita. Hingga seorang laki-laki akan kembali menemui sahabat karibnya, ibunya, anak perempuanya, saudarinya, dan bibinya untuk meneguhkan (hati)nya, karena khawatir mereka akan pergi menemui Dajjal."[281]

---

[279] HR. Muslim Juz 4 : 2937.
[280] Mirqanah adalah sebuah lembah di Madinah dari arah Thaif. (*Mu'jamul Buldan*, 4/401)
[281] HR. Ahmad.

Diriwayatkan pula dari Anas bin Malik ﷺ, Sesungguhnya Rasulullah ﷺ bersabda;

يَتْبَعُ الدَّجَّالَ مِنْ يَهُوْدِ أَصْبَهَانَ سَبْعُوْنَ أَلْفًا عَلَيْهِمُ الطَّيَالِسَةُ.

"Akan mengikuti Dajjal dari yahudi asbahan tujuh ribu yang memakai pakaian seragam."[282]

    Tidak ada yang dapat membunuh Al-Masih Dajjal, kecuali Al-Masih Isa bin Maryam ﷺ. Al-Masih Dajjal akan dibunuh oleh Al-Masih Isa bin Maryam ﷺ di *Bab Ludd*. Sebagaimana sabda Rasulullah ﷺ;

فَبَيْنَمَا هُوَ كَذَلِكَ إِذْ بَعَثَ اللهُ الْمَسِيْحَ بْنَ مَرْيَمَ فَيَنْزِلُ عِنْدَ الْمَنَارَةِ الْبَيْضَاءِ شَرْقِيَّ دِمَشْقَ بَيْنَ مَهْرُوْدَتَيْنِ وَاضِعًا عَلَى أَجْنِحَةِ مَلَكَيْنِ إِذَا طَأْطَأَ رَأْسَهُ قَطَرَ وَإِذَا رَفَعَهُ تَحَدَّرَ مِنْهُ جُمَانٌ كَاللُّؤْلُؤِ فَلَا يَحِلُّ لِكَافِرٍ يَجِدُ رِيْحَ نَفْسِهِ إِلَّا مَاتَ وَنَفَسَهُ يَنْتَهِيْ حَيْثُ يَنْتَهِيْ طَرْفُهُ فَيَطْلُبُهُ حَتَّى يُدْرِكَهُ بِبَابِ لُدٍّ فَيَقْتُلُهُ

"Ketika (telah) demikian (keadaan Dajjal), tiba-tiba Allah ﷻ mengutus Isa bin Maryam ﷺ yang akan turun pada menara putih di timur Damaskus, di antara dua sayap malaikat. Jika ia menundukkan kepalanya, (maka) turunlah (rambutnya). Dan jika ia mengangkatnya, (maka) mengalirlah (keringatnya) bagaikan butir mutiara. Maka tidak ada seorang kafir pun yang mendapatkan bau nafasnya, melainkan ia (akan) mati (seketika itu) dan nafasnya adalah sejauh pandangannya. Maka ia akan mencari Dajjal hingga di dapatkannya di Bab Ludd, maka Dajjal akan dibunuh (disana)."[283]

    Ketika Dajjal melihat Nabi Isa ﷺ, maka ia akan mencair seperti garam yang larut dalam air. Kemudian Nabi Isa ﷺ berkata, "Sesungguhnya aku memiliki satu pukulan untukmu, dan engkau tidak akan luput dariku." Akhirnya Nabi Isa ﷺ membunuhnya dengan tombak.[284]

---

[282] HR. Muslim Juz 4 : 2944.
[283] HR. Muslim Juz 4 : 2937.
[284] *Al-Fitan wal Malahim*, 1/128-129.

Ada empat kiat untuk berlindung dari Dajjal, antara lain :

➤ Bersegera untuk melakukan amal shalih
    Sebagaimana diriwayatkan dari Abu Hurairah ﷺ, bahwa Rasulullah ﷺ bersabda;

$$\text{بَادِرُوا بِالْأَعْمَالِ سِتًّا طُلُوعَ الشَّمْسِ مِنْ مَغْرِبِهَا أَوِ الدُّخَانَ أَوِ الدَّجَّالَ}$$
$$\text{أَوِ الدَّابَّةَ أَوْ خَاصَّةَ أَحَدِكُمْ أَوْ أَمْرَ الْعَامَّةِ.}$$

"Dahuluilah dengan amal (shalih sebelum datangnya) enam (peristiwa); terbitnya matahari dari barat, (munculnya) asap, Dajjal, Dabbah (binatang melata yang keluar dari dalam bumi), (urusan) khusus salah seorang di antara kalian (kematian), dan perkara umum (Hari Kiamat)."[285]

➤ Berdoa kepada Allah ﷻ ketika tasyahud akhir sebelum salam
    Diriwayatkan dari Abu Hurairah ﷺ ia berkata, Rasulullah ﷺ bersabda; *"Apabila seorang di antara kalian bertasyahud, hendaklah ia berlindung kepada Allah ﷻ dari empat hal, (dengan berdoa);*

$$\text{اَللَّهُمَّ إِنِّي أَعُوذُ بِكَ مِنْ عَذَابِ جَهَنَّمَ وَمِنْ عَذَابِ الْقَبْرِ وَمِنْ فِتْنَةِ}$$
$$\text{الْمَحْيَا وَالْمَمَاتِ وَمِنْ شَرِّ فِتْنَةِ الْمَسِيحِ الدَّجَّالِ.}$$

"Ya Allah, aku berlindang kepada-Mu dari siksa Jahannam, dari siksa kubur, dari fitnah hidup dan mati, dan dari keburukan fitnah Dajjal."[286]

➤ Menghafal sepuluh ayat dari Surat Al-Kahfi
    Sebagaimana diriwayatkan dari Abu Darda' ﷺ, dari Nabi ﷺ, beliau bersabda;

$$\text{مَنْ حَفِظَ عَشْرَ آيَاتٍ مِنْ أَوَّلِ سُورَةِ الْكَهْفِ عُصِمَ مِنْ فِتْنَةِ الدَّجَّالِ.}$$

"Barangsiapa yang menghafal sepuluh ayat dari awal Surat Al-Kahfi, maka ia akan terpelihara dari fitnah Dajjal."

---

[285] HR. Muslim Juz 4 : 2947.
[286] Muttafaq 'alaih. HR. Bukhari Juz 1 : 1311 dan Muslim Juz 1 : 588, lafazh ini miliknya.

Dalam riwayat yang lain;

$$\text{مَنْ حَفِظَ مِنْ خَوَاتِيمِ سُورَةِ الْكَهْفِ [مِنْ آخِرِ الْكَهْفِ].}$$

"Barangsiapa menghafal sepuluh ayat dari akhir Surat Al-Kahfi."[287]

> Jika mampu berhijrah ke Haramain[288]

Diriwayatkan dari Anas bin Malik ﷺ ia berkata, Rasulullah ﷺ bersabda;

$$\text{لَيْسَ مِنْ بَلَدٍ إِلَّا سَيَطَؤُهُ الدَّجَّالُ إِلَّا مَكَّةَ وَالْمَدِينَةَ وَلَيْسَ نَقْبٌ مِنْ}$$
$$\text{أَنْقَابِهَا إِلَّا عَلَيْهِ الْمَلَائِكَةُ صَافِّينَ تَحْرُسُهَا فَيَنْزِلُ بِالسَّبْخَةِ فَتَرْجُفُ}$$
$$\text{الْمَدِينَةُ ثَلَاثَ رَجْفَاتٍ يَخْرُجُ إِلَيْهِ مِنْهَا كُلُّ كَافِرٍ وَمُنَافِقٍ.}$$

"Tidak ada suatu negeri pun melainkan akan diinjak oleh Dajjal, kecuali Makkah dan Madinah. Tidak ada satu jalan pun (di Makkah dan Madinah), melainkan (dijaga) oleh para malaikat yang berbaris. Maka ia berhenti di tanah lapang yang kering (di luar) kota Madinah dan bergoncanglah kota Madinah sebanyak tiga kali, yang akan mengeluarkan darinya semua orang kafir dan orang munafik."[289]

b. Turunnya Isa عليه السلام

Setelah Dajjal keluar dan membuat kerusakan di muka bumi, maka Allah ﷺ akan mengutus Al-Masih Isa bin Maryam عليه السلام. Nabi Isa عليه السلام dinamakan dengan Al-Masih karena dua sebab :

❖ Telapak kakinya rata

Karena bagian bawah dari telapak kaki Nabi Isa عليه السلام rata (mulus), tidak ada lekuk-lekuknya sama sekali.

❖ Mengusap orang yang sakit

Karena di antara mukjizat Nabi Isa عليه السلام adalah jika beliau mengusap orang yang sakit, maka langsung sembuh seketika.[290]

---

[287] HR. Abu Dawud : 4323.
[288] Makkah *Al-Mukarramah* dan Madinah *Al-Munawwarah*.
[289] HR. Muslim Juz 4 : 2943.
[290] *Syarah Shahih Muslim*, 2/402.

Nabi Isa ﷺ akan turun di menara putih sebelah timur Damaskus di Syam dengan memakai dua helai pakaian yang dicelup dengan minyak za'faran. Nabi Isa ﷺ meletakkan tangannya di atas sayap dua Malaikat. Jika ia menundukkan kepalanya, maka akan turunlah rambutnya. Dan jika ia mengangkatnya, maka berjatuhanlah keringatnya bagaikan butir mutiara. Tidaklah seorang kafir pun yang mencium nafasnya, melainkan ia akan mati, dan nafasnya adalah sejauh pandangannya. Nabi Isa ﷺ akan membunuh Dajjal di *Bab Ludd*. Diriwayatkan dari An-Nawwas bin Sam'an ﷺ, Rasulullah ﷺ bersabda;

فَبَيْنَمَا هُوَ كَذَلِكَ إِذْ بَعَثَ اللهُ الْمَسِيحَ بْنَ مَرْيَمَ فَيَنْزِلُ عِنْدَ الْمَنَارَةِ الْبَيْضَاءِ شَرْقِيَّ دِمَشْقَ بَيْنَ مَهْرُودَتَيْنِ وَاضِعًا كَفَّيْهِ عَلَى أَجْنِحَةِ مَلَكَيْنِ إِذَا طَأْطَأَ رَأْسَهُ قَطَرَ وَإِذَا رَفَعَهُ تَحَدَّرَ مِنْهُ جُمَانٌ كَاللُّؤْلُؤِ فَلَا يَحِلُّ لِكَافِرٍ يَجِدُ رِيحَ نَفْسِهِ إِلَّا مَاتَ وَنَفَسُهُ يَنْتَهِي حَيْثُ يَنْتَهِي طَرْفُهُ فَيَطْلُبُهُ حَتَّى يُدْرِكَهُ بِبَابِ لُدٍّ فَيَقْتُلُهُ ثُمَّ يَأْتِي عِيسَى بْنَ مَرْيَمَ قَوْمٌ قَدْ عَصَمَهُمُ اللهُ مِنْهُ فَيَمْسَحُ عَنْ وُجُوهِهِمْ وَيُحَدِّثُهُمْ بِدَرَجَاتِهِمْ فِي الْجَنَّةِ.

"Ketika (telah) demikian keadaan Dajjal, tiba-tiba Allah mengutus Al-Masih Isa bin Maryam ﷺ yang akan turun pada menara putih di timur Damaskus, di antara dua sayap malaikat. Jika ia menundukkan kepalanya, (maka) turunlah (rambutnya). Dan jika ia mengangkatnya, (maka) mengalirlah (keringatnya) bagaikan butir mutiara. Maka tidak ada seorang kafir pun yang mendapatkan bau nafasnya, melainkan ia (akan) mati (seketika itu) dan nafasnya adalah sejauh pandangannya. Maka ia akan mencari Dajjal hingga di dapatkannya di Bab Ludd, maka Dajjal akan dibunuh (disana). Kemudian Nabi Isa ﷺ pergi kepada kaum yang telah dipelihara Allah ﷺ dari gangguan (Dajjal) dan mengusap wajah-wajah mereka serta menyebutkan kedudukan mereka di Surga."[291]

---

[291] HR. Muslim Juz 4 : 2937.

Pada masa Nabi Isa ﷺ tersebarlah rasa aman dan keberkahan. Sebagaimana diriwayatkan dari Abu Hurairah ﷺ, bahwa Nabi ﷺ bersabda;

فَيُقَاتِلُ النَّاسَ عَلَى الْإِسْلَامِ فَيَدُقَّ الصَّلِيبَ وَيَقْتُلُ الْخِنْزِيرَ وَيَضَعُ الْجِزْيَةَ وَيُهْلِكُ اللَّهُ فِي زَمَانِهِ الْمِلَلَ كُلَّهَا إِلَّا الْإِسْلَامَ وَيُهْلِكُ اللَّهُ الْمَسِيحَ الدَّجَّالَ (وَتَقَعُ الْأَمَنَةُ فِي الْأَرْضِ حَتَّى تَرْتَعَ الْأُسُودُ مَعَ الْإِبِلِ وَالنِّمَارُ مَعَ الْبَقَرِ وَالذِّئَابُ مَعَ الْغَنَمِ وَيَلْعَبُ الصِّبْيَانُ بِالْحَيَّاتِ لَا تَضُرُّهُمْ) فَيَمْكُثُ فِي الْأَرْضِ أَرْبَعِينَ سَنَةً ثُمَّ يُتَوَفَّى فَيُصَلِّي عَلَيْهِ الْمُسْلِمُونَ

"(Nabi Isa ﷺ) akan memerangi manusia untuk masuk ke dalam Islam. Ia akan menghancurkan salib dan membunuh babi-babi, dan menghapus jizyah (upeti). Allah ﷺ akan menghancurkan seluruh agama pada masa tersebut, kecuali Islam. Pada zaman tersebut Allah ﷺ akan menghancurkan Al-Masih Dajjal. Dan amanah pun terjaga di muka bumi hingga singa dapat hidup dengan unta, harimau dengan sapi, srigala dengan kambing dan anak-anak pun bermain dengan ular tanpa membahyakan mereka. Ia akan hidup selama empat puluh tahun, kemudian ia meninggal dunia lalu kaum muslimin menshalatkannya."[292]

Nabi Isa ﷺ dahulu ketika diangkat ke langit berusia tiga puluh tiga tahun dan beliau akan hidup dimuka bumi setelah diturunkan selama tujuh tahun, menggenapkan empat puluh tahun usia beliau ﷺ.

c. Ya-Juj dan Ma-Juj

Ya-juj dan Ma-juj adalah manusia dari keturunan Adam ﷺ. Dzulqarnain[293] telah membuat dinding penghalang untuk mereka.[294] Mereka tidak dapat melubangi dinding tersebut hingga waktu yang telah ditentukan Allah ﷺ. Diriwayatkan dari Abu Hurairah ﷺ, dari Nabi ﷺ, beliau bersabda tentang dinding penghalang Ya-juj dan Ma-juj;

---

[292] HR. Ahmad dan Abu Dawud : 4286. Hadits ini dishahihkan oleh Syaikh Al-Albani ﷺ dalam *As-Silsilah Ash-Shahihah* Juz 5 : 2182.
[293] Ia adalah seorang raja yang beriman dan shalih.
[294] Sebagaimana disebutkan dalam Surat Al-Kahfi : 94 - 97.

يَحْفُرُوْنَهُ كُلَّ يَوْمٍ حَتَّى إِذَا كَادُوْا يَخْرِقُوْنَهُ قَالَ الَّذِيْ عَلَيْهِمْ اِرْجِعُوْا فَسَتَخْرِقُوْنَهُ غَدًا فَيُعِيْدُهُ اللهُ كَأَشَدِّ مَا كَانَ حَتَّى إِذَا بَلَغَ مُدَّتَهُمْ وَأَرَادَ اللهُ أَنْ يَبْعَثَهُمْ عَلَى النَّاسِ قَالَ لِلَّذِيْ عَلَيْهِمْ اِرْجِعُوْا فَسَتَخْرِقُوْنَهُ غَدًا إِنْ شَاءَ اللهُ وَاسْتَثْنَى قَالَ فَيَرْجِعُوْنَ فَيَجِدُوْنَهُ كَهَيْئَتِهِ حِيْنَ تَرَكُوْهُ فَيَخْرِقُوْنَهُ فَيَخْرُجُوْنَ عَلَى النَّاسِ فَيَسْتَقُوْنَ الْمِيَاهَ وَيَفِرُّ النَّاسُ مِنْهُمْ.

"(Ya-juj dan Ma-juj) melubanginya setiap hari hingga ketika mereka hampir saja melubanginya, maka (pemimpin) mereka berkata, "Kembalilah, kalian akan (kembali) melubanginya besok." Kemudian Allah mengembalikannya kokoh seperti semula. Hingga ketika telah tiba waktunya dan Allah ﷻ berkehendak untuk mengutus mereka kepada manusia, maka (pemimpin) mereka berkata, "Kembalilah, kalian akan (kembali) melubanginya besok, insya Allah (jika Allah menghendaki)." Ia mengucapkan istitsna (insya Allah). Maka keesokan harinya mereka kembali dan mendapati dinding tersebut tetap dalam keadaan seperti ketika mereka tinggalkan. Akhirnya mereka dapat melubanginya dan keluar di tengah-tengah manusia, lalu mereka meminum air dan manusia lari dari mereka."[295]

Ya-juj dan ma-juj akan mati dengan ulat yang menyerang pada leher-leher mereka, melalui doa Nabi Isa ﷺ dan para sahabatnya. Disebutkan dalam hadits yang diriwayatkan dari An-Nawwas bin Sam'an ﷺ, Rasulullah ﷺ bersabda;

فَيَرْغَبُ نَبِيُّ اللهِ عِيْسَى وَأَصْحَابُهُ فَيُرْسِلُ اللهُ عَلَيْهِمُ النَّغَفَ فِيْ رِقَابِهِمْ فَيُصْبِحُوْنَ فَرْسَى كَمَوْتِ نَفْسٍ وَاحِدَةٍ

"Nabiyullah Isa ﷺ dan para sahabatnya berdoa kepada Allah ﷻ, maka Allah ﷻ mengirimkan ulat ke leher-leher Ya-juj dan Ma-juj, maka keesokan harinya mereka mati seperti kematian satu jiwa."[296]

---

[295] HR. Tirmidzi Juz 5 : 3153, lafazh ini miliknya dan Hakim Juz 4 : 8501. Hadits ini dishahihkan oleh Syaikh Al-Albani ﵀ dalam *Shahihul Jami'* : 2276.
[296] HR. Muslim Juz 4 : 2937.

d. Tiga Penenggelaman Bumi

Tiga penenggelaman tersebut belum terjadi sampai sekarang, seperti tanda-tanda besar kiamat lainnya yang belum muncul.[297] Penenggelaman ini akan terjadi sangat besar dan menyeluruh pada banyak tempat di berbagai belahan bumi bagian timur, barat, dan Jazirah Arab. Berkata Ibnu Hajar ﵀;

"Telah ditemukan penenggelaman di berbagai tempat, akan tetapi mungkin saja bahwa yang dimaksud dengan tiga penenggelaman adalah sesuatu yang lebih dahsyat dari yang telah ditemukan, seperti ukurannya dan tempatnya yang lebih besar."[298]

e. Asap

Munculnya asap merupakan tanda-tanda Kiamat yang ditunggu-tunggu, ia belum terjadi dan akan terjadi menjelang Hari Kiamat.[299] Allah ﷻ berfirman;

$$\text{فَارْتَقِبْ يَوْمَ تَأْتِي السَّمَاءُ بِدُخَانٍ مُّبِينٍ. يَغْشَى النَّاسَ هَذَا عَذَابٌ أَلِيمٌ.}$$

"Maka tunggulah hari ketika langit membawa asap yang nyata. Yang meliputi manusia, inilah siksa yang pedih."[300]

f. Terbitnya Matahari dari Barat

Pintu taubat senantiasa dibuka selama matahari belum terbit dari barat. Ketika matahari telah terbit dari barat, maka pintu tersebut akan ditutup sampai Hari Kiamat.[301] Diriwayatkan dari Abu Hurairah ﵁, bahwa Rasulullah ﷺ bersabda;

$$\text{لَا تَقُومُ السَّاعَةَ حَتَّى تَطْلُعَ الشَّمْسُ مِنْ مَغْرِبِهَا فَإِذَا طَلَعَتْ مِنْ}$$
$$\text{مَغْرِبِهَا آمَنَ النَّاسُ كُلُّهُمْ أَجْمَعُونَ فَيَوْمَئِذٍ لَا يَنْفَعُ نَفْسًا إِيْمَانُهَا لَمْ}$$
$$\text{تَكُنْ آمَنَتْ مِنْ قَبْلُ أَوْ كَسَبَتْ فِي إِيْمَانِهَا خَيْرًا}$$

---

[297] *Asyratus Sa'ah*, Yusuf Al-Wabil.
[298] *Fathul Bari*, 13/84.
[299] *Asyratus Sa'ah*, Yusuf Al-Wabil.
[300] QS. Ad-Dukhan : 10 - 11.
[301] *Asyratus Sa'ah*, Yusuf Al-Wabil.

"Tidak akan terjadi Hari Kiamat hingga matahari terbit dari barat. Ketika (manusia) menyaksikan matahari terbit dari barat, (maka) semua manusia akan beriman. Pada hari tersebut tidak bermanfaat lagi iman seseorang yang belum beriman sebelum itu atau ia (belum) mengusahakan kebaikan dalam masa imannya.[302]*"*[303]

Berkata Imam Al-Qurthubi ﷺ;
"Para ulama' berkata, "Keimanan satu jiwa tidak bermanfaat ketika matahari telah terbit dari barat. Hal itu karena perasaan takut yang sangat menghunjam dalam hati, yang mematikan semua syahwat dan nafsu, serta kekuatan badan menjadi lemah ... Maka semua manusia menjadi seperti orang yang sedang menghadapi *sakaratul maut* dan terputusnya semua ajakan untuk melakukan berbagai macam kemaksiatan."[304]

g. Binatang Bumi
Binatang tersebut akan keluar dari tanah Haram Makkah.[305] Dan binatang tersebut akan memberikan tanda kepada orang yang beriman dan kepada orang yang kafir. Adapun kepada orang yang beriman, maka binatang tersebut akan memberikan tanda pada wajah mereka sehingga menjadi bersinar. Sedangkan kepada orang kafir, maka binatang tersebut akan memberikan tanda pada hidung mereka sebagai tanda kekufuran. Hal ini sebagaimana diriwayatkan dari Abu Umamah ﷺ, Nabi ﷺ bersabda;

تَخْرُجُ الدَّابَةُ فَتَسِمُ النَّاسَ عَلَى خَرَاطِيْمِهِمْ

"Binatang bumi akan keluar dan akan memberikan tanda pada hidung-hidung mereka."[306]

---

[302] QS. Al-An'am : 158.
[303] HR. Bukhari Juz 4 : 4359 dan Muslim Juz 1 : 157, lafazh ini miliknya.
[304] *Al-Jami' li Ahkamil Qur'an*, 7/146.
[305] *At-Tadzkirah*, 698.
[306] HR. Ahmad. Hadits ini dishahihkan oleh Syaikh Al-Albani ﷺ dalam *Shahihul Jami'* : 2927.

h. Api Yang Mengumpulkan Manusia

Ini adalah tanda terakhir dari tanda-tanda besar Kiamat. Api tersebut akan keluar dari Yaman, yaitu dari jurang 'Adn dan api tersebut akan menggiring manusia menuju Syam. Sebagaimana diriwayatkan dari Ibnu 'Umar ﷺ ketika menjelaskan tentang keluarnya api, ia berkata;
"Wahai Rasulullah, apa yang engkau perintahkan kepada kami?" Rasulullah ﷺ menjawab, *"Hendaklah kalian berkumpul di Syam."*[307]

Berkata Imam An-Nawawi ﵀;
"Para ulama' berkata, "Dikumpulkannya manusia terjadi di akhir dunia menjelang Kiamat dan menjelang ditiupnya sangkakala."[308]

Berkata *Al-Hafizh* Ibnu Katsir ﵀;
"Berbagai redaksi (hadits) ini menunjukkan bahwa *Al-Hasyr* (berkumpul) di sini adalah berkumpulnya manusia yang ada di akhir dunia dari berbagai penjuru dunia menuju satu tempat berkumpul, yaitu (di) negeri Syam ... Ini semua menunjukkan bahwa pengumpulan ini terjadi di akhir zaman, yang masih ada makanan, minuman, tunggangan di atas kendaraan yang dibeli, juga yang lainnya. Demikian pula adanya api yang membinasakan orang-orang yang terlambat. Jika hal itu terjadi setelah tiupan sangkakala untuk kebangkitan, niscaya tidak ada lagi kematian. Demikian pula tidak ada kendaraan yang dibeli, tidak ada makanan, tidak ada minuman, dan tidak ada pakaian di padang yang luas nanti."[309]

*****

---

[307] HR. Ahmad dan Tirmidzi.
[308] *Syarah Shahih Muslim*, 17/194-195.
[309] *Al-Fitan wal Malahim*, 1/320-321.

TIUPAN SANGKAKALA

Sangkakala adalah tanduk yang besar yang dikulum oleh Israfil ﷺ menantikan perintah untuk meniupnya. Israfil ﷺ adalah salah satu Malaikat yang mulia yang memikul 'Arsy.[310] Ia akan melakukan dua kali tiupan. Tiupan pertama adalah tiupan yang mengejutkan sehingga para makhluk akan mati, kecuali yang dikehendaki oleh Allah ﷺ. Allah ﷺ berfirman;

$$وَنُفِخَ فِي الصُّورِ فَصَعِقَ مَنْ فِي السَّمَاوَاتِ وَمَنْ فِي الْأَرْضِ إِلَّا مَنْ شَاءَ اللَّهُ$$

"Dan ditiuplah sangkakala, maka matilah yang di langit dan di bumi kecuali yang dikehendaki oleh Allah ﷺ."[311]

Tiupan pertama tersebut diiringi dengan tiupan kedua, yang akan membangkitan manusia dari kubur mereka.[312] Sebagaimana firman Allah ﷺ;

$$وَنُفِخَ فِي الصُّورِ فَإِذَا هُم مِّنَ الْأَجْدَاثِ إِلَى رَبِّهِمْ يَنسِلُونَ$$

"Dan ditiuplah sangkakala (yang kedua), maka tiba-tiba mereka keluar dengan segera dari kuburnya (menuju) kepada Rabb mereka."[313]

Maka hendaknya orang-orang yang beriman segera kembali kepada Allah ﷺ sebelum datangnya tiupan sangkakala Hari Kiamat. Diriwayatkan dari Ubay bin Ka'ab ﷺ, ia berkata;

---

[310] *Syarhu Lum'atil I'tiqad*, Al-Útsaimin.
[311] QS. Az-Zumar : 68.
[312] *Tafsirul Qur'anil Karim: Juz 'Amma*, 42.
[313] QS. Yasin : 51.

كَانَ رَسُولُ اللهِ صَلَّى اللهُ عَلَيْهِ وَسَلَّمَ إِذَا ذَهَبَ ثُلُثَا اللَّيْلِ قَامَ فَقَالَ يَا
أَيُّهَا النَّاسُ اذْكُرُوا اللهَ اذْكُرُوا اللهَ جَاءَتِ الرَّاجِفَةُ تَتْبَعُهَا الرَّادِفَةُ جَاءَ
الْمَوْتُ بِمَا فِيهِ جَاءَ الْمَوْتُ بِمَا فِيهِ

"Apabila telah berlalu dua pertiga malam, maka Rasulullah ﷺ bangkit berdiri dan bersabda, *"Wahai sekalian manusia, ingatlah kepada Allah ﷻ, ingatlah kepada Allah ﷻ, (akan) datang tiupan pertama menggoncangkan alam dan akan diiringi dengan tiupan kedua, (maka) datanglah kematian dengan segala sesuatu yang ada didalamnya, (maka) datanglah kematian dengan segala sesuatu yang ada di dalamnya."*[314]

Jarak antara tiupan yang pertama dengan tiupan yang kedua adalah empat puluh. Sebagaimana diriwayatkan dari Abu Hurairah ﷺ ia berkata, Rasulullah ﷺ bersabda;

مَا بَيْنَ النَّفْخَتَيْنِ أَرْبَعُونَ قَالَ أَرْبَعُونَ يَوْمًا قَالَ أَبَيْتُ قَالَ أَرْبَعُونَ شَهْرًا
قَالَ أَبَيْتُ قَالَ أَرْبَعُونَ سَنَةً قَالَ أَبَيْتُ قَالَ ثُمَّ يُنْزِلُ اللهُ مِنَ السَّمَاءِ مَاءً
فَيُنْبُتُونَ كَمَا يَنْبُتُ الْبَقْلُ لَيْسَ مِنَ الْإِنْسَانِ شَيْءٌ إِلَّا يُبْلَى إِلَّا عَظْمًا
وَاحِدًا وَهُوَ عَجْبُ الذَّنَبِ وَمِنْهُ يُرَكِّبُ الْخَلْقُ يَوْمَ الْقِيَامَةِ.

"Jarak antara kedua tiupan adalah empat puluh." Para sahabat bertanya, *"Apakah empat puluh hari?"* Rasulullah ﷺ menjawab, *"Aku tidak mau mengatakannya."* Para sahabat bertanya, *"Apakah empat puluh bulan?"* Rasulullah ﷺ menjawab, *"Aku tidak mau mengatakannya."* Para sahabat bertanya lagi, *"Apakah empat puluh tahun?"* Rasulullah ﷺ menjawab, *"Aku tidak mau mengatakannya."* Lalu Rasulullah ﷺ kembali bersabda, *"Kemudian Allah ﷻ menurunkan hujan dari langit, maka manusia akan tumbuh seperti tumbuhnya sayuran. Tidak ada anggota tubuh pun dari manusia melainkan akan hancur kecuali satu tulang, yaitu tulang ekor. Dari tulang ekor tersebut manusia disusun kembali pada Hari Kiamat."*[315]

---

[314] HR. Ahmad, Hakim Juz 2 : 3578, dan Tirmidzi Juz 4 : 2457, lafazh ini miliknya. Hadits ini dihasankan oleh Syaikh Al-Albani ﵀ dalam *Shahihul Jami'* : 7863.
[315] HR. Bukhari Juz 4 : 4651.

HARI KEBANGKITAN

Hari kebangkitan adalah hari dihidupkannya orang-orang yang telah meninggal dunia pada Hari Kiamat. Allah ﷻ berfirman;

$$\text{زَعَمَ الَّذِينَ كَفَرُوا أَنْ لَنْ يُبْعَثُوا قُلْ بَلَى وَرَبِّي لَتُبْعَثُنَّ ثُمَّ لَتُنَبَّؤُنَّ بِمَا عَمِلْتُمْ وَذَلِكَ عَلَى اللَّهِ يَسِيرٌ.}$$

"Orang-orang yang kafir menyangka bahwa mereka sekali-kali tidak akan dibangkitkan. Katakanlah, "Memang, demi Rabb-ku, benar-benar kalian akan dibangkitkan, kemudian akan diberitakan kepada kalian apa yang telah kalian kerjakan. Yang demikian itu adalah mudah bagi Allah ﷻ."[316]

Manusia akan dibangkitkan dalam keadaan tidak beralas kaki, tidak berpakaian, dan tidak dikhitan. Sebagaimana diriwayatkan dari Ibnu 'Abbas ﵁, dari Nabi ﷺ, beliau bersabda;

$$\text{إِنَّكُمْ مَحْشُورُونَ حُفَاةً عُرَاةً غُرْلًا ثُمَّ قَرَأَ {كَمَا بَدَأْنَا أَوَّلَ خَلْقٍ نُعِيدُهُ وَعْدًا عَلَيْنَا إِنَّا كُنَّا فَاعِلِينَ} وَأَوَّلُ مَنْ يُكْسَى يَوْمَ الْقِيَامَةِ إِبْرَاهِيمُ}$$

"Sesungguhnya kalian akan dibangkitkan dalam keadaan tidak beralas kaki, tidak berpakaian, dan tidak dikhitan." Kemudian Rasulullah ﷺ membaca (ayat), *"Sebagaimana Kami telah memulai panciptaan pertama, begitulah Kami akan mengulanginya. Itulah suatu janji yang pasti Kami tepati. Sesungguhnya Kami-lah yang akan melaksanakannya."*[317] *Dan yang pertama kali diberi pakaian adalah Ibrahim ﵊."*[318]

Setiap umat akan datang bersama Rasulnya sendiri, menuju tempat yang luas (di padang Mahsyar). Pada hari itu bumi diratakan, lalu Allah ﷻ menjadikannya terhampar luas, yang tidak ada bagian yang rendah dan tidak pula ada bagian yang menjulang tinggi,[319] sehingga bumi mampu menampung seluruh manusia meskipun banyak jumlahnya.[320]

---

[316] QS. At-Taghabun : 7.
[317] QS. Al-Anbiya' : 104.
[318] Muttafaq 'alaih. HR. Bukhari Juz 3 : 3171, lafazh ini miliknya dan Muslim Juz 4 : 2860.
[319] *Tafsirul Qur'anil Karim: Juz 'Amma*, 26.
[320] *Taisirul Karimir Rahman*, 917.

HARI BERKUMPUL

Hari berkumpul adalah hari dikumpulkannya seluruh makhluk pada Hari Kiamat. Allah ﷻ berfirman;

$$\text{قُلْ إِنَّ الْأَوَّلِينَ وَالْآخِرِينَ. لَمَجْمُوعُونَ إِلَى مِيقَاتِ يَوْمٍ مَعْلُومٍ.}$$

"Katakanlah, "Sesungguhnya orang-orang yang terdahulu dan orang-orang yang kemudian, benar-benar akan dikumpulkan di waktu tertentu pada hari yang dikenal."[321]

Manusia akan berdiri menghadap *Rabb* semesta alam untuk menunggu hisab dan balasan.[322] Mereka berdiri di tempat yang sangat berat, sesak, dan menyengsarakan.[323] Karena ketika itu matahari didekatkan oleh Allah ﷻ sedekat satu mil. Sebagaimana diriwayatkan dari Miqdad bin Al-Aswad ﵁ ia berkata, aku mendengar Rasulullah ﷺ bersabda;

$$\text{تُدْنَى الشَّمْسُ يَوْمَ الْقِيَامَةِ مِنَ الْخَلْقِ حَتَّى تَكُونَ مِنْهُمْ كَمِقْدَارِ مَيْلٍ}$$

"Matahari pada Hari Kiamat akan didekatkan kepada (para) makhluk hingga berjarak (hanya) satu mil."[324]

Sehingga manusia akan berpeluh sesuai dengan kadar amalannya ketika di dunia. Diriwayatkan dari Ibnu 'Umar ﵁, dari Nabi ﷺ;

$$\text{﴿يَوْمَ يَقُومُ النَّاسُ لِرَبِّ الْعَالَمِينَ﴾ قَالَ يَقُومُ أَحَدُهُمْ فِي رَشْحِهِ إِلَى أَنْصَافِ أُذُنَيْهِ}$$

"{Hari (ketika) manusia berdiri menghadap Rabb semesta alam.} Beliau bersabda, "Salah seorang di antara mereka berdiri (tenggelam) dengan keringatnya hingga pertengahan kedua telinganya."[325]

---

[321] QS. Al-Waqi'ah : 49 - 50.
[322] *Tafsirul Jalalain*, 587.
[323] *Tafsirul Qur'anil 'Azhim*, 4/483.
[324] HR. Muslim Juz 4 : 2864.
[325] HR. Bukhari Juz 4 : 4654, Muslim Juz 4 : 2862, lafazh ini miliknya, dan Tirmidzi Juz 5 : 3336.

Manusia akan berdiri menghadap *Rabb*-nya dalam waktu yang sangat lama, namun hal tersebut terasa ringan bagi orang-orang yang beriman. Diriwayatkan dari Abu Hurairah ☙, dari Nabi ﷺ, beliau bersabda;

يَوْمَ يَقُومُ النَّاسُ لِرَبِّ الْعَالَمِينَ مِقْدَارٌ نِصْفُ يَوْمٍ مِنْ خَمْسِينَ أَلْفَ سَنَةٍ فَيَهَوَّنُ ذَلِكَ عَلَى الْمُؤْمِنِ كَتَدَلِّي الشَّمْسُ لِلْغُرُوْبِ إِلَى أَنْ تَغْرُبَ

"Hari (ketika) manusia berdiri menghadap Rabb semesta alam kadarnya setengah hari dari lima puluh ribu tahun. (Namun hal) tersebut terasa ringan bagi orang yang beriman, (hanya) seperti (waktu) matahari akan terbenam hingga benar-benar terbenam."[326]

*****

---

[326] HR. Ibnu Hibban dan Abu Ya'la Juz 10 : 6025. Hadits ini dishahihkan oleh Syaikh Al-Albani ☙ dalam *Shahihut Targhib wat Tarhib* Juz 3 : 3589.

HISAB

Pada Hari Kiamat kelak Allah ﷻ akan bertanya dan akan menghisab (menghitung) amalan hamba-Nya. Allah ﷻ berfirman;

$$ثُمَّ إِنَّ عَلَيْنَا حِسَابَهُمْ.$$

"Kemudian sesungguhnya kewajiban Kami-lah untuk menghisab mereka."[327]

Seorang hamba tidak akan bergeser kedua kakinya pada Hari Kiamat dari sisi Allah ﷻ, kecuali setelah ia menjawab pertanyaan dari Allah ﷻ. Diriwayatkan dari Ibnu Mas'ud ؓ, dari Nabi ﷺ, beliau bersabda;

$$لَا تَزُوْلُ قَدَمُ بْنُ آدَمَ يَوْمَ الْقِيَامَةِ مِنْ عِنْدِ رَبِّهِ حَتَّى يُسْأَلَ عَنْ خَمْسٍ$$
$$عَنْ عُمْرِهِ فِيْمَ أَفْنَاهُ وَعَنْ شَبَابِهِ فِيْمَ أَبْلَاهُ وَمَالِهِ مِنْ أَيْنَ اكْتَسَبَهُ وَفِيْمَ$$
$$أَنْفَقَهُ وَمَاذَا عَمِلَ فِيْمَا عَلِمَ.$$

"Tidak bergeser kedua kaki anak Adam pada Hari Kiamat dari sisi Rabb-Nya hingga ia ditanya tentang lima hal; tentang umurnya untuk pada apa ia habiskan, tentang masa mudanya untuk ada digunakan, tentang hartanya dari mana ia dapatkan dan untuk apa ia habiskan, dan apa yang telah diamalkan dari (ilmu) yang telah diketahui(nya)."[328]

Hisab Orang Mukmin

Hisab yang terjadi pada kaum mukminin adalah Allah ﷻ akan menyendiri dengan orang mukmin tersebut. Adapun terhadap orang-orang munafik dan orang-orang kafir, maka Allah ﷻ akan memanggil mereka di hadapan seluruh makhluk. Diriwayatkan dari Shafwan ؓ, Nabi ﷺ bersabda;

---

[327] QS. Al-Ghasyiyah : 26.
[328] HR. Tirmidzi Juz 4 : 2416. Hadits ini dihasankan oleh Syaikh Al-Albani ﵁ dalam *Shahihul Jami'* : 7299.

يُدْنَى الْمُؤْمِنُ مِنْ رَبِّهِ وَقَالَ هِشَامٌ يَدْنُو الْمُؤْمِنُ حَتَّى يَضَعَ عَلَيْهِ كَنَفَهُ فَيُقَرِّرُهُ بِذُنُوبِهِ تَعْرِفُ ذَنْبَ كَذَا يَقُولُ أَعْرِفُ يَقُولُ رَبِّ أَعْرِفُ مَرَّتَيْنِ فَيَقُولُ سَتَرْتُهَا فِي الدُّنْيَا وَأَغْفِرُهَا لَكَ الْيَوْمَ ثُمَّ تُطْوَى صَحِيفَةُ حَسَنَاتِهِ وَأَمَّا الْآخَرُونَ أَوِ الْكُفَّارُ فَيُنَادَى عَلَى رُؤُوسِ الْأَشْهَادِ ﴿هَؤُلَاءِ الَّذِينَ كَذَبُوا عَلَى رَبِّهِمْ أَلَا لَعْنَةُ اللَّهِ عَلَى الظَّالِمِينَ﴾.

"Didekatkan seorang mukmin kepada Rabb-nya atau seorang mukmin mendekat (kepada Rabb-nya). Hingga sangat dekat. Kemudian orang mukmin tersebut diperintahkan untuk mengakui dosa-dosanya. Lalu mukmin tersebut berkata, "Aku mengakuinya." Allah ﷻ berfirman, "Apakah engkau telah mengakuinya? Apakah engkau telah mengakuinya?" Maka Allah ﷻ berfirman, "Aku telah menutupinya untukmu ketika di dunia, maka Aku akan mengampuninya untukmu pada hari ini. Lalu diberikan kitab catatan kebaikannya. Adapun orang-orang (munafik) atau orang-orang kafir, maka Allah ﷻ akan memanggil mereka dihadapan seluruh makhluk, "Merekalah orang-orang yang berdusta atas nama Allah. Ketahuilah bahwa laknat Allah ﷻ akan menimpa orang-orang yang berbuat kezhaliman.[329]"[330]

Allah ﷻ akan memberikan menghisab yang mudah dan tidak mendetail bagi orang mukmin. Allah ﷻ berfirman;

فَسَوْفَ يُحَاسَبُ حِسَابًا يَسِيرًا.

"Maka ia akan dihisab dengan hisab yang mudah."[331]

Ditampakkan berbagai amalan keburukannya, lalu Allah ﷻ mengampuni dosa-dosanya tersebut dan tidak menghisabnya secara mendetail.[332]

---

[329] QS. Hud : 18.
[330] HR. Bukhari Juz 4 : 4408.
[331] QS. Al-Insyiqaq : 8.
[332] Zubdatut Tafsir, 799.

Sesungguhnya barangsiapa yang dihisab dengan hisab yang detail dan ketat, niscaya ia akan binasa.[333] Diriwayatkan dari 'Aisyah ﷻ, dari Nabi ﷺ, beliau bersabda;

$$ لَيْسَ أَحَدٌ يُحَاسَبُ إِلَّا هَلَكَ قُلْتُ يَا رَسُوْلَ اللهِ أَلَيْسَ اللهُ يَقُوْلُ $$

$$ {حِسَابًا يَسِيْرًا} قَالَ ذَاكَ الْعَرْضُ وَلَكِنْ مَنْ نُوْقِشَ الْحِسَابَ هَلَكَ. $$

"Tidak ada seorang pun yang dihisab (pada Hari Kiamat), kecuali ia akan binasa." Aku bertanya, *"Bukankah Allah ﷻ telah berfirman, "(Maka ia akan dihisab dengan) hisab yang mudah."* Nabi ﷺ bersabda, *"Itu hanya ditampakkan amalan yang dahulu pernah dilakukannya. Namun barangsiapa yang dihisab dengan hisab yang detail, (maka) ia akan binasa."*[334]

Umat yang Pertama Kali Dihisab
Umat Muhammad ﷺ adalah umat yang pertama kali dihisab. Diriwayatkan dari Abu Hurairah ﷻ ia berkata, Rasulullah ﷺ bersabda;

$$ نَحْنُ الْآخِرُوْنَ وَنَحْنُ السَّابِقُوْنَ يَوْمَ الْقِيَامَةِ $$

"Kita adalah (umat yang) terakhir, (akan tetapi) kita adalah (umat yang) pertama kali (dihisab) pada Hari Kiamat."[335]

Ada tujuh puluh ribu umat Muhammad ﷺ yang masuk Surga tanpa hisab dan tanpa adzab. Sebagaimana diriwayatkan dari Ibnu 'Abbas ﷻ ia berkata, Nabi ﷺ bersabda;

$$ عَرَضْتُ عَلَيَّ الْأُمَمُ فَأَجِدُ النَّبِيَّ يَمُرُّ مَعَهُ الْأُمَّةُ وَالنَّبِيُّ يَمُرُّ مَعَهُ النَّفَرَ $$

$$ وَالنَّبِيُّ يَمُرُّ مَعَهُ الْعَشْرَةَ وَالنَّبِيُّ يَمُرُّ مَعَهُ الْخَمْسَةَ وَالنَّبِيُّ يَمُرُّ وَحْدَهُ $$

$$ فَنَظَرْتُ فَإِذَا سَوَادٌ كَثِيْرٌ قُلْتُ يَا جِبْرِيْلُ هَؤُلَاءِ أُمَّتِي قَالَ لَا وَلَكِنِ انْظُرْ $$

---

[333] *Tafsirul Qur'anil 'Azhim*, 4/488.
[334] HR. Bukhari Juz 4 : 4655 dan Muslim Juz 4 : 2876, lafazh ini miliknya.
[335] HR. Muslim Juz 2 : 855.

إِلَى الْأُفُقِ فَنَظَرْتُ فَإِذَا سَوَادٌ كَثِيرٌ قَالَ هَؤُلَاءِ أُمَّتُكَ وَهَؤُلَاءِ سَبْعُوْنَ
أَلْفًا قَدَّامُهُمْ لَا حِسَابَ عَلَيْهِمْ وَلَا عَذَابَ قُلْتُ وَلِمَ قَالَ كَانُوْا لَا
يَكْتَوُوْنَ وَلَا يَسْتَرْقُوْنَ وَلَا يَتَطَيَّرُوْنَ وَعَلَى رَبِّهِمْ يَتَوَكَّلُوْنَ فَقَامَ إِلَيْهِ
عُكَاشَةُ بْنُ مِحْصَنٍ فَقَالَ أُدْعُ اللهَ أَنْ يَجْعَلَنِي مِنْهُمْ قَالَ اللَّهُمَّ اجْعَلْهُ
مِنْهُمْ ثُمَّ قَامَ إِلَيْهِ رَجُلٌ آخَرُ قَالَ أُدْعُ اللهَ أَنْ يَجْعَلَنِي مِنْهُمْ قَالَ سَبَقَكَ
بِهَا عُكَاشَةُ.

"Ditampakkan kepadaku para umat. Maka aku mendapati ada seorang Nabi yang bersama dengan satu umat. Ada Nabi yang bersama sekelompok (pengikutnya). Ada Nabi yang bersama sepuluh (pengikutnya). Ada Nabi yang bersama lima (pengikutnya). Dan ada Nabi yang (hanya) bersama dengan seorang (pengikutnya). Kemudian aku melihat ada bagian hitam yang banyak. Lalu aku bertanya kepada Jibril ﷺ, "Apakah mereka adalah umatku?" Jibril ﷺ menjawab, "Bukan, tetapi lihatlah pada sudut sana." Nabi ﷺ bersabda, "Aku melihat bagian hitam yang (lebih) banyak." Jibril ﷺ berkata, "Merekalah umatmu. Dan dari mereka terdapat tujuh puluh ribu yang mendahuluinya yang tidak dihisab dan tidak diadzab." Nabi ﷺ bertanya, "Bagaimana mungkin?" Jibril ﷺ menjawab, "Mereka tidak berobat dengan kay,[336] mereka tidak minta diruqyah, mereka tidak bertathayyur,[337] dan hanya kepada Rabb mereka, mereka bertawakkal." Lalu berdirilah 'Ukasyah bin Mihshan ﷺ dan berkata, "Berdoalah kepada Allah ﷻ agar aku termasuk mereka." Nabi ﷺ berdoa, "Ya Allah, jadikanlah ia termasuk dari mereka." Lalu berdirilah laki-laki lainnya dan berkata, "Berdoalah kepada Allah ﷻ agar aku termasuk mereka." Nabi ﷺ bersabda, "Engkau telah didahului 'Ukasyah."[338]

---

[336] Kay adalah pengobatan dengan menempelkan besi panas pada bagian yang sakit.
[337] Tathayyur adalah pesimis (menganggap sial) melihat sesuatu yang dianggap sebagai pertanda.
[338] HR. Bukhari Juz 5 : 6175.

Amalan yang Pertama Kali Dihisab

Amalan yang pertama kali dihisab pada Hari Kiamat adalah :

1. Shalat

Amalan hamba yang berkenaan dengan hak Allah 🕮, yang pertama kali dihisab adalah shalat. Nabi 🕮 bersabda;

أَوَّلُ مَا يُحَاسَبُ بِهِ الْعَبْدُ يَوْمَ الْقِيَامَةِ مِنْ عَمَلِهِ الصَّلَاةُ فَإِنْ صَلُحَتْ فَقَدْ أَفْلَحَ وَأَنْجَحَ وَإِنْ نَقَصَتْ فَقَدْ خَابَ وَخَسِرَ.

"Amalan yang yang pertama kali akan dihisab dari seorang hamba pada hari Kiamat adalah shalat(nya). Jika shalatnya baik, maka sungguh ia akan beruntung dan selamat. Dan jika kurang, maka sungguh ia telah celaka dan merugi."[339]

Oleh karena itu Allah 🕮 berfirman memperingatkan tentang masalah shalat;

فَوَيْلٌ لِلْمُصَلِّينَ. الَّذِينَ هُمْ عَنْ صَلَاتِهِمْ سَاهُونَ.

"Maka kecelakaanlah bagi orang-orang yang shalat. (Yaitu) orang-orang yang lalai dari shalatnya"[340]

Yang dimaksud dengan *"lalai dari shalatnya"* adalah meremehkannya, meninggalkan shalat dari waktunya (mengerjakan shalat di luar waktunya), dan meninggalkan rukun-rukunnya.[341] Sebagaimana diriwayatkan dari Mush'ab bin Sa'ad 🕮, ia berkata;

قُلْتُ لِأَبِي أَرَأَيْتَ قَوْلَ اللهِ الَّذِينَ هُمْ عَنْ صَلَاتِهِمْ سَاهُونَ هُوَ الَّذِي يُحَدِّثُ أَحَدُنَا نَفْسَهُ فِي الصَّلَاةِ وَقَالَ لَا وَأَيُّنَا لَا يُحَدِّثُ نَفْسَهُ فِي الصَّلَاةِ وَلَكِنَّ السَّهْوُ تَرْكُ الصَّلَاةِ عَنْ وَقْتِهَا.

---

[339] HR. Tirmidzi Juz 2 : 413. Hadits ini dishahihkan oleh Syaikh Al-Albani 🕮 dalam *As-Silsilah Ash-Shahihah* Juz 3 : 1358.
[340] QS. Al-Ma'un : 4 - 5.
[341] *Taisirul Karimir Rahman*, 935.

"Aku bertanya kepada bapakku, "Bagaimana pendapatmu tentang firman Allah ﷻ, *"(Yaitu) orang-orang yang lalai dari shalatnya"* (apakah) ia adalah salah seorang di antara kami yang berbicara dengan dirinya di dalam shalat?" Bapaknya menjawab, "Tidak, "Bagaimana mungkin seorang tidak berbicara dengan dirinya sama sekali di dalam shalat? Akan tetapi yang dimaksud dengan lalai (pada ayat tersebut adalah) meninggalkan shalat dari waktunya (mengerjakan shalat di luar waktunya)."[342]

Berkata 'Atha' bin Dinar ﵀;

اَلْحَمْدُ لِلَّهِ الَّذِيْ قَالَ: {عَنْ صَلَاتِهِمْ سَاهُوْنَ} وَلَمْ يَقُلْ فِي صَلَاتِهِمْ سَاهُوْنَ.

"Segala puji bagi Allah ﷻ yang telah berfirman, *"Orang-orang yang lalai dari shalatnya"* dan tidak berfirman, *"Orang-orang yang lalai di dalam shalatnya."*[343]

Berkata pula Syaikh 'Abdurrahman bin Nashir As-Sa'di ﵀;

اَلسَّهْوُ عَنِ الصَّلَاةِ، هُوَ الَّذِيْ يَسْتَحِقُّ صَاحِبُهُ الذَّمَّ وَاللَّوْمَ وَأَمَّا السَّهْوُ فِي الصَّلَاةِ، فَهَذَا يَقَعُ مِنْ كُلِّ أَحَدٍ، حَتَّى مِنَ النَّبِيِّ صَلَّى اللهُ عَلَيْهِ وَسَلَّمَ.

"Lalai dari shalat menyebabkan pelakunya berhak mendapatkan celaan dan kecaman. Adapun lalai di dalam shalat (tidak konsentrasi), maka hal ini dapat terjadi pada setiap orang termasuk Nabi ﷺ."[344]

---

[342] HR. Baihaqi Juz 2 : 2981.
[343] *Tafsirul Qur'anil 'Azhim*, 4/554.
[344] *Taisirul Karimir Rahman*, 935.

2. Kesehatan, Minuman, dan Makanan

Amalan hamba yang berkenaan dengan kesyukuran seorang hamba terhadap nikmat yang telah diberikan oleh Allah ﷻ, yang pertama kali dihisab adalah nikmat kesehatan, nikmat minuman, dan nikmat makanan. Diriwayatkan dari Abu Hurairah ﷺ ia berkata, Rasulullah ﷺ bersabda;

إِنَّ أَوَّلَ مَا يُسْأَلُ عَنْهُ يَوْمَ الْقِيَامَةِ يَعْنِي الْعَبْدُ مِنَ النَّعِيمِ أَنْ يُقَالَ لَهُ أَلَمْ نُصِحَّ لَكَ جِسْمَكَ وَنُرْوِيْكَ مِنَ الْمَاءِ الْبَارِدِ؟

"Sesungguhnya yang pertama kali ditanyakan pada Hari Kiamat kepada seorang hamba tentang kenikmatan (dunia) adalah ditanyakan kepadanya, "Bukankah Kami telah menyehatkan tubuhmu dan (bukankah) kami telah memberimu minum dengan air yang sejuk?"[345]

Diriwayatkan pula dari Abu Hurairah ﷺ ia berkata, Rasulullah ﷺ bersabda;

وَالَّذِي نَفْسِي بِيَدِهِ لَتُسْأَلُنَّ عَنْ هَذَا النَّعِيمِ يَوْمَ الْقِيَامَةِ أَخْرَجَكُمْ مِنْ بُيُوتِكُمُ الْجُوعُ ثُمَّ لَمْ تَرْجِعُوا حَتَّى أَصَابَكُمْ هَذَا النَّعِيمُ.

"Demi yang jiwaku berada di tangan-Nya, sungguh kalian pasti akan ditanya tentang kenikmatan ini pda Hari Kiamat. Kalian keluar dari rumah-rumah kalian dalam keadaan lapar, kemudian tidaklah kalian kembali pulang hingga kalian mendapatkan nikmat (makanan) ini."[346]

Allah ﷻ berfirman tentang kenikmatan;

ثُمَّ لَتُسْأَلُنَّ يَوْمَئِذٍ عَنِ النَّعِيمِ.

"Kemudian sungguh benar-benar akan ditanyakan (kepada kalian) pada hari itu tentang kenikmatan (yang telah diberikan kepada kalian ketika di dunia)."[347]

---

[345] HR. Tirmidzi Juz 5 : 3358. Hadits ini dishahihkan oleh Syaikh Al-Albani ﷻ dalam *Shahihul Jami'* : 2022.
[346] HR. Muslim Juz 3 : 2038.
[347] QS. At-Takatsur : 8.

Ditanyakan tentang kenikmatan yang telah diberikan Allah ﷻ ketika di dunia, apakah telah disyukuri atau dikufuri. Berkata *Al-Hafizh* Ibnu Katsir رحمه الله;

ثُمَّ لَتُسْأَلُنَّ يَوْمَئِذٍ عَنْ شُكْرِ مَا أَنْعَمَ اللَّهُ بِهِ عَلَيْكُمْ مِنَ الصِّحَةِ وَالْأَمْنِ وَالرِّزْقِ وَغَيْرِ ذَلِكَ مَا إِذَا قَابَلْتُمْ بِهِ نِعَمُهُ مِنْ شُكْرِهِ وَعِبَادَتِهِ.

"Kemudian kalian akan benar-benar ditanya pada hari itu tentang kesyukuran (kalian) terhadap segala kenikmatan yang telah diberikan Allah ﷻ kepada kalian, seperti; kesehatan, rasa aman, rizki, dan yang lainnya. Apakah ketika kalian mendapatkan nikmat-nikmat tersebut kalian telah mensyukurinya dan (mempergunakannya untuk) beribadah kepada-Nya."[348]

Pertanyaan tentang nikmat ini akan diberikan kepada seluruh manusia, baik yang mukmin maupun yang kafir. Adapun pertanyaan yang ditujukan kepada orang mukmin bersifat mengingatkan nikmat Allah ﷻ agar mereka merasa senang. Sedangkan pertanyaan yang ditujukan kepada orang kafir bersifat celaan yang menjadikan mereka menyesal.[349]

3. Darah

Adapun amalan hamba yang berkenaan dengan hak hamba lainnya, yang pertama kali dihisab adalah masalah darah. Diriwayatkan dari 'Abdullah (bin Mas'ud) ﷺ ia berkata, Rasulullah ﷺ bersabda;

أَوَّلُ مَا يُقْضَى بَيْنَ النَّاسِ يَوْمَ الْقِيَامَةِ فِي الدِّمَاءِ.

"Pertama kali yang akan diputuskan di antara para hamba adalah (tentang masalah) darah."[350]

*****

---

[348] *Tafsirul Qur'anil 'Azhim*, 4/545.
[349] *Tafsirul Qur'anil Karim: Juz 'Amma*, 311.
[350] HR. Muslim Juz 3 : 1678.

ALLAH ﷻ BERBICARA
KEPADA HAMBA-NYA

Ahlus Sunnah menyakini Allah ﷻ akan mengajak bicara hamba-hamba-Nya pada Hari Kiamat. Sebagaimana diriwayatkan dari 'Adi bin Hatim ﷺ ia berkata, Nabi ﷺ bersabda;

لَيَلْقِينَّ اللَّهُ أَحَدَكُمْ يَوْمَ يَلْقَاهُ وَلَيْسَ بَيْنَهُ وَبَيْنَهُ تُرْجُمَانٌ يَتَرْجِمُ لَهُ فَيَقُولُنَّ أَلَمْ أَبْعَثْ إِلَيْكَ رَسُولًا فَيَبْلُغُكَ فَيَقُولُ بَلَى فَيَقُولُ أَلَمْ أَعْطِكَ مَالًا وَوَلَدًا وَأَفْضَلَ عَلَيْكَ فَيَقُولُ بَلَى فَيَنْظُرُ عَنْ يَمِينِهِ فَلَا يَرَى إِلَّا جَهَنَّمَ وَيَنْظُرُ عَنْ يَسَارِهِ فَلَا يَرَى إِلَّا جَهَنَّمَ قَالَ عَدِيْ سَمِعْتُ النَّبِيَّ صَلَّى اللَّهُ عَلَيْهِ وَسَلَّمَ يَقُولُ اتَّقُوا النَّارَ وَلَوْ بِشِقِّ تَمْرَةٍ

"Sungguh Allah ﷻ akan menemui kalian pada hari pertemuan dengan-Nya. Dan tidak ada antara ia dengan Allah ﷻ penerjemah yang akan menerjemahkannya. Sungguh ﷻ Allah akan bertanya, "Bukankah telah Aku mengutus seorang Rasul kepadamu yang menyampaikan (risalah) kepadamu?" Ia menjawab, "Benar." Allah ﷻ bertanya lagi, "Bukankah engkau telah Aku memberimu harta, anak, dan telah melebihkanmu?" Ia menjawab, "Benar." Kemudian Ia melihat di sebelah kanannya, maka ia tidak melihat kecuali Neraka Jahannam. Lalu Ia melihat di sebelah kirinya, maka ia tidak melihat kecuali Neraka Jahannam." 'Adi (bin Hatim) ﷺ berkata, "Aku mendengar Nabi ﷺ bersabda, "Takutlah kalian kepada Neraka, meskipun (bersedekah) dengan sepotong kurma."[351]

---

[351] HR. Bukhari Juz 3 : 3400.

Dan para hamba juga akan berbicara kepada Allah ﷻ. Diriwayatkan dari Abu Sa'id Al-Khudri ﵁ ia berkata, Rasulullah ﷺ bersabda;

إِنَّ اللَّهَ تَبَارَكَ وَتَعَالَى يَقُولُ لِأَهْلِ الْجَنَّةِ يَا أَهْلَ الْجَنَّةِ فَيَقُولُونَ لَبَّيْكَ رَبَّنَا وَسَعْدَيْكَ فَيَقُولُ هَلْ رَضِيتُمْ فَيَقُولُونَ وَمَا لَنَا لَا نَرْضَى وَقَدْ أَعْطَيْتَنَا مَا لَمْ تُعْطَ أَحَدًا مِنْ خَلْقِكَ فَيَقُولُ أَنَا أُعْطِيكُمْ أَفْضَلَ مِنْ ذَلِكَ قَالُوا يَا رَبِّ وَأَيُّ شَيْءٍ أَفْضَلُ مِنْ ذَلِكَ فَيَقُولُ أُحِلُّ عَلَيْكُمْ رِضْوَانِي فَلَا أَسْخَطُ عَلَيْكُمْ بَعْدَهُ أَبَدًا.

"Sesungguhnya Allah Tabaraka wa Ta'ala berfirman kepada penduduk Surga, "Wahai penduduk Surga." Penduduk Surga menjawab, "Kami menjawab panggilanmu, wahai Rabb kami." Allah ﷻ berfirman, "Apakah kalian telah ridha?" Mereka menjawab, "Mengapa kami tidak ridha, sedangkan Engkau telah memberikan kepada kami sesuatu yang belum pernah Engkau berikan kepada seorang pun dari makhuk-Mu." Allah ﷻ berfirman, "Aku akan memberikan (sesuatu) yang lebih utama dari itu." Mereka bertanya, "Wahai Rabb (kami), apakah sesuatu yang lebih utama tersebut?" Allah ﷻ berfirman, "Aku telah menghalalkan kepada kalian keridhaan-Ku, maka Aku tidak akan murka kepada kalian setelah ini selama-lamanya."[352]

*****

---

[352] HR. Bukhari Juz 5 : 6183, lafazh ini miliknya dan Muslim Juz 4 : 2829.

MELIHAT ALLAH ﷻ

Ahlus Sunnah meyakini bahwa orang-orang yang beriman akan melihat Allah ﷻ *(ru'yatullah)* pada Hari Kiamat. Adapun orang-orang kafir, maka mereka terhalang dari melihat Allah ﷻ selama-lamanya. Allah ﷻ berfirman;

$$ كَلَّا إِنَّهُمْ عَنْ رَّبِّهِمْ يَوْمَئِذٍ لَّمَحْجُوبُونَ $$

"Sekali-kali tidak, sesungguhnya mereka (orang-orang kafir) pada hari itu (Hari Kiamat) benar-benar terhalang dari (melihat) Rabb mereka." [353]

Orang-orang kafir terhalang dari melihat Allah ﷻ, karena dahulu mereka tidak pernah mentauhidkan Allah ﷻ. Berkata Husain bin Fadhl ﵀;

$$ كَمَا حُجِبَهُمْ فِي الدُّنْيَا عَنْ تَوْحِيدِهِ حُجِبَهُمْ فِي الْآخِرَةِ عَنْ رُؤْيَتِهِ. $$

"Sebagaimana mereka di dunia terhalang dari mentauhidkan-Nya, (maka) di akhirat mereka terhalang dari melihat-Nya." [354]

Orang-orang kafir pada Hari Kiamat akan mendapatkan kemurkaan Allah ﷻ dan siksaan yang bertumpuk-tumpuk, di antaranya siksaannya adalah berupa terhalang dari melihat Allah ﷻ. Berkata Syaikh 'Abdurahman bin Nashir As-Sa'di ﵀;

$$ فَذُكِرَ لَهُمْ ثَلَاثَةُ أَنْوَاعٍ مِنَ الْعَذَابِ: عَذَابُ الْجَحِيمِ، وَعَذَابُ التَّوْبِيخِ وَاللَّوْمِ، وَعَذَابُ الْحِجَابِ مِنْ رَبِّ الْعَالَمِينَ، الْمُتَضَمِّنُ لِسُخْطِهِ وَغَضَبِهِ عَلَيْهِمْ، وَهُوَ أَعْظَمُ عَلَيْهِمْ مِنْ عَذَابِ النَّارِ. $$

---

[353] QS. Al-Muthaffifin : 15.
[354] *Tafsirul Baghawi,* 4/575.

"Disebutkan bagi mereka tiga macam siksaan, (yaitu); siksaan Neraka, siksaan berupa celaan dan kecaman, serta siksaan dengan terhalang dari (melihat) *Rabb* semesta alam. Ditambah lagi dengan kemurkaan dan kemarahan Allah ﷻ atas mereka, dan inilah siksaan yang lebih berat bagi mereka daripada siksaan Neraka."[355]

Waktu Melihat Allah ﷻ

Melihat Allah ﷻ pada Hari Kiamat terjadi pada dua keadaan, antara lain :

a. Ketika di padang Mahsyar

Ketika di padang mahsyar yang dapat melihat Allah ﷻ adalah orang-orang mukmin dan orang-orang munafik. Dan ketika orang-orang mukmin melihat Allah ﷻ, maka mereka akan bersujud. Adapun orang-orang munafik yang melihat Allah ﷻ di padang mahsyar, mereka tidak dapat bersujud. Sebagaimana Allah ﷻ berfirman;

$$ يَوْمَ يُكْشَفُ عَنْ سَاقٍ وَّيُدْعَوْنَ إِلَى السُّجُوْدِ فَلَا يَسْتَطِيعُوْنَ. $$

"*Pada Hari Kiamat (ketika) betis disingkapkan dan mereka dipanggil untuk bersujud, maka mereka tidak mampu.*"[356]

Diriwayatkan dari Abu Sa'id ﷺ ia berkata, aku mendengar Nabi ﷺ bersabda;

$$ يَكْشِفُ رَبُّنَا عَنْ سَاقِهِ فَيَسْجُدُ لَهُ كُلُّ مُؤْمِنٍ وَمُؤْمِنَةٍ وَيَبْقَى كُلُّ مَنْ كَانَ يَسْجُدُ فِي الدُّنْيَا رِيَاءً وَسُمْعَةً $$

"*(Ketika) Rabb kalian menyingkapkan betis-Nya, maka bersujudlah setiap mukmin dan mukminah dan tetap (tidak dapat bersujud) orang-orang (munafik) yang sujud di dunia karena riya' dan sum'ah.*"[357]

---

[355] *Taisirul Karimir Rahman*, 916.
[356] QS. Al-Qalam : 42.
[357] HR. Bukhari Juz 4 : 4635, lafazh ini miliknya dan Muslim Juz 1 : 183.

b. Ketika di Surga

Sebagaiman firman Allah ﷻ;

وُجُوهٌ يَوْمَئِذٍ نَّاضِرَةٌ. إِلَى رَبِّهَا نَاظِرَةٌ.

"Wajah-wajah (orang-orang mukmin) pada hari itu (Hari Kiamat) berseri-seri. Kepada Rabb-nya mereka melihat."[358]

Diriwayatkan pula dari Shuhaib ﷺ, dari Nabi ﷺ, beliau bersabda;

إِذَا دَخَلَ أَهْلُ الْجَنَّةِ الْجَنَّةَ قَالَ يَقُولُ اللَّهُ تَبَارَكَ وَتَعَالَى تُرِيدُونَ شَيْئًا أَزِيدَكُمْ فَيَقُولُونَ أَلَمْ تُبَيِّضْ وُجُوهَنَا أَلَمْ تُدْخِلْنَا الْجَنَّةَ وَتُنْجِنَا مِنَ النَّارِ قَالَ فَيَكْشِفُ الْحِجَابَ فَمَا أَعْطَوْا شَيْئًا أَحَبُّ إِلَيْهِمْ مِنَ النَّظَرِ إِلَى رَبِّهِمْ عَزَّ وَجَلَّ (ثُمَّ تَلَا هَذِهِ الْآيَةَ {لِلَّذِينَ أَحْسَنُوا الْحُسْنَى وَزِيَادَةٌ})

"Ketika penduduk Surga telah masuk ke dalam Surga, (maka) Allah Tabaraka wa Ta'ala berfirman "Maukah kalian Aku berikan tambahan?" Mereka menjawab, "Bukankah Engkau telah memutihkan wajah-wajah kami? Bukankah Engkau telah mamasukkan kami ke dalam Surga dan menyelamatkan kami dari Neraka?" Rasulullah ﷺ bersabda, "Maka dibukalah hijab, tidak ada sesuatu pun yang lebih mereka cintai daripada melihat kepada Rabb mereka Yang Maha Mulia lagi Maha Agung." Kemudian Rasulullah ﷺ membaca ayat;

لِلَّذِينَ أَحْسَنُوا الْحُسْنَى وَزِيَادَةٌ

"Bagi orang-orang yang berbuat baik, ada pahala yang terbaik (yaitu; Surga) dan tambahannya.[359]*"*[360]

---

[358] QS. Al-Qiyamah : 22 - 23.
[359] QS. Yunus : 36.
[360] HR. Muslim Juz 1 : 181.

Orang-orang yang beriman akan melihat Allah ﷻ di Surga seperti melihat bulan punama. Sebagaimana diriwayatkan dari Jarir bin Abdullah Al-Bajali ﷺ, ia berkata;

كُنَّا جُلُوسًا عِنْدَ النَّبِيِّ صَلَّى اللهُ عَلَيْهِ وَسَلَّمَ فَنَظَرَ إِلَى الْقَمَرِ لَيْلَةَ الْبَدْرِ فَقَالَ إِنَّكُمْ سَتَعْرُضُونَ عَلَى رَبِّكُمْ فَتَرَوْنَهُ كَمَا تَرَوْنَ هَذَا الْقَمَرَ لَا تُضَامُّونَ فِي رُؤْيَتِهِ فَإِنِ اسْتَطَعْتُمْ أَنْ لَا تَغْلِبُوا عَلَى صَلَاةٍ قَبْلَ طُلُوعِ الشَّمْسِ وَصَلَاةٍ قَبْلَ غُرُوبِهَا فَافْعَلُوا ثُمَّ قَرَأَ فـ{سَبِّحْ بِحَمْدِ رَبِّكَ قَبْلَ طُلُوعِ الشَّمْسِ وَقَبْلَ الْغُرُوبِ}

"Kami duduk di sisi Nabi ﷺ. Lalu beliau melihat bulan (yang pada waktu itu sedang) purnama. Maka beliau bersabda, "Sesungguhnya kalian akan melihat kepada Rabb kalian. Kalian akan melihatnya sebagaimana kalian melihat bulan ini. Kalian tidak berdesak-desakan ketika melihat-Nya. Maka barangsiapa yang mampu untuk tidak terlewatkan (untuk melakukan) shalat (Shubuh) sebelum terbitnya matahari dan shalat (Ashar) sebelum terbenam matahari, maka lakukanlah." Kemudian beliau membaca, "Bertasbihlah dengan memuji Rabbmu sebelum terbit matahari dan sebelum terbenam(nya).[361]"[362]

Penyerupaan pada hadits di atas adalah penyerupaan tentang cara melihat, bukan penyerupaan tentang Dzat yang dilihat. Karena tidak ada yang serupa dan tidak ada yang sebanding dengan Allah ﷻ. Allah ﷻ berfirman;

لَيْسَ كَمِثْلِهِ شَيْءٌ وَهُوَ السَّمِيعُ الْبَصِيرُ.

"Tidak ada sesuatu pun yang serupa dengan-Nya, dan Dialah yang Maha Mendengar dan Maha Melihat."[363]

---

[361] QS. Qaf : 50.
[362] HR. Tirmidzi Juz 4 : 2551. Hadits ini dishahihkan oleh Syaikh Al-Albani ﷺ dalam *Shahihul Jami'* : 2306.
[363] QS. Asy-Syura : 11.

Penduduk Surga akan melihat Allah ﷻ dalam beberapa kesempatan; ada yang melihat Allah ﷻ pada pagi dan sore, dan ada pula yang melihat Allah ﷻ setiap hari Jum'at. Berkata Ibnu 'Umar ﵄;

أَكْرَمُ أَهْلِ الْجَنَّةِ عَلَى اللهِ مَنْ يَنْظُرُ إِلَى وَجْهِهِ غَدَوَةً وَعَشِيَّةً؛ ثُمَّ تَلَا هَذِهِ الْآيَةَ : وُجُوهٌ يَوْمَئِذٍ نَّاضِرَةٌ. إِلَى رَبِّهَا نَاظِرَةٌ.

"Penduduk Surga dimuliakan oleh Allah ﷻ dengan dengan memandang wajah-Nya pada waktu pagi dan sore hari. Kemudian Ibnu 'Umar ﵄ membaca firman Allah ﷻ,"*Wajah-wajah (orang-orang mukmin) pada hari itu (Hari Kiamat) berseri-seri. Kepada Rabb-nya mereka melihat.*"[364]
Berkata pula Syaikh 'Abdurrahman bin Nashir As-Sa'di ﵀;

مِنْهُمْ مَنْ يَنْظُرُهُ كُلَّ يَوْمٍ بُكْرَةً وَعَشِيًّا، وَمِنْهُمْ مَنْ يَنْظُرُهُ كُلَّ جُمُعَةٍ مَرَّةً وَاحِدَةً

"Di antara (penduduk Surga) ada yang melihat Allah ﷻ setiap hari pada waktu pagi dan petang. Dan di antara mereka ada pula yang melihat Allah ﷻ sekali setiap Jum'at."[365]

Perbedaan dalam Melihat Allah ﷻ

Perbedaan melihat Allah ﷻ di mahsyar dengan melihat Allah ﷻ di Surga adalah :

1. Melihat Allah ﷻ di Mahsyar hanya untuk pengenalan *(ru'yah ta'rifiyah)*, adapun melihat Allah ﷻ di Surga adalah untuk menikmati wajah Allah ﷻ.
2. Melihat Allah ﷻ di Mahsyar masih bercampur dengan perasaan takut, adapun melihat Allah ﷻ di Surga adalah dengan rasa aman.
3. Melihat Allah ﷻ di Mahsyar tidak khusus bagi orang mukmin saja tetapi orang munafik juga dapat melihat-Nya, adapun melihat Allah ﷻ di Surga hanya khusus untuk orang mukmin saja.

---

[364] *Al-Jami' li Ahkamil Qur'an*, 19/47.
[365] *Taisirul Karimir Rahman*, 900.

Melihat Allah ﷻ di Dunia

Rasulullah ﷺ dapat melihat Allah ﷻ di dunia dalam keadaan tidurnya. Sebagaimana diriwayatkan dari Ibnu 'Abbas ﵁ ia berkata, Rasulullah ﷺ bersabda;

أَتَانِيَ اللَّيْلَةَ رَبِّي تَبَارَكَ وَتَعَالَى فِي أَحْسَنِ صُورَةٍ قَالَ أَحْسِبُهُ فِي الْمَنَامِ

"Rabb-ku telah mendatangiku pada suatu malam dalam bentuk yang paling indah." Berkata Ibnu 'Abbas ﵁, "(Yaitu) ketika (Rasulullah ﷺ) tidur."[366]

Adapun manusia yang masih hidup di dunia, maka mustahil dapat melihat Allah ﷻ dengan mata kepalanya. Rasulullah ﷺ bersabda;

لَنْ يَرَى أَحَدٌ مِنْكُمْ رَبَّهُ عَزَّ وَجَلَّ حَتَّى يَمُوتَ.

"Salah seorang di antara kalian tidak akan pernah melihat Rabb-nya ﷻ hingga ia meninggal dunia."[367]

Bahkan berkata 'Aisyah ﵂;

مَنْ زَعَمَ أَنَّ مُحَمَّدًا صَلَّى اللَّهُ عَلَيْهِ وَسَلَّمَ رَأَى رَبَّهُ فَقَدْ أَعْظَمَ عَلَى اللَّهِ الْفِرْيَةَ.

"Barangsiapa yang menyangka bahwa Muhammad ﷺ melihat Rabb-nya (dengan mata kepalanya ketika di dunia), maka ia telah berdusta besar atas nama Allah ﷻ."[368]

*****

---

[366] HR. Tirmidzi Juz 5 : 3233. Hadits ini dishahihkan oleh Syaikh Al-Albani ﵀ dalam *Shahihul Jami'* : 59.
[367] HR. Muslim Juz 4 : 169.
[368] HR. Muslim Juz 1 : 177.

TELAGA

Telaga pada Hari Kiamat adalah kumpulan air yang turun dari Al-Kautsar untuk Nabi ﷺ pada Hari Mahsyar. Diriwayatkan dari Anas ﷺ, ia berkata;

بَيْنَا رَسُولُ اللهِ صَلَّى اللهُ عَلَيْهِ وَسَلَّمَ ذَاتَ يَوْمٍ بَيْنَ أَظْهُرِنَا إِذْ أَغْفَى إِغْفَاءَةً ثُمَّ رَفَعَ رَأْسَهُ مُتَبَسِّمًا فَقُلْنَا مَا أَضْحَكَكَ يَا رَسُولَ اللهِ قَالَ أَنْزِلَتْ عَلَيَّ آنِفًا سُورَةٌ فَقَرَأَ بِسْمِ اللهِ الرَّحْمَنِ الرَّحِيمِ {إِنَّا أَعْطَيْنَاكَ الْكَوْثَرَ. فَصَلِّ لِرَبِّكَ وَانْحَرْ. إِنَّ شَانِئَكَ هُوَ الْأَبْتَرُ.} ثُمَّ قَالَ أَتَدْرُونَ مَا الْكَوْثَرُ فَقُلْنَا اللهُ وَرَسُولُهُ أَعْلَمُ قَالَ إِنَّهُ نَهْرٌ وَعَدَنِيهِ رَبِّي عَزَّ وَجَلَّ عَلَيْهِ خَيْرٌ كَثِيرٌ هُوَ حَوْضٌ تَرِدُ عَلَيْهِ أُمَّتِي يَوْمَ الْقِيَامَةِ آنِيَتُهُ عَدَدُ النُّجُومِ فَيُخْتَلَجُ الْعَبْدُ مِنْهُمْ فَأَقُولُ رَبِّ إِنَّهُ مِنْ أُمَّتِي فَيَقُولُ مَا تَدْرِي مَا أَحْدَثَتْ بَعْدَكَ.

"Pada suatu hari kami bersama Rasulullah ﷺ, ketika itu Rasulullah ﷺ menundukkan kepalanya sejenak lalu beliau mengangangkat kepalanya dengan tersenyum. Maka kami bertanya, "Apa yang menyebabkan engkau tersenyum, wahai Rasulullah?" Beliau menjawab, *Sesungguhnya barusaja diturunkan kepadaku suatu surat,* beliau membaca;

بِسْمِ اللهِ الرَّحْمَنِ الرَّحِيمِ. إِنَّا أَعْطَيْنَاكَ الْكَوْثَرَ. فَصَلِّ لِرَبِّكَ وَانْحَرْ. إِنَّ شَانِئَكَ هُوَ الْأَبْتَرُ.

"Dengan menyebut nama Allah Yang Maha Pengasih lagi Maha Penyayang. Sesungguhnya Kami telah memberikan kepadamu nikmat yang banyak. Maka dirikanlah shalat karena Rabb-mu dan berqurbanlah. Sesungguhnya orang yang membencimu dialah yang terputus."[369]

---

[369] QS. Al-Kautsar : 1 - 3.

Lalu beliau bertanya, *"Tahukah kalian apakah Al-Kautsar itu?"* Maka kami menjawab, "Allah dan Rasul-Nya yang lebih mengetahuinya." Rasulullah ﷺ bersabda, *"Al-Kautsar adalah sebuah sungai yang telah dijanjikan oleh Rabb-ku ﷻ kepadaku. Di dalamnya terdapat kebaikan yang banyak. Ia adalah telaga yang akan didatangi oleh umatku pada Hari Kiamat. Bejana-bejananya sebanyak bintang-bintang (di langit). Diusirlah seorang hamba dari mereka. Lalu aku berkata, "Wahai Rabb-Ku, sesungguhnya ia termasuk umatku." Maka Allah ﷻ berfirman, "Engkau tidak mengetahui perkara baru yang telah dilakukannya sepeninggalmu."*[370]

Sifat Telaga Nabi ﷺ

Sifat telaga Nabi ﷺ pada Hari Kiamat adalah; airnya lebih putih daripada susu dan lebih manis daripada madu. Baunya lebih harum daripada minyak wangi kesturi. Gayungnya seperti bintang-bintang di langit. Panjang dan lebarnya adalah perjalanan satu bulan. Barangsiapa meminumnya, niscaya ia tidak akan merasa kehausan selama-lamanya. Diriwayatkan dari 'Abdullah bin 'Amru ﵁, Nabi ﷺ bersabda;

$$ حَوْضِي مَسِيرَةُ شَهْرٍ مَاؤُهُ أَبْيَضُ مِنَ اللَّبَنِ وَرِيْحُهُ أَطْيَبُ مِنَ الْمِسْكِ وَكِيْزَانُهُ كَنُجُوْمِ السَّمَاءِ مَنْ شَرِبَ مِنْهَا فَلَا يَظْمَأُ أَبَدًا $$

"Telagaku seluas perjalanan satu bulan. Airnya lebih putih daripada susu, baunya lebih harum daripada minyak kesturi, dan gayungnya seperti (banyaknya dan indahnya) bintang-bintang di langit. Barangsiapa yang meminumnya, maka ia tidak akan merasa kehausan selama-lamanya."[371]

Telaga Nabi ﷺ telah ada sekarang ini. Sebagaimana diriwayatkan dari 'Uqbah ﵁, bahwa Nabi ﷺ bersabda;

$$ إِنِّي وَاللهِ لَأَنْظُرُ إِلَى حَوْضِي الْآنَ $$

"Sesungguhnya aku demi Allah telah melihat telagaku sekarang."[372]

---

[370] HR. Muslim Juz 1 : 400.
[371] HR. Bukhari Juz 5 : 6208, lafazh ini miliknya dan Muslim Juz 4 : 2292.
[372] HR. Bukhari Juz 5 : 6218.

Telaga Nabi Muhammad ﷺ akan dikunjungi oleh banyak pengunjung hingga berdesak-desakan. Sebagaimana diriwayatkan dari 'Irbadh (bin Sariyah) ﵁, bahwa Nabi ﷺ bersabda;

$$ لَتَزْدَحِمَنَّ هَذِهِ الْأُمَّةُ عَلَى الْحَوْضِ ازْدِحَامَ إِبِلٍ وَرَدَتْ لِخَمْسٍ $$

"Sungguh umat ini akan berdesak-desakan di telaga(ku) (seperti) berdesak-desakannya unta yang datang (di hari yang) kelima (setelah empat hari unta tersebut tidak diberi minum)."[373]

Setiap Nabi memiliki telaga, namun telaga Nabi Muhammad ﷺ adalah yang paling besar, paling mulia, dan paling banyak pengunjungnya. Diriwayatkan dari Samurah ﵁ ia berkata, Rasulullah ﷺ bersabda;

$$ إِنَّ لِكُلِّ نَبِيٍّ حَوْضًا وَإِنَّهُمْ يَتَبَاهُونَ أَيُّهُمْ أَكْثَرُ وَارِدَةً وَإِنِّي أَرْجُو أَنْ أَكُونَ أَكْثَرُهُمْ وَارِدَةً. $$

"Sesungguhnya setiap Nabi memiliki telaga. Sungguh mereka akan berbangga siapakah di antara mereka yang paling banyak pengunjungnya. Dan aku berharap (telaga)ku yang paling banyak pengunjungnya."[374]

Orang-orang yang Tertolak dari Telaga
Ada beberapa orang yang tertolak dari telaga Nabi ﷺ, yaitu :

a. Orang yang murtad
Nabi ﷺ bersabda;

$$ يُرَدُّ عَلَى الْحَوْضِ رِجَالٌ مِنْ أَصْحَابِي فَيُحَلَّؤُونَ عَنْهُ فَأَقُولُ يَا رَبِّ أَصْحَابِي فَيَقُولُ إِنَّكَ لَا عِلْمَ لَكَ بِمَا أَحْدَثُوا بَعْدَكَ إِنَّهُمْ ارْتَدُّوا عَلَى أَدْبَارِهِمْ الْقَهْقَرَى $$

---

[373] HR. Thabrani. Hadits ini dihasankan oleh Syaikh Al-Albani ﵀ dalam *Shahihul Jami'* : 5068.
[374] HR. Tirmidzi Juz 4 : 2443. Hadits derajatnya adalah Hasan atau Shahih, menurut Syaikh Al-Albani ﵀ dalam *As-Silsilah Ash-Shahihah* Juz 4 : 1589.

"Tertolak dari telagaku beberapa orang dari sahabatku, mereka terhalangi darinya. Aku mengatakan, "Wahai Rabb-ku (mereka adalah) para sahabatku." Allah ﷻ berfirman, "Sesungguhnya engkau tidak mengetahui terhadap apa yang mereka ada-adakan sepeninggalmu. Sesungguhnya mereka telah kembali murtad."[375]

Berkata Qabishah ﷺ;

هُمُ الْمُرْتَدُّونَ الَّذِينَ ارْتَدُّوا عَلَى عَهْدِ أَبِي بَكْرٍ فَقَاتَلَهُمْ أَبُو بَكْرٍ رَضِيَ اللهُ تَعَالَى عَنْهُ.

"Mereka adalah orang-orang yang murtad pada masa Abu Bakar ﷺ, maka Abu Bakar ﷺ memerangi mereka."[376]

b. Orang yang berbuat bid'ah

Menurut Imam An-Nawawi ﵀ mereka adalah orang-orang yang yang membuat perkara baru dalam agama dari kalangan orang-orang khawarij dan orang-orang Rafidhah.

c. Orang munafik

Diriwayatkan dari Sahl bin Sa'ad ﷺ ia berkata, Nabi ﷺ bersabda;

إِنِّي فَرَطُكُمْ عَلَى الْحَوْضِ مَنْ مَرَّ عَلَيَّ شَرِبَ وَمَنْ شَرِبَ لَمْ يَظْمَأْ أَبَدًا لَيُرَدَّنَّ عَلَيَّ أَقْوَامٌ أَعْرِفُهُمْ وَيَعْرِفُونَنِي ثُمَّ يُحَالُ بَيْنِي وَبَيْنَهُمْ

"Sesungguhnya aku mendahului kalian di telaga. Barangsiapa melewatiku, (maka) ia akan meminum(nya). Dan barangsiapa yang meminum(nya), (maka) ia tidak akan merasa kehausan selama-lamanya. Sungguh akan ada suatu kaum yang akan tertolak dari (telaga)ku. Aku mengenal mereka dan mereka pun mengenalku, kemudian terhalangi antara aku dengan mereka (karena kemunafikan mereka)."[377]

*****

---

[375] HR. Bukhari Juz 5 : 6214.
[376] *Shahihul Bukhari,* 3/3263.
[377] Muttafaq 'alaih. HR. Bukhari Juz 5 : 6212, lafazh ini miliknya dan Muslim Juz 4 : 2290

PEMBAGIAN KITAB CATATAN AMAL

Pembagian kitab catatan amal adalah penampakan catatan amalan pada Hari Kiamat, kemudian diberikan ke kanan atau ke kiri pemiliknya. Orang yang beriman akan menerima kitab catatan amalnya dengan tangan kanannya, sehingga ia menjadi bahagia. Allah ﷻ berfirman;

$$\text{فَأَمَّا مَنْ أُوتِيَ كِتَابَهُ بِيَمِينِهِ فَيَقُولُ هَاؤُمُ اقْرَءُوا كِتَابِيَهْ.}$$

"Adapun orang-orang yang diberikan kepadanya kitab (catatan amal)nya dari sebelah kanannya, maka ia berkata, "Ambillah, bacalah kitabku (ini)."[378]

Adapun orang-orang kafir akan menerima kitab catatan amalnya dengan tangan kiri, karena tangan kanannya dibelenggu di lehernya.[379] Sedangkan tangan kirinya dibengkokkan ke belakang, sehingga ia menerimanya dari belakang punggungnya.[380] Sebagaimana firman Allah ﷻ;

$$\text{وَأَمَّا مَنْ أُوتِيَ كِتَابَهُ بِشِمَالِهِ فَيَقُولُ يَا لَيْتَنِي لَمْ أُوتَ كِتَابِيَهْ.}$$

"Adapun orang yang diberikan kepadanya kitab (catatan amal)nya dari sebelah kirinya, maka ia berkata, "Wahai alangkah baiknya seandainya tidak diberikan kepadaku kitabku (ini)."[381]

Dan juga firman Allah ﷻ;

$$\text{وَأَمَّا مَنْ أُوتِيَ كِتَابَهُ وَرَاءَ ظَهْرِهِ. فَسَوْفَ يَدْعُو ثُبُورًا. وَيَصْلَى سَعِيرًا.}$$

"Adapun orang-orang yang diberikan kitab (catatan amal)nya dari belakang punggungnya, maka ia akan berteriak, "Celakalah aku." Dan ia akan masuk ke dalam api (Neraka) yang menyala-nyala."[382]

*****

---

[378] QS. Al-Haqqah : 19.
[379] *Zubdatut Tafsir*, 799.
[380] *Tafsirul Qur'anil Karim: Juz 'Amma*, 114.
[381] QS. Al-Haqqah : 25.
[382] QS. Al-Insyiqaq : 10 - 12.

MIZAN

Mizan adalah timbangan yang ada pada Hari Kiamat. Allah ﷻ berfirman;

$$\text{وَنَضَعُ الْمَوَازِينَ الْقِسْطَ لِيَوْمِ الْقِيَامَةِ فَلَا تُظْلَمُ نَفْسٌ شَيْئًا وَإِنْ كَانَ}$$

$$\text{مِثْقَالَ حَبَّةٍ مِنْ خَرْدَلٍ أَتَيْنَا بِهَا وَكَفَى بِنَا حَاسِبِينَ.}$$

"Kami akan meletakkan timbangan yang tepat pada Hari Kiamat, maka seorang tidak akan dirugikan seseorang sedikit pun. meskipun (amalan tersebut) hanya seberat biji sawi, pasti Kami akan mendatangkan (pahala)nya. Dan cukuplah Kami sebagai pembuat perhitungan."[383]

Mizan pada Hari Kiamat jumlahnya hanya satu dan memiliki dua daun timbangan. Adapun yang ditimbang pada Hari Kiamat adalah; amalan, orang yang beramal, dan kitab catatan amal. Dalil-dalilnya adalah sebagai berikut :

a. Yang ditimbang amalannya
Sebagaimana sabda Rasulullah ﷺ;

$$\text{أَثْقَلُ شَيْءٌ فِي الْمِيزَانِ الْخُلُقُ الْحَسَنُ}$$

"Sesuatu yang lebih berat di timbangan adalah akhlak yang baik."[384]

---

[383] QS. Al-Anbiya' : 47.
[384] HR. Ahmad. Hadits ini dishahihkan oleh Syaikh Al-Albani ﵀ dalam *As-Silsilah Ash-Shahihah* Juz 2 : 876.

b. Yang ditimbang orang yang beramal

Sebagaimana diriwayatkan dari Abu Hurairah ﷺ, dari Rasulullah ﷺ bersabda;

إِنَّهُ لَيَأْتِي الرَّجُلُ الْعَظِيمُ السَّمِينُ يَوْمَ الْقِيَامَةِ لَا يَزِنُ عِنْدَ اللَّهِ جَنَاحَ بَعُوضَةٍ وَقَالَ اقْرَؤُوا إِنْ شِئْتُمْ {فَلَا نُقِيمُ لَهُمْ يَوْمَ الْقِيَامَةِ وَزْنًا}.

"Sesungguhnya pada Hari Kiamat akan di datangkan seorang yang besar dan gemuk, namun di sisi Allah ﷺ tidak mencapai berat sayap nyamuk."
Rasulullah ﷺ bersabda; "Jika kalian bersedia bacalah (ayat), "Kami tidak mengadakan perhitungan (amal) bagi mereka pada Hari Kiamat.[385]"[386]

c. Yang ditimbang kitab catatan amal

Sebagaimana disebutkan dalam hadits *bithaqah* (kartu) yang diriwayatkan dari 'Abdullah bin 'Amru bin Al-'Ash ﷺ ia berkata, Rasulullah ﷺ bersabda;

إِنَّ اللَّهَ سَيُخَلِّصُ رَجُلًا مِنْ أُمَّتِي عَلَى رُؤُوسِ الْخَلَائِقِ يَوْمَ الْقِيَامَةِ فَيَنْشُرُ عَلَيْهِ تِسْعَةً وَتِسْعِينَ سِجِلًّا كُلُّ سِجِلٍّ مِثْلَ مُدِّ الْبَصَرِ ثُمَّ يَقُولُ أَتُنْكِرُ مِنْ هَذَا شَيْئًا أَظْلَمَكَ كَتَبَتِي الْحَافِظُونَ فَيَقُولُ لَا يَا رَبِّ فَيَقُولُ أَفَلَكَ عُذْرٌ فَيَقُولُ لَا يَا رَبِّ فَيَقُولُ بَلَى إِنَّ لَكَ عِنْدَنَا حَسَنَةً فَإِنَّهُ لَاظُلْمَ عَلَيْكَ الْيَوْمَ فَتُخْرَجُ بِطَاقَةٌ فِيهَا أَشْهَدُ أَنْ لَا إِلَهَ إِلَّا اللَّهُ وَأَشْهَدُ أَنَّ مُحَمَّدًا عَبْدُهُ وَرَسُولُهُ فَيَقُولُ أَحْضُرْ وَزْنَكَ فَيَقُولُ يَا رَبِّ مَا هَذِهِ الْبِطَاقَةُ مَعَ هَذِهِ السِّجِلَّاتِ فَقَالَ إِنَّكَ لَا تُظْلَمُ قَالَ فَتُوضَعُ السِّجِلَّاتُ فِي كَفَّةٍ وَالْبِطَاقَةُ فِي كَفَّةٍ فَطَاشَتِ السِّجِلَّاتُ وَثَقُلَتِ الْبِطَاقَةُ فَلَا يَثْقُلُ مَعَ اسْمِ اللَّهِ شَيْءٌ.

---

[385] QS. Al-Kahfi : 105.
[386] Muttafaq 'alaih. HR. Bukhari Juz 4 : 4452 dan Muslim Juz 4 : 2785.

"Sesugguhnya Allah ﷻ *akan mendatangkan pada Hari Kiamat seorang laki-laki dari umatku di hadapan para makhluk. Lalu ditampakkan kepadanya sembilan puluh sembilan kitab catatan amal(nya), yang setiap catatan amal tersebut (berisi catatan kejelekan) sejauh mata memandang. Kemudian Allah* ﷻ *bertanya, "Apakah engkau mengingkari dari (catatan-catatan) ini? Atau apakah engkau telah dizhalimi oleh para Malaikat pencatat(nya)?" maka orang tersebut menjawab, "Tidak, wahai Rabb-ku." Lalu Allah* ﷻ *bertanya, "Apakah engkau mempunyai udzur?" orang tersebut menjawab, "Tidak, wahai Rabb-ku." Kemudian Allah* ﷻ *berfirman, "Bahkan sesungguhnya engkau di sisi kami memiliki kebaikan. Sesunggunya pada hari ini engkau tidak akan dizhalimi." Lalu dikeluarkan kartu yang di dalamnya terdapat (tulisan) "Aku bersaksi bahwa tidak ada sesembahan (yang berhak untuk disembah) selain Allah* ﷻ*. Dan aku bersaksi bahwa Muhammad adalah utusan Allah* ﷻ*." Allah* ﷻ *berfirman, "Lihatlah timbanganmu." Orang tersebut berkata, "Wahai Rabb-ku, apa artinya kartu tersebut dibandingkan dengan catatan-catatan ini?" Allah* ﷻ *berfirman, "Sesungguhnya engkau tidak akan dizhalimi." Kemudian diletakkan catatan-catatan tersebut pada satu daun timbangan dan kartu tersebut pada daun timbangan (yang lainnya). Maka yang ringan adalah catatan-catatan amal dan yang berat adalah kartu tersebut. Dan tidak ada sesuatu pun yang lebih berat (dibandingkan) dengan Nama Allah* ﷻ*."*[387]

*****

---

[387] HR. Tirmidzi Juz 5 : 2639. Hadits ini dishahihkan oleh Syaikh Al-Albani ﷺ dalam *Shahihul Jami'* : 1776.

SHIRATH

Shirath adalah jembatan yang dibentangkan di atas Neraka Jahannam, menuju ke Surga. *Shirath* tersebut lebih tipis daripada sehelai rambut dan lebih tajam daripada pedang. Sebagaimana disebutkan oleh Abu Sa'id Al-Khudri ﷺ;

بَلَغَنِي أَنَّ الْجِسْرَ أَدَقُّ مِنَ الشَّعْرَةِ وَأَحَدُّ مِنَ السَّيْفِ

"Telah sampai kepadaku bahwa *shirath* tersebut lebih tipis dari rambut dan lebih tajam dari pedang."[388]

Nabi yang pertama kali melewati *shirath* adalah Nabi Muhammad ﷺ dan umat yang pertama kali melewati *shirath* adalah umat Muhammad ﷺ. Sebagaimana diriwayatkan dari Abu Hurairah ﷺ, Rasulullah ﷺ bersabda;

وَيُضْرَبُ الصِّرَاطُ بَيْنَ ظَهْرَيْ جَهَنَّمَ فَأَكُوْنُ أَنَا وَأُمَّتِيْ أَوَّلُ مِنْ يُجِيْزِهَا وَلَا يَتَكَلَّمُ يَوْمَئِذٍ إِلَّا الرُّسُلُ وَدَعْوَى الرُّسُلِ يَوْمَئِذٍ اَللَّهُمَّ سَلِّمْ سَلِّمْ وَفِيْ جَهَنَّمَ كَلَالِيْبَ مِثْلُ شَوْكِ السَّعْدَانِ هَلْ رَأَيْتُمُ السَّعْدَانَ قَالُوْا نَعَمْ يَا رَسُوْلَ اللهِ قَالَ فَإِنَّهَا مِثْلُ شَوْكِ السَّعْدَانَ غَيْرَ أَنَّهُ لَا يَعْلَمُ مَا قَدْرَ عَظْمِهَا إِلَّا اللهُ

"Dibentangkan shirath di atas Neraka Jahannam. Dijadikan aku dan umatku adalah yang pertama kali melewatinya. Tidak ada yang berbicara pada waktu itu, kecuali para Rasul. Dan doa para Rasul waktu itu adalah, "Ya Allah, selamatkanlah, selamatkanlah." Di dalam Neraka Jahannam terdapat pengait seperti duri Sa'dan. Apakah kalian tahu Sa'dan?" Para sahabat menjawab, "Ya, wahai Rasulullah." Rasulullah ﷺ bersabda, "Sesunggungnya pengait tersebut seperti duri Sa'dan, namun tidak ada yang mengetahui besarnya kecuali (hanya) Allah ﷺ."[389]

---

[388] HR. Muslim Juz 1 : 183.
[389] HR. Bukhari Juz 6 : 7000, lafazh ini miliknya dan Muslim Juz 1 : 182.

Kondisi orang-orang yang melewati *shirath* sesuai dengan kadar amalan mereka ketika di dunia. Sebagaimana diriwayatkan pula dari Abu Sa'id Al-Khudri 🙵, bahwa Rasulullah ﷺ bersabda;

فَيَمُرُّ الْمُؤْمِنُونَ كَطَرْفِ الْعَيْنِ وَكَالْبَرْقِ وَكَالرِّيْحِ وَكَالطَّيْرِ وَكَأَجَاوِيْدِ الْخَيْلِ وَالرُّكَابِ فَنَاجَ مُسْلِمٍ وَمَخْدُوْشٌ مُرْسَلٍ وَمَكْدُوْسٌ فِيْ نَارِ جَهَنَّمَ

"Orang-orang mukmin (yang melewati shirath) ada yang seperti; kedipan mata, seperti kilat, seperti angin, seperti burung (terbang), seperti kuda yang berlari kencang, seperti pengendara. Ada muslim yang selamat, ada yang terkoyak tetapi selamat, ada pula yang terjatuh ke dalam Neraka Jahannam."[390]

Shirath pada Hari Kiamat berbeda dengan *shirath* yang disebutkan dalam Surat Al-Fatihah. Namun *shirath* yang disebutkan pada Surat Al-Fatihah ini berkaitan dengan *shirath* pada Hari Kiamat. Karena iman dan amal shalih di dunia adalah *Ash-Shirath Al-Mustaqim* (jalan yang lurus). Allah ﷻ memerintahkan setiap hamba untuk menapaki dan ber*istiqamah* di atasnya. Dia juga memerintahkan kaum muslimin agar memohon hidayah (petunjuk) untuk dapat menapaki *Ash-Shirath Al-Mustaqim* tersebut. Barangsiapa yang di dunia selalu *istiqamah* dalam menapaki *Ash-Shirath Al-Mustaqim* secara lahir dan batin, maka ia akan *istiqamah* (teguh) pula ketika berjalan di atas *shirath* yang dibentangkan di atas Neraka Jahannam (pada Hari Kiamat).[391]

*****

---

[390] HR. Muslim Juz 1 : 183.
[391] *At-Takhwir minan Nar*, 244.

SYAFA'AT

Syafa'at secara bahasa artinya menggenapkan yang ganjil. Adapun dalam syari'at bermakna menjadi perantara bagi orang lain untuk mendapatkan manfaat atau menolak bahaya. Syafa'at pada Hari Kiamat terbagi menjadi dua; yang *haq* (benar) dan yang *batil*. Syafa'at yang *haq* akan terlaksana jika terpenuhi syarat-syaratnya, yaitu :

❖ Orang yang memberikan syafa'at dimuliakan dengan syafa'at. Seperti; para Nabi, para Malaikat, orang yang mati syahid, dan yang lainnya.

❖ Orang yang akan mendapatkan syafa'at adalah orang yang di ridhai Allah ﷻ, baik ucapan maupun perbuatannya.

❖ Syafa'at dapat terlaksana setelah mendapat izin dari Allah ﷻ. Sebagaimana firman Allah ﷻ;

$$ مَنْ ذَا الَّذِي يَشْفَعُ عِنْدَهُ إِلَّا بِإِذْنِهِ $$

"Tidak ada yang dapat memberi syafa'at di sisi Allah ﷻ tanpa izin-Nya."[392]

Jika salah satu syaratnya tidak terpenuhi, maka syafa'at tersebut tidak akan terlaksana dan termasuk syafa'at yang *batil*.

Syafa'at yang terjadi pada Hari Kiamat dapat ditinjau dari dua sisi, antara lain;

a. Syafa'at Ditinjau dari Sisi Pemberi Syafa'at
Syafa'at ditinjau dari sisi pemberi syafa'at dibagi menjadi dua, yaitu :

1. Syafa'at yang khusus dimiliki oleh Nabi Muhammad ﷺ
Syafa'at yang khusus dimiliki oleh Nabi Muhammad ﷺ dan tidak dimiliki oleh yang lainnya ada tiga macam, antara lain :

---

[392] QS. Al-Baqarah : 255.

➤ Syafa'at agung *(syafa'atul uzhma)* yang beliau berikan kepada umat manusia ketika menunggu pemberian keputusan dari Allah ﷻ, dan Allah ﷻ pun memberikan keputusan-Nya kepada mereka. Ini adalah syafa'at terbesar, dan merupakan kedudukan terhormat yang Allah ﷻ janjikan kepada beliau ﷺ. Diriwayatkan dari Abu Hurairah ﵁, bahwa Rasulullah ﷺ bersabda;

$$ لِكُلِّ نَبِيٍّ دَعْوَةٌ يَدْعُو بِهَا، وَأُرِيدُ أَنْ أَخْتَبِئَ دَعْوَتِي شَفَاعَةً لِأُمَّتِي فِي الْآخِرَةِ. $$

"Setiap Nabi memiliki doa yang ia berdoa dengannya. Dan aku ingin menunda doaku sebagai syafa'at untuk umatku di akhirat."[393]

➤ Syafa'at Rasulullah ﷺ untuk mengetuk pintu Surga dan membukakannya bagi orang-orang yang akan memasuki Surga. Sebagaimana diriwayatkan dari Anas bin Malik ﵁ ia berkata, Rasulullah ﷺ bersabda;

$$ أَنَا أَكْثَرُ الْأَنْبِيَاءِ تَبَعًا يَوْمَ الْقِيَامَةِ وَأَنَا أَوَّلُ مَنْ يَقْرَعُ بَابَ الْجَنَّةِ. $$

"Aku adalah Nabi yang paling banyak pengikutnya pada Hari Kiamat. Dan aku adalah orang yang pertama kali mengetuk pintu Surga."[394]

➤ Syafa'at Rasulullah ﷺ kepada pamannya Abu Thalib agar diringankan adzabnya. Diriwayatkan dari 'Abbas bin 'Abdul Muthalib ﵁, ia bertanya kepada Rasulullah ﷺ;

$$ يَا رَسُولَ اللهِ هَلْ نَفَعْتَ أَبَا طَالِبٍ بِشَيْءٍ فَإِنَّهُ كَانَ يَحُوطُكَ وَيَغْضَبُ لَكَ قَالَ نَعَمْ هُوَ فِي ضَحْضَاحٍ مِنْ نَارٍ وَلَوْلَا أَنَا لَكَانَ فِي الدَّرْكِ الْأَسْفَلِ مِنَ النَّارِ. $$

---

[393] HR. Bukhari Juz 5 : 5945.
[394] HR. Muslim Juz 1 : 196.

"Wahai Rasulullah, apakah ada sesuatu yang bermanfaat untuk Abu Thalib? Sesungguhnya ia senantiasa melindungimu dan marah ketika engkau (diganggu)?" Rasulullah ﷺ bersabda, *"Ya, ia berada di Neraka yang paling dangkal. Seandainya bukan karena aku, niscaya ia kan berada di kerak Neraka yang paling dalam."*[395]

Diriwayatkan pula dari Ibnu 'Abbas ﷺ, bahwa Rasulullah ﷺ bersabda;

$$ \text{أَهْوَنُ أَهْلِ النَّارِ عَذَابًا أَبُو طَالِبٍ وَهُوَ مُنْتَعِلٌ بِنَعْلَيْنِ يَغْلِي مِنْهُمَا دِمَاغُهُ.} $$

"Penduduk Neraka yang paling ringan siksanya adalah Abu Thalib, dipakaikan padanya dua sandal yang karena dua sandal tersebut mendidih otaknya."[396]

2. Syafa'at umum

Syafa'at umum yaitu syafa'at yang juga dimiliki oleh selain Nabi Muhammad ﷺ. Di antara mereka adalah; para Nabi, para Malaikat, orang-orang yang beriman, dan yang lainnya. Di antara syafa'atnya adalah :

➢ Syafa'at yang diberikan kepada sejumlah orang dari umat Muhammad ﷺ, sehigga mereka dapat masuk Surga tanpa melalui proses penghitungan *(hisab)* amal. Mereka berjumlah tujuh puluh ribu orang.[397]

➢ Syafa'at yang yang diberikan kepada orang-orang yang kebaikannya sama dengan keburukannya, sehingga mereka dapat masuk Surga.

➢ Syafa'at yang diberikan oleh orang yang mati syahid kepada tujuh puluh orang dari keluarganya.

➢ Syafa'at kepada ahli tauhid yang bermaksiat di dunia agar dikeluarkan dari Neraka dan dipindahkan ke Surga. Diriwayatkan dari 'Imran bin Husain ﷺ, dari Nabi ﷺ, beliau bersabda;

---

[395] HR. Muslim Juz 1 : 209.
[396] HR. Muslim Juz 1 : 212.
[397] HR. Bukhari Juz 5 : 6175.

لَيَخْرُجَنَّ قَوْمٌ مِنَ النَّارِ بِشَفَاعَتِي يُسَمُّوْنَ الْجَهَنَمِيِّيْنَ.

"Sungguh akan dikeluarkan suatu kaum dari Neraka karena syafa'atku, yang kaum tersebut diberi nama "Jahanamiyyin" (orang-orang yang berasal dari Neraka Jahannam)."[398]

b. Syafa'at Ditinjau dari Sisi Terjadinya

Syafa'at ditinjau dari sisi terjadinya dibagi menjadi dua, yaitu :

1. Syafa'at yang dinafikan

Syafa'at yang dinafikan adalah syafa'at yang diminta dari selain Allah ﷻ (selain dengan izin Allah ﷻ). Dan termasuk dalam hal ini adalah syafa'at untuk orang-orang musyrik. Sebagaimana firman Allah ﷻ;

يَا أَيُّهَا الَّذِيْنَ آمَنُوْا أَنْفِقُوْا مِمَّا رَزَقْنَاكُمْ مِنْ قَبْلِ أَنْ يَأْتِيَ يَوْمٌ لَّا بَيْعٌ فِيْهِ وَلَا خُلَّةٌ وَّلَا شَفَاعَةٌ وَالْكَافِرُوْنَ هُمُ الظَّالِمُوْنَ.

"Wahai orang-orang yang beriman, belanjakanlah (di jalan Allah ﷻ) sebagian dari rizki yang telah Kami berikan kepada kalian, sebelum datang hari yang pada hari itu tidak ada lagi jual beli dan tidak ada lagi syafa'at. Dan orang-orang kafir itulah orang-orang yang zhalim."[399]

Dan Juga firman Allah ﷻ;

فَمَا تَنْفَعُهُمْ شَفَاعَةُ الشَّافِعِيْنَ.

"Maka bagi mereka tidak berguna lagi syafa'at dari orang-orang yang memberikan syafa'at."[400]

---

[398] HR. Ibnu Majah : 4315. Hadits ini dishahihkan oleh Syaikh Al-Albani ﵀ dalam *Shahihul Jami'* : 5362.
[399] QS. Al-Baqarah : 254.
[400] QS. Al-Mudatstsir : 48.

2. Syafa'at yang ditetapkan

Sedangkan syafa'at yang ditetapkan adalah syafa'at yang diminta dari Allah ﷺ, dan diberikan untuk orang-orang yang bertauhid. Sebagaimana disebutkan dalam hadits yang diriwayatkan dari Abu Hurairah ﷺ, bahwa Rasulullah ﷺ bersabda;

أَسْعَدُ النَّاسِ بِشَفَاعَتِي يَوْمَ الْقِيَامَةِ مَنْ قَالَ لَا إِلَهَ إِلَّا اللهُ خَالِصًا مِنْ قَلْبِهِ أَوْ نَفْسِهِ.

"Orang yang paling berbahagia dengan syafa'atku pada hari Kiamat kelak ialah orang yang mengucapkan Laa Ilaaha illallah (tidak ada sesembahan yang berhak untuk disembah selain Allah ﷺ) secara tulus dari hatinya atau (dari) dirinya."[401]

*****

---

[401] HR. Bukhari Juz 1 : 99.

PELAKU DOSA BESAR

Ahlus Sunnah meyakini bahwa pelaku dosa besar pada Hari Kiamat berada di bawah kehendak Allah ﷻ. Jika Allah ﷻ menghendaki untuk menyiksa pelaku dosa besar tersebut, maka Allah ﷻ menyiksa dengan keadilan-Nya. Dan jika Allah ﷻ menghendaki untuk mengampuninya – selain pelaku dosa kesyirikan,- maka Allah ﷻ mengampuni dengan karunia-Nya. Allah ﷻ berfirman;

إِنَّ اللَّهَ لَا يَغْفِرُ أَنْ يُشْرَكَ بِهِ وَيَغْفِرُ مَا دُونَ ذَلِكَ لِمَنْ يَشَاءُ وَمَنْ يُشْرِكْ بِاللَّهِ فَقَدِ افْتَرَى إِثْمًا عَظِيمًا

"Sesungguhnya Allah ﷻ tidak akan mengampuni dosa syirik dan Dia mengampuni segala dosa selain dari syirik itu bagi siapa yang dikehendaki-Nya. Barangsiapa yang mempersekutukan Allah ﷻ, maka sungguh ia telah berbuat dosa yang besar."[402]

Dari ayat di atas dapat difahami bahwa setiap dosa selain dosa kesyirikan berada dalam *masyi'ah* (kehendak) Allah ﷻ. Jika Allah ﷻ menghendaki untuk mengampuninya, maka Allah ﷻ akan mengampuninya dengan rahmat-nya, meskipun pelakunya tidak bertaubat. Sebaliknya jika Allah ﷻ menghendaki untuk menyiksanya, maka Allah ﷻ akan menyiksanya dengan keadilan-Nya.

Diriwayatkan pula dari 'Ubadah bin Shamit ﷺ, ia berkata;

كُنَّا مَعَ رَسُولِ اللَّهِ صَلَّى اللَّهُ عَلَيْهِ وَسَلَّمَ فِي مَجْلِسٍ فَقَالَ تَبَايِعُوْنِي عَلَى أَنْ لَا تُشْرِكُوا بِاللَّهِ شَيْئًا وَلَا تَزْنُوْا وَلَا تَسْرِقُوا وَلَا تَقْتُلُوا النَّفْسَ الَّتِي حَرَّمَ اللَّهُ إِلَّا بِالْحَقِّ فَمَنْ وَفَى مِنْكُمْ فَأَجْرُهُ عَلَى اللَّهِ وَمَنْ أَصَابَ شَيْئًا مِنْ ذَلِكَ فَعُوْقِبَ بِهِ فَهُوَ كَفَّارَةٌ لَهُ وَمَنْ أَصَابَ شَيْئًا مِنْ ذَلِكَ فَسَتَرَهُ اللَّهُ عَلَيْهِ فَأَمْرُهُ إِلَى اللَّهِ إِنْ شَاءَ عَفَا عَنْهُ وَإِنْ شَاءَ عَذَّبَهُ.

---

[402] QS. An-Nisa': 48.

"Suatu ketika kami bersama Rasulullah ﷺ *dalam satu majelis. Kemudian beliau bersabda, "Berbai'atlah kalian kepadaku untuk; tidak mempersekutukan Allah* ﷺ *dengan sesuatu apapun, tidak akan berzina, tidak akan mencuri, tidak akan membunuh jiwa yang diharamkan oleh Allah* ﷺ *kecuali dengan haq. Maka barangsiapa di antara kalian yang memenuhi (bai'at ini), maka (pahalanya) di sisi Allah* ﷺ. *Barangsiapa yang melakukan sesuatu dari (larangan) tersebut lalu ia dihukum (dengan hadd di dunia), maka itu sebagai penebus dosa. barangsiapa yang melakukan sesuatu dari (larangan) tersebut lalu Allah* ﷺ *menutupinya, maka urusannya terserah Allah* ﷺ. *Jika Allah* ﷺ *menghendaki, maka Allah* ﷺ *akan mengampuninya (dengan karunia-Nya). Dan jika Allah* ﷺ *menghendaki, maka Allah akan menyiksanya (dengan keadilan-Nya)."*[403]

Pelaku dosa besar yang masih mempunyai tauhid memiliki kemungkinan untuk mendapatkan syafa'at dari Nabi Muhammad ﷺ. Sebagaimana diriwayatkan pula dari Anas bin Malik ؓ, dari Nabi ﷺ, beliau bersabda;

$$ شَفَاعَتِي لِأَهْلِ الْكَبَائِرِ مِنْ أُمَّتِي. $$

"Syafa'atku untuk pelaku dosa besar dari kalangan umatku."[404]

Pelaku dosa besar yang masih memiliki tauhid dan iman tidak akan kekal di dalam Neraka, pada saatnya ia akan dikeluarkan dari Neraka. Diriwayatkan dari Abu Sa'id Al-Khudri ؓ, bahwa Nabi ﷺ bersabda;

$$ يُخْرَجُ مِنَ النَّارِ مَنْ كَانَ فِي قَلْبِهِ مِثْقَالَ ذَرَّةٍ مِنَ الْإِيمَانِ. $$

"Akan dikeluarkan dari Neraka siapa pun yang di dalam hatinya terdapat keimanan, (meskipun) sebesar biji sawi."[405]

---

[403] HR. Bukhari Juz 1 : 18 dan Muslim Juz 3 : 1709, lafazh ini miliknya.

[404] HR. Abu Dawud : 4739. Hadits ini dishahihkan oleh Syaikh Al-Albani ﵀ dalam *Shahihul Jami'* : 3714.

[405] HR. Tirmidzi Juz 4 : 2598. Hadits ini dishahihkan oleh Syaikh Al-Albani ﵀ dalam *Shahihul Jami'* : 8062.

Adapun anak-anak orang musyrik yang meninggal sebelum baligh, maka mereka akan menjadi pelayan-pelayan penduduk Surga. Sebagaimana diriwayatkan dari Anas bin Malik ☻, Nabi ☙ bersabda;

$$ أَطْفَالُ الْمُشْرِكِيْنَ خَدِمُ أَهْلِ الْجَنَّةِ. $$

"Anak-anak orang musyrik adalah pelayan penduduk Surga."[406]

*****

---

[406] Hadits ini dishahihkan oleh Syaikh Al-Albani ☙ dalam *Shahihul Jami'* : 1024.

SURGA DAN NERAKA

Ahlus Sunnah meyakini bahwa Surga dan Neraka telah diciptakan oleh Allah ﷻ. Neraka adalah tempat yang penuh dengan penderitaan dan siksaan. Siksa Neraka yang paling ringan adalah seorang yang dipakaikan padanya dua sandal yang karena dua sandal tersebut mendidih otaknya, - *wal'iyadzubillah.*- Diriwayatkan dari Ibnu 'Abbas ﵁, bahwa Rasulullah ﷺ bersabda;

$$\text{أَهْوَنُ أَهْلِ النَّارِ عَذَابًا أَبُو طَالِبٍ وَهُوَ مُنْتَعِلٌ بِنَعْلَيْنِ يَغْلِي مِنْهُمَا دِمَاغُهُ.}$$

"Penduduk Neraka yang paling ringan siksanya adalah Abu Thalib, dipakaikan padanya dua sandal yang karena dua sandal tersebut mendidih otaknya."[407]

Surga merupakan tempat yang penuh dengan kenikmatan. Kenikmatan Surga merupakan kenikmatan yang belum pernah terbersit dalam hati manusia. Diriwayatkan dari Abu Hurairah ﵁ ia berkata, Rasulullah ﷺ bersabda, Allah ﷻ berfirman;

$$\text{أَعْدَدْتُ لِعِبَادِيَ الصَّالِحِينَ مَا لَا عَيْنٌ رَأَتْ وَلَا أُذُنٌ سَمِعَتْ وَلَا خَطَرَ عَلَى قَلْبِ بَشَرٍ}$$

"Aku telah menyediakan untuk hamba-hamba-Ku yang shalih (Surga yang kenikmatannya) yang belum pernah dilihat oleh mata, belum pernah terdengar oleh telinga, dan belum pernah terbersit pada hati manusia."[408]

---

[407] HR. Muslim Juz 1 : 212.
[408] HR. Bukhari Juz 3 : 3072 dan Muslim Juz 4 : 2824, lafazh ini milik keduanya.

Kenikmatan di dalam Surga merupakan kenikmatan yang sempurna, yang jauh berbeda dengan kenikmatan di dunia. Berkata Ibnu 'Abbas رضي الله عنه;

لَيْسَ فِي الْجَنَّةِ مِمَّا فِي الدُّنْيَا إِلَّا الْأَسْمَاءَ.

"Di dalam Surga tidak ada sesuatu pun (yang sama dengan) yang ada di dunia, kecuali hanya sekedar nama-nama saja."[409]

Kenikmatan Surga akan melupakan semua penderitaan dan kesengsaraan di dunia. Diriwayatkan dari Anas رضي الله عنه, Nabi ﷺ bersabda;

يُؤْتَى بِأَنْعَمِ أَهْلِ الدُّنْيَا مِنْ أَهْلِ النَّارِ يَوْمَ الْقِيَامَةِ فَيُصْبَغُ فِي جَهَنَّمَ صِبْغَةً ثُمَّ يُقَالُ لَهُ : يَا ابْنَ آدَمَ هَلْ رَأَيْتَ خَيْرًا قَطُّ؟ هَلْ مَرَّ بِكَ نَعِيمٌ قَطُّ؟ فَيَقُولُ : لَا وَاللهِ يَا رَبِّ وَيُؤْتَى بِأَشَدِّ النَّاسِ بُؤْسًا فِي الدُّنْيَا مِنْ أَهْلِ الْجَنَّةِ فَيُصْبَغُ فِي الْجَنَّةِ صِبْغَةً فَيُقَالُ لَهُ : يَا ابْنَ آدَمَ هَلْ رَأَيْتَ بُؤْسًا قَطُّ؟ هَلْ مَرَّ بِكَ شِدَّةٌ قَطُّ؟ فَيَقُولُ : لَا وَاللهِ يَا رَبِّ مَا مَرَّ بِي بُؤْسٌ قَطُّ وَلَا رَأَيْتُ شِدَّةً قَطُّ.

"Pada Hari Kiamat (akan) didatangkan (seorang) penduduk dunia yang paling beruntung, yang ia termasuk penduduk Neraka. Lalu ia dicelupkan ke dalam Neraka Jahannam satu kali celupan. Kemudian dikatakan kepadanya, "Wahai anak Adam, apakah engkau melihat kebaikan meskipun hanya sebentar? Apakah engkau merasakan kenikmatan meskipun sebentar?" Orang tersebut mengatakan, "Demi Allah tidak, wahai Rabb-ku." Dan (akan) didatangkan (seorang) penduduk dunia yang paling sengsara, yang ia termasuk penduduk Surga. Lalu ia dicelupkan ke dalam Surga satu kali celupan. Kemudian dikatakan kepadanya, "Wahai anak Adam, apakah engkau melihat kesengsaraan meskipun hanya sebentar? Apakah engkau merasakan kesusahan meskipun sebentar?" Orang tersebut mengatakan, "Demi Allah tidak, wahai Rabb-ku. Tidak aku rasakan kesengsaraan meskipun sebentar dan aku tidak melihat kesusahan meskipun hanya sebentar."[410]

---

[409] *Tafsirul Qur'anil Karim: Juz 'Amma*, 286.
[410] HR. Ahmad dan Muslim Juz 4 : 2807. Hadits ini dishahihkan oleh Syaikh Al-Albani رحمه الله dalam *Shahihul Jami'* : 8000.

Surga yang tertinggi adalah Surga Firdaus. Diriwayatkan dari Abu Hurairah ﷺ ia berkata, Nabi ﷺ bersabda;

إِنَّ فِي الْجَنَّةِ مِائَةَ دَرَجَةٍ أَعَدَّهَا اللهُ لِلْمُجَاهِدِيْنَ فِي سَبِيْلِ اللهِ مَا بَيْنَ الدَّرَجَتَيْنِ كَمَا بَيْنَ السَّمَاءِ وَالْأَرْضِ فَإِذَا سَأَلْتُمُ اللهَ فَاسْأَلُوْهُ الْفِرْدَوْسَ فَإِنَّهُ أَوْسَطُ الْجَنَّةِ وَأَعْلَى الْجَنَّةِ أَرَاهُ فَوْقَهُ عَرْشُ الرَّحْمَنِ وَمِنْهُ تُفَجَّرُ أَنْهَارُ الْجَنَّةِ.

"Sesungguhnya di dalam Surga terdapat seratus derajat yang disediakan oleh Allah ﷺ untuk orang-orang yang berjihad di jalan-Nya. Jarak antara dua derajat adalah seperti jarak antara langit dan bumi. Jika kalian meminta kepada Allah ﷺ, maka mintalah Surga Firfaus. Karena sesungguhnya Surga Firdaus adalah surga yang paling luas dan yang paling tinggi (derajatnya). Di atasnya adalah 'Arsy Allah Ar-Rahman dan dari sanalah terpacar sungai-sungai Surga."[411]

Seorang masuk Surga bukan karena amalannya, tetapi karena rahmat Allah ﷺ. Sebagaimana diriwayatkan dari 'Aisyah ﷺ, bahwa Rasulullah ﷺ bersabda;

سَدِّدُوْا وَقَارِبُوْا وَأَبْشِرُوْا فَإِنَّهُ لَنْ يَدْخُلَ الْجَنَّةَ أَحَدًا عَمَلُهُ قَالُوْا وَلَا أَنْتَ يَا رَسُوْلَ اللهِ قَالَ وَلَا أَنَا إِلَّا أَنْ يَتَغَمَّدَنِي اللهُ مِنْهُ بِرَحْمَةٍ وَاعْلَمُوْا أَنَّ أَحَبَّ الْعَمَلِ إِلَى اللهِ أَدْوَمَهُ وَإِنْ قَلَّ.

"Berlaku luruslah kalian, mendekatlah, dan berikanlah kabar gembira. Karena sesungguhnya seseorang tidak masuk Surga karena amalannya." Para sahabat bertanya, *"Tidak juga engkau, wahai Rasulullah?"* Rasulullah ﷺ menjawab, *"Tidak juga aku, kecuali bahwa Allah ﷺ melimpahkan rahmat-Nya kepadaku. Ketahuilah bahwa amalan yang paling dicintai oleh Allah ﷺ adalah yang terus-menerus, meskipun sedikit."*[412]

---

[411] HR. Bukhari Juz 3 : 2637.
[412] HR. Muslim Juz 4 : 2818.

Setiap manusia telah ditetapkan; apakah akan menjadi penghuni Surga atau akan menjadi penghuni Neraka. Diriwayatkan pula dari Ali bin Abi Thalib ؓ ia berkata, Rasulullah ﷺ bersabda;

مَا مِنْكُمْ مِنْ أَحَدٍ إِلَّا وَقَدْ كُتِبَ مَقْعَدُهُ مِنَ النَّارِ وَمَقْعَدُهُ مِنَ الْجَنَّةِ
قَالُوا يَا رَسُوْلَ اللهِ أَفَلَا نَتَّكِلُ عَلَى كِتَابِنَا وَنَدَعُ الْعَمَلَ قَالَ اعْمَلُوا
فَكُلٌّ مُيَسَّرٌ لِمَا خُلِقَ لَهُ أَمَّا مَنْ كَانَ مِنْ أَهْلِ السَّعَادَةِ فَيُيَسَّرُ لِعَمَلِ
أَهْلِ السَّعَادَةِ وَأَمَّا مَنْ كَانَ مِنْ أَهْلِ الشَّقَاءِ فَيُيَسَّرُ لِعَمَلِ أَهْلِ الشَّقَاوَةِ
ثُمَّ قَرَأَ {فَأَمَّا مَنْ أَعْطَى وَاتَّقَى وَصَدَّقَ بِالْحُسْنَى} اَلْآيَةَ.

"Tidak ada seorang pun di antara kalian kecuali telah ditentukan tempatnya di Surga atau di Neraka." Para sahabat bertanya, "Wahai Rasulullah, apakah (cukup) kami pasrah kepada kitab (takdir) kami dan kami tidak perlu beramal?" Rasulullah ﷺ bersabda, "Beramallah kalian, karena setiap orang akan dimudahkan (untuk melakukan) apa yang ia diciptakan. Orang yang berbahagia (dengan masuk Surga) akan dimudahkan untuk melakukan perbuatan orang-orang ahli Surga. Adapun orang yang celaka (dengan masuk Neraka) akan dimudahkan untuk melakukan perbuatan orang-orang ahli Neraka." Kemudian beliau membaca, "Adapun orang yang memberikan (hartanya di jalan Allah ﷻ) dan bertaqwa, dan membenarkan adanya pahala yang terbaik (yaitu; Surga)," hingga akhir ayat.[413,][414]

Seorang yang dimudahkan untuk melakukan amalan kebaikan, maka amalan tersebut akan mengajak kebaikan yang lainnya, demikian pula dengan amalan keburukan. Berkata 'Urwah bin Zubair ؒ;

إِنَّ الْحَسَنَةَ تَدُلُّ عَلَى أُخْتِهَا، وَإِنَّ السَّيِّئَةَ تَدُلُّ عَلَى أُخْتِهَا

"Sesungguhnya kebaikan akan menunjukkan kepada saudaranya (yaitu, kebaikan yang lainnya), dan sesungguhnya keburukan akan menunjukkan kepada saudaranya (yaitu, keburukan yang lainnya)."[415]

---

[413] QS. Al-Lail 5 - 10.
[414] HR. Bukhari Juz 4 : 4666.
[415] Shifatush Shafwah, 2/85.

Allah ﷻ telah mengetahui berapa jumlah hamba-Nya yang akan masuk Surga dan berapa jumlah yang akan masuk Neraka. Diriwayatkan dari 'Abdullah bin 'Amru ﷺ;

خَرَجَ عَلَيْنَا رَسُولُ اللَّهِ صَلَّى اللَّهُ عَلَيْهِ وَسَلَّمَ وَفِي يَدِهِ كِتَابَانِ فَقَالَ أَتَدْرُونَ مَا هَذَانِ الْكِتَابَانِ فَقُلْنَا لَا يَا رَسُولَ اللَّهِ إِلَّا أَنْ تُخْبِرَنَا. فَقَالَ لِلَّذِي فِي يَدِهِ الْيُمْنَى هَذَا كِتَابٌ مِنْ رَبِّ الْعَالَمِينَ فِيهِ أَسْمَاءُ أَهْلِ الْجَنَّةِ وَأَسْمَاءُ آبَائِهِمْ وَقَبَائِلِهِمْ ثُمَّ أَجْمَلَ عَلَى آخِرِهِمْ فَلَا يُزَادُ فِيهِمْ وَلَا يُنْقَصُ مِنْهُمْ أَبَدًا. ثُمَّ قَالَ لِلَّذِي فِي شِمَالِهِ هَذَا كِتَابٌ مِنْ رَبِّ الْعَالَمِينَ فِيهِ أَسْمَاءُ أَهْلِ النَّارِ وَأَسْمَاءُ آبَائِهِمْ وَقَبَائِلِهِمْ ثُمَّ أَجْمَلَ عَلَى آخِرِهِمْ فَلَا يُزَادُ فِيهِمْ وَلَا يُنْقَصُ مِنْهُمْ. فَقَالَ أَصْحَابُهُ فَفِيمَ الْعَمَلَ يَا رَسُولَ اللَّهِ إِنْ كَانَ أَمْرٌ قَدْ فَرَغَ مِنْهُ فَقَالَ سَدِّدُوا وَقَارِبُوا فَإِنَّ صَاحِبَ الْجَنَّةِ يُخْتَمُ لَهُ بِعَمَلِ أَهْلِ الْجَنَّةِ وَإِنْ عَمِلَ أَيَّ عَمَلٍ وَإِنَّ صَاحِبَ النَّارِ يُخْتَمُ لَهُ بِعَمَلِ أَهْلِ النَّارِ وَإِنْ عَمِلَ أَيَّ عَمَلٍ. ثُمَّ قَالَ رَسُولُ اللَّهِ صَلَّى اللَّهُ عَلَيْهِ وَسَلَّمَ بِيَدَيْهِ فَنَبَذَهُمَا ثُمَّ قَالَ فَرَغَ رَبُّكُمْ مِنَ الْعِبَادِ فَرِيقٌ فِي الْجَنَّةِ وَفَرِيقٌ فِي السَّعِيرِ.

"Rasulullah ﷺ keluar kepada kami dan di tangan beliau terdapat dua kitab. Beliau bersabda, *"Tahukan kalian dua kitab apa ini?"* Kami menjawab, "Tidak, wahai Rasulullah. Kecuali jika engkau memberitahukannya kepada kami." Rasulullah ﷺ bersabda untuk kitab yang berada di tangan kanannya, *"Ini adalah kitab dari Rabb semesta alam. Di dalamnya berisi nama-nama penghuni Surga, nama-nama bapak-bapak mereka, dan nama-nama kabilah-kabilah mereka, (disebutkan) jumlah mereka hingga yang terakhir. Tidak ditambah (jumlah) di dalamnya dan tidak pula dikurangi selama-lamanya."* Kemudian beliau bersabda untuk kitab yang berada di tangan kirinya, *"Ini adalah kitab dari Rabb semesta alam. Di dalamnya berisi nama-nama penghuni Neraka, nama-nama bapak-bapak mereka, dan nama-nama kabilah-kabilah mereka, (disebutkan) jumlah mereka hingga yang* terakhir. *Tidak ditambah (jumlah) di dalamnya dan tidak pula dikurangi.*" Para sahabat bertanya, "Kalau begitu untuk apa (seorang) beramal, wahai Rasulullah. Jika urusannya telah ditetapkan di dalam (kitab tersebut)?" Rasulullah ﷺ bersabda, "*Luruskanlah, mendekatlah, (dan beramallah). Karena sesungguhnya penghuni Surga akan ditutup (akhir usianya) dengan amalan ahli Surga, apapun amalannya (sebelumnya). Dan sesungguhnya penghuni Neraka akan ditutup (akhir usianya) dengan amalan ahli Neraka, apapun amalannya (sebelumnya).*" Lalu Rasulullah ﷺ melempar dua (kitab) yang ada di kedua tangannya. Kemudian beliau bersabda, "*Rabb kalian telah menetapkan atas hamba-hamba-Nya bahwa segolongan masuk Surga dan segolongan masuk Neraka.*"[416]

Surga sekarang sudah ada. Diriwayatkan dari 'Aisyah ﵂ ia berkata, bahwa Nabi ﷺ bersabda;

رَأَيْتُ فِي مَقَامِي هَذَا كُلَّ شَيْءٍ وَعَدْتَهُ حَتَّى لَقَدْ رَأَيْتَ أُرِيدُ أَنْ آخُذَ قَطْفًا مِنَ الْجَنَّةِ حِينَ رَأَيْتُمُونِي جَعَلْتُ أَتَقَدَّمَ وَلَقَدْ رَأَيْتُ جَهَنَّمَ يَحْطِمُ بَعْضُهَا بَعْضًا حِينَ رَأَيْتُمُونِي تَأَخَّرْتُ

"*Aku melihat dari tempatku ini segala sesuatu yang dijanjikan (Allah ﷻ). Hingga engkau melihat aku hendak mengambil (sesuatu) dari Surga, ketika kalian melihatku maju (ke depan). Dan sungguh aku melihat Neraka Jahannam saling menghancurkan satu sama lain, ketika kalian melihatku mundur (dari tempatku ini).*"[417]

Dan juga firman Allah ﷻ tentang Surga;

وَسَارِعُوا إِلَى مَغْفِرَةٍ مِّن رَّبِّكُمْ وَجَنَّةٍ عَرْضُهَا السَّمَاوَاتُ وَالْأَرْضُ أُعِدَّتْ لِلْمُتَّقِينَ.

"*Dan bersegeralah kaian kepada ampunan dari Rabb kalian dan kepada Surga yang luasnya seluas langit dan bumi, telah disediakan untuk orang-orang yang bertaqwa.*"[418]

---

[416] HR. Tirmidzi Juz 4 : 2141. Hadits ini dihasankan oleh Syaikh Al-Albani ﵀ dalam *As-Silsilah Ash-Shahihah* Juz 2 : 848.
[417] HR. Bukhari Juz 1 : 1154.
[418] QS. Ali 'Imran : 133.

Demikian pula Neraka sekarang juga sudah ada. Sebagaimana Allah ﷻ berfirman tentang Neraka;

$$\text{وَاتَّقُوا النَّارَ الَّتِي أُعِدَّتْ لِلْكَافِرِينَ.}$$

"Dan jagalah diri kalian dari api Neraka, yang telah disediakan untuk orang-orang yang kafir."[419]

Pada Hari Kiamat kematian akan disembelih, sehingga penduduk Surga dan penduduk Neraka akan kekal di dalamnya. Diriwayatkan dari Abu Sa'id ﷺ ia berkata, Rasulullah ﷺ bersabda;

يُجَاءُ بِالْمَوْتِ يَوْمَ الْقِيَامَةِ كَأَنَّهُ كَبْشٌ أَمْلَحُ فَيُوقَفُ بَيْنَ الْجَنَّةِ وَالنَّارِ فَيُقَالُ يَا أَهْلَ الْجَنَّةِ هَلْ تَعْرِفُونَ هَذَا فَيَشْرَئِبُّونَ وَيَنْظُرُونَ وَيَقُولُونَ نَعَمْ هَذَا الْمَوْتُ قَالَ وَيُقَالُ يَا أَهْلَ النَّارِ هَلْ تَعْرِفُونَ هَذَا قَالَ فَيَشْرَئِبُّونَ وَيَنْظُرُونَ وَيَقُولُونَ نَعَمْ هَذَا الْمَوْتُ فَيُؤْمَرُ بِهِ فَيُذْبَحُ قَالَ ثُمَّ يُقَالُ يَا أَهْلَ الْجَنَّةِ خُلُودٌ فَلَا مَوْتَ وَيَا أَهْلَ النَّارِ خُلُودٌ فَلَا مَوْتَ قَالَ ثُمَّ قَرَأَ رَسُولُ اللهِ صَلَّى اللهُ عَلَيْهِ وَسَلَّمَ {وَأَنْذِرْهُمْ يَوْمَ الْحَسْرَةِ إِذْ قُضِيَ الْأَمْرُ وَهُمْ فِي غَفْلَةٍ وَهُمْ لَا يُؤْمِنُونَ} وَأَشَارَ بِيَدِهِ إِلَى الدُّنْيَا.

"Kematian akan didatangkan (pada Hari Kiamat) dalam bentuk domba yang berwarna putih bercampur hitam. Yang diletakkan di antara Surga dan Neraka. Kemudian dikatakan, "Wahai penduduk Surga, apakah kalian mengenal ini?" Mereka menyaksikan dan melihat(nya). Lalu mereka menjawab, "Ya, itu adalah kematian." Kemudian dikatakan, "Wahai penduduk Neraka, apakah kalian mengenal ini?" Mereka menyaksikan dan melihat(nya). Lalu mereka menjawab, "Ya, itu adalah kematian." Kemudian diperintahkan (agar) domba tersebut disembelih. Lalu dikatakan, "Wahai penduduk Surga kekallah, tidak ada lagi kematian. Wahai

---

[419] QS. Ali 'Imran : 131.

penduduk Neraka kakallah, tidak ada lagi kematian." Kemudian Rasulullah ﷺ membaca ayat, *"Dan berilah mereka peringatan tentang hari penyesalan, (yaitu) ketika semua perkara telah diputus. Dan mereka dalam kelalaian dan mereka tidak beriman."*[420] Dan beliau berisyarat dengan tangannya kepada dunia."[421]

Surga dan Neraka adalah makhluk Allah ﷻ yang tidak akan musnah. Dalil-dalil yang menunjukkan tentang kekalnya Surga sangat banyak, di antaranya firman Allah ﷻ;

$$ جَزَاؤُهُمْ عِنْدَ رَبِّهِمْ جَنَّاتُ عَدْنٍ تَجْرِي مِنْ تَحْتِهَا الْأَنْهَارُ خَالِدِينَ فِيهَآ أَبَدًا $$

"Balasan mereka di sisi Rabb mereka adalah Surga 'Adn yang mengalir di bawahnya sungai-sungai. Mereka kekal di dalamnya selama-lamanya."[422]

Sedangkan dalil tentang kekalnya Neraka disebutkan dalam tiga tempat, antara lain :

1. Surat An-Nisa : 168 - 169
   Allah ﷻ berfirman;

$$ إِنَّ الَّذِينَ كَفَرُوا وَظَلَمُوا لَمْ يَكُنِ اللَّهُ لِيَغْفِرَ لَهُمْ وَلَا لِيَهْدِيَهُمْ طَرِيقًا. إِلَّا طَرِيقَ جَهَنَّمَ خَالِدِينَ فِيهَآ أَبَدًا وَكَانَ ذَلِكَ عَلَى اللَّهِ يَسِيرًا. $$

"Sesungguhnya orang-orang yang kafir dan melakukan kezhaliman, Allah sekali-kali tidak akan mengampuni (dosa) mereka dan tidak (pula) akan menunjukkan jalan kepada mereka. Kecuali jalan ke neraka Jahannam, mereka kekal di dalamnya selama-lamanya. Dan yang demikian itu adalah mudah bagi Allah."[423]

---

[420] QS. Maryam : 39.
[421] HR. Muslim Juz 4 : 2849.
[422] QS. Al-Bayyinah : 8.
[423] QS. An-Nisa : 168 - 169.

2. Surat Al-Ahzab : 64 - 65
   Allah ﷻ berfirman;

إِنَّ اللَّهَ لَعَنَ الْكَافِرِينَ وَأَعَدَّ لَهُمْ سَعِيرًا. خَالِدِينَ فِيهَآ أَبَدًا لَا يَجِدُونَ وَلِيًّا وَّلَا نَصِيرًا.

"Sesungguhnya Allah melaknat orang-orang kafir dan menyediakan bagi mereka api (Neraka) yang menyala-nyala. Mereka kekal di dalamnya selama-lamanya, mereka tidak memperoleh seorang pelindungpun dan tidak (pula) seorang penolong."[424]

3. Surat Al-Jin : 23
   Allah ﷻ berfirman;

إِلَّا بَلَاغًا مِّنَ اللَّهِ وَرِسَالَاتِهِ وَمَنْ يَّعْصِ اللَّهَ وَرَسُولَهُ فَإِنَّ لَهُ نَارَ جَهَنَّمَ خَالِدِينَ فِيهَآ أَبَدًا.

"Akan tetapi (aku hanya) menyampaikan (peringatan) dari Allah dan risalah-Nya. Dan barangsiapa yang mendurhakai Allah dan Rasul-Nya, maka sesungguhnya baginyalah neraka Jahannam, mereka kekal di dalamnya selama-lamanya."[425]

وَ صَلَّى اللَّهُ عَلَى نَبِيِّنَا مُحَمَّدٍ وَ عَلَى اَلِهِ وَ صَحْبِهِ وَ سَلَّمَ، وَ اَخِرُ دَعْوَانَا اَنِ الْحَمْدُ لِلَّهِ رَبِّ الْعَلَمِيْنَ.

Shalawat dan salam semoga tercurahkan kepada Nabi kita Muhammad, kepada keluarganya, dan para sahabatnya. Dan penutup doa kami, segala puji bagi Allah Rabb semesta alam.

*****

---

[424] QS. Al-Ahzab : 64 - 65.
[425] QS. Al-Jin : 23.

MARAJI'

1. *Al-Qur'anul Karim.*
2. *Ad-Durrul Mantsur fi Tafsir bil Ma'tsur*, Jalaluddin As-Suyuthi.
3. *Ad-Durusul Muhimmah li 'Ammatil Ummah*, 'Abdul 'Aziz bin 'Abdullah bin Baz.
4. *Adhwaul Bayan fi Idhahil Qur'an bil Qur'an*, Muhammad Al-Amin bin Muhammad Al-Mukhtar Al-Jakani Asy-Syinqithi.
5. *Aisarut Tafasir fi Kalamil 'Aliyyil Kabir*, Abu Bakar bin Jabir Al-Jaza'iri.
6. *Al-'Aqidatuth Thahawiyah*, Abu Ja'far Ahmad bin Muhammad Ath-Thahawi.
7. *Al-Arba'in An-Nawawiyyah*, Abu Zakariya Yahya bin Syarif An-Nawawi.
8. *Al-Fawa'idul Muntaqah min Syarhi Shahihil Muslim*, Sulthan bin 'Abdullah Al-Amri.
9. *Al-Ibanah 'an Ushulid Diyanah*, Abuh Hasan Al-Asy'ari.
10. *Al-Ishabah fi Tamyizi Shahabah*, Ahmad bin 'Ali bin Hajar Al-'Asqalani.
11. *Al-Jami' li Ahkamil Qur'an*, Abu 'Abdillah Muhammad bin Ahmad Al-Anshari Al-Qurthubi.
12. *Al-Jami'ush Shahih*, Muhammad bin Isma'il bin Ibrahim bin Al-Mughirah Al-Bukhari.
13. *Al-Jami'ush Shahih Sunanut Tirmidzi*, Muhammad bin Isa At-Tirmidzi.
14. *Al-Kabair*, Syamsuddin Muhammad bin 'Utsman bin Qaimaz Ad-Dimasyqi Asy-Syafi'i Adz-Dzahabi.
15. *Al-Maqshadus Saniyyu fi Tafsiri Ayatil Kursi wal Mihlalul Qudsiyyu fi Fadhaili Ayatil Kursi*, Ahmad bin Muhammad Asy-Syarqawi.
16. *Al-Qadha wal Qadar*, Muhammad bin Shalih Al-'Utsaimin.
17. *Al-Wajibatul Mutahattimatul Ma'rifatu 'ala Kulli Muslimin wa Muslimatin*, Muhammad bin 'Abdul Wahhab.
18. *Al-Wajiz fil 'Aqidatis Salafis Shalih (Ahlus Sunnah wal Jama'ah)*, 'Abdullah bin 'Abdul Hamid Al-Atsari.
19. *Al-Wala' wal Bara' fil Islam*, Shalih bin Fauzan bin 'Abdullah-Al-Fauzan.
20. *'Aqidah Ahlis Sunnah wal Jama'ah*, Muhammad bin Shalih Al-'Utsaimin.
21. *Ar-Rahiqul Makhtum*, Shafiyurrahman Al-Mubarakfuri.

22. *Ashlus Sunnah wa I'tiqaduddin*, Ibnu Abi Hatim Ar-Razi.
23. *As-Silsilah Ash-Shahihah*, Muhammad Nashiruddin Al-Albani.
24. *Asyratus Sa'ah*, Yusuf bin 'Abdillah bin Yusuf Al-Wabil.
25. *At-Ta'liqatul Hisan 'ala Shahih Ibni Hibban*, Muhammad Nashiruddin Al-Albani.
26. *At-Tauhid Awwalan Ya Duatal Islam*, Muhammad Nashiruddin Al-Albani.
27. *At-Tauhid lish Shaffil Awwal Al-'Ali*, Shalih bin Fauzan bin 'Abdullah-Al-Fauzan.
28. *At-Tauhid lish Shaffits Tsalits Al-'Ali*, Shalih bin Fauzan bin 'Abdullah-Al-Fauzan.
29. *Fadhlu Ayatil Kursi wa Tafsiruha*, Fadhl Ilahi.
30. *Faidhur Rahman fi Ahkamil Fiqhiyyatil Khashshati bil Qur'an*, Ahmad Salim.
31. *Hadil Arwah ila Biladil Afrah*, Syamsuddin Abu 'Abdillah Muhammad bin Abi Bakar Ad-Dimasyqi Al-Qayyim Al-Jauziyah.
32. *Hisnul Muslim*, Sa'id bin Áli bin Wahf Al-Qahthani.
33. *Ikhtar Isma Mauludika min Asma'ish Shahabatil Kiram*, Muhammad 'Abdurrahim.
34. *Irwa'ul Ghalil fi Takhriji Ahadits Manaris Sabil*, Muhammad Nashiruddin Al-Albani.
35. *Jami'ul Bayan fi Ta'wil ayil Qur'an*, Abu Ja'far Muhammad bin Jarir Ath-Thabari.
36. *Kitabul Adab*, Fuad 'Abdul Aziz Asy-Syalhub.
37. *Kitabut Tauhid al-ladzi Huwa Haqqullahi 'alal 'Abid*, Muhammad At-Tamimi.
38. *Min Ushuli 'Aqidah Ahlis Sunnah wal Jama'ah*, Shalih bin Fauzan Al-Fauzan.
39. *Mukhtasharul Fiqhil Islami*, Muhammad bin Ibrahim bin 'Abdullah At-Tuwaijiri.
40. *Mukhtasharul 'Uluw lil 'Aliyyil Ghaffar*, Syamsyuddin Muhammad bin 'Utsman bin Qaimaz At-Turkmani Ad-Dimasyqi Asy-Syafi'i Adz-Dzahabi.
41. *Musnad Abi Ya'la*, Abu Ya'la Ahmad bin 'Ali bin Al-Mutsanna At-Tamimi.
42. *Musnad Ahmad*, Ahmad bin Muhammad bin Hambal Asy-Syaibani.
43. *Mustadrak 'alash Shahihain*, Abu 'Abdillah Muhammad bin 'Abdillah Al-Hakim An-Naisaburi.
44. *Shahih Ibnu Hibban*, Ibnu Hibban.
45. *Shahih Muslim*, Muslim bin Hajjaj An-Naisaburi.
46. *Shahihul Jami'ish Shaghir*, Muhammad Nashiruddin Al-Albani.

47. *Shahihut Targhib wat Tarhib*, Muhammad Nashiruddin Al-Albani.
48. *Shifatush Shafwah*, 'Abdurrahman bin 'Ali bin Muhammad bin 'Ali bin 'Ubaid bin 'Abdillah bin Al-Qasim Abul Faraj Al-Baghdadi Al-Hambali.
49. *Shuratush Shalah Tartajju bihal Masajid wal Mushallayat walakin*, 'Abdul Hakim bin 'Abdullah bin 'Abdurrahman Al-Qasim.
50. *Sunan Abi Dawud*, Abu Dawud Sulaiman bin Al-Asy'ats bin Amru Al-Azdi As-Sijistani.
51. *Sunan An-Nasa'i*, Ahmad bin Syu'aib An-Nasa'i.
52. *Sunan Ibni Majah*, Muhammad bin Yazid bin 'Abdillah Ibnu Majah Al-Qazwini.
53. *Sunanul Baihaqil Kubra*, Ahmad bin Husain bin 'Ali bin Musa Al-Baihaqi.
54. *Syarhu Lum'atil I'tiqad*, Muhammad bin Shalih Al-'Utsaimin.
55. *Syarhu Tsalatsatil Ushul*, Muhammad bin Shalih Al-'Utsaimin.
56. *Syarhud Durusil Muhimmah li 'Ammatil Ummah*, 'Abdul 'Aziz bin 'Abdullah bin Baz.
57. *Syarhul 'Aqidatil Washitiyah li Syaikhil Islam Ibnu Taimiyyah*, Sa'id bin 'Ali bin Wahf Al-Qahthani.
58. *Syarhul Qawaidul Arba'*, Shalih bin Fauzan bin 'Abdullah-Al-Fauzan.
59. *Syarhus Sunnah*, Abu Muhammad Al-Hasan bin 'Ali bin Khalaf Al-Barbahari.
60. *Ta-amulat fi Qaulihi Ta'ala, "Wa Azwajuhu Ummahatuhum,"* 'Abdurrazaq bin 'Abdul Muhsin Al-Badr.
61. *Tafsirul Jalalain*, Jalaluddin Muhammad bin Ahmad bin Muhammad Al-Mahalli, Jalaluddin As-Suyuthi.
62. *Tafsirul Qur-anil 'Azhim*, Abul Fida' Ismail bin Amr bin Katsir Ad-Dimasyqi.
63. *Tafsirul Qur'anil Karim: Juz 'Amma*, Muhammad bin Shalih Al-'Utsaimin.
64. *Tahzib Tashil 'Aqidatil Islamiyah*, 'Abdullah bin 'Abdul 'Aziz Al-Jibrin.
65. *Taisirul Karimir Rahman fi Tafsir Kalamil Mannan*, 'Abdurrahman bin Nashir As-Sa'di.
66. *Ushulus Sunnah*, Ahmad bin Muhammad bin Hambal Asy-Syaibani.
67. *Zubdatut Tafsir min Fathil Qadir*, Muhammad Sulaiman 'Abdullah Al-Asyqar.
68. *Ayat Kursi; Keutamaan, Tafsir, dan Fawaidnya*, Yazid bin Abdul Qadir Jawaz.
69. *Syarah Rukun Islam (Syahadat)*, Yazid bin 'Abdul Qadir Jawaz.
70. *Tafsir Tematik Al-Wafi*, Wafi Marzuqi Ammar.

Lightning Source UK Ltd.
Milton Keynes UK
UKHW020358230223
417487UK00006B/76